WIZARD

T・ロウ・プライス――人、会社、投資哲学

T. Rowe Price

The Man, The Company, and The Investment Philosophy

チームワークとリサーチを重視する顧客本位な資産運用会社を創設

by Cornelius C. Bond

コーネリウス・C・ボンド［著］

長岡半太郎［監修］

井田京子［訳］

Pan Rolling

T. Rowe Price :
The Man, The Company, and The Investment Philosophy
by Cornelius C. Bond

This translation published under license with the original publisher John Wiley & Sons, Inc. through Japan UNI Agency, Inc., Tokyo

監修者まえがき

本書はティー・ロウ・プライス社の幹部社員であったコーネリアス・C・ボンドの著した“T. Rowe Price : The Man, The Company, and The Investment Philosophy”の邦訳である。この伝記の対象となったT・ロウ・プライスは成長株投資の先駆者の一人であり、彼の創設したティー・ロウ・プライス社は、株式や債券におけるさまざまな資産運用サービスを投資家に提供してきた。彼らは日本では主として機関投資家向けのビジネスに注力してきたために個人投資家の間ではこれまでその名はあまり知られてはいなかったが、グローバルに見ても大手の資産運用会社の一つであり、何より独特の投資哲学に基づいた一貫した運用と顧客本位のビジネスの堅持によって、広く業界関係者の尊敬を集めてきた。

ところで、本書はT・ロウ・プライスの伝記であるとともに、ティー・ロウ・プライス社の社史の一部でもあり、同時期のアメリカ経済や株式市場のナラティブな歴史書でもある。読者は、同社が政治的・経済的な外部環境のさまざまな変化に翻弄されながらも、それらに適応して事業を継続してきたプロセスを目にすることになるだろう。これを読めば、日本と比較して各種金融関連の制度が整い起業が容易とされるアメリカにおいても、競争の激しい資産運用ビジネスを継続していくことはけっして簡単ではないことがよく分かる。
私は同社が八〇年以上の歴史を持ち、現在も一流の資産運用会社であり続けていることを偶然だとは思わない。T・ロウ・プライス自身は確かに投資における天才の一人ではあったが、ティー・ロウ・プライス社の成功はこの組織に所属するすべての人々の行動の集積によって成し遂げられたものである。同社は創業者一人の能力に過度に依存することなく、独自の理念を保ちながらも、同時に知識を創造しながら自分自身を変えていくことができる組織であったがゆえに厳しい環境下でも生き残ってきたのだ。日本では残念ながら、同社に匹敵するだけの資産運用会社はいまだ出現していない。その意味では本書を読むべきは、成長株投資に興味がある個人投資家だけではなく、高い志を持った資産運用業界関係者すべてであると言えるだろう。

二〇一九年九月

長岡半太郎

目次

「新しいマネーマネジャーが、リッパーの投資ランキングで一回か二回トップをとってマスコミに称賛されては消えていく。しかし、時の試練に耐えて生き残っていく人は本当にわずかしかない。その数少ない一人が、ボルチモアの哲人、T・ロウ・プライス・ジュニア、七七歳である」　――フォーブス誌一九七五年一〇月一五日号「なぜT・ロウ・プライスは金投資を好むのか」

まえがき

トーマス・ロウ・プライス・ジュニア（T・ロウ・プライス）は、一九三〇年代に「成長株投資の哲学」を考案し、発展させた。プライスは、その革新的なアイデアに想像力をかきたてられたバロンズ紙の編集者の依頼に応じ、一九三九年春に同紙に一連の記事を寄稿した。そして、新たに設立した会社で自らの哲学を順守して、一六年間、顧客の資金を運用して好成績を上げた。この成功に自信を得た彼は、一九五〇年に彼にとって最初の投資信託であるティー・ロウ・プライス・グロース・ストック・ファンドを組成し、大手成長企業に投資した。そして一〇年後には、ニュー・ホライズン・ファンドを組成し、ライフサイクルの導入期にある新興成長企業に投資した。グロース・ストック・ファンドは、収入よりも成長を重視していたが、それでも組成から一〇年間のパフォーマンスが株の投資信託のなかで全米トップを記録した。また、ニュー・ホライズン・ファンドも最初の五年間と一〇年間のパフォーマンスが、投資信託部門の全米トップに立ったのである。このことは、当時発行されたアーサー・ワイゼンバーガー著『インベストメント・カンパニース』

（Investment Companies）の投資信託のパフォーマンスデータに記されている。

　プライスの名を冠した会社は、アメリカ最大級のアクティブ投資会社に成長し、二〇一八年三月三一日時点の運用資産額は一兆ドルを超えている。

　ティー・ロウ・プライス・グループは、今日でもプライスの成長株の基本哲学の多くを踏襲している。このなかには、長期運用、ファンダメンタルズリサーチの重視、そして株を買う場合は経営陣を知り、彼らに敬意を払うことが重要だということなどが含まれている。二〇一七年の同社の年次報告書によると、一〇年間のトータルリターンの平均リッパースコア（リッパーとは、トムソン・ロイターによる投信評価システム）はすべての投資信託のうち八一％のファンドの成績を上回っており、長期的な高パフォーマンスを維持している。

　本書執筆に大いに貢献してくれたロバート・E・ホール（通称、ボブ）は、ティー・ロウ・プライス・アソシエーツで私と同じ時期に同僚として一〇年以上働き、傘下のグロース・ストック・ファンドとニュー・エラ・ファンドの両方で投資委員会の委員長を務めた。そして、のちにブラウン・キャピタル・マネジメントに加わり、スモール・カンパニー・ファンドの共同設立者になった。ホールによれば、このファンドは組成以来、プライスの成長株投資の教義に従って運用されている。彼とそのチームは、二〇一五年にはモーニングスターからその年の株の最優秀ファンドマネジャーとして表彰された。モーニングスターの発表によれば、このファンドのパフォーマンスは、それまでの三年間と五年間と一〇年間で、全米の投資信託のトップ一〇％に入っていた。また、モーニングスターが二〇一一年に始めたランキングでも、ファイブスターを獲得している。

この資金運用の哲学が、今日もプライスが八〇年前に考案したときと同じように有効なのは明らかで、それについてはこれから詳しく書いていく。この一見、単純に見える哲学は、常識、あるいはプライスの祖母の言葉を借りれば「当たり前のこと」に基づいている。ただ、プライスは素人ではなく、普通をはるかに超えた投資の常識を持ち合わせていた。この控えめで倫理的な人物が、どのようにして業界屈指の投資信託会社を作り上げたのかについてはほとんど記録がない。しかし、長年積み上げてきた株の運用実績によって、プライスは二〇世紀のトップマネジャーの一人に数えられている。

また、彼は株式市場に影響を及ぼす社会や政治や経済の長期トレンドを予想する驚くべき能力を持っていた。彼のトレンド分析によって、ほかの投資家がその変化に気づくはるか前に、有利な価格でポジションを建てることができたのだ。プライスは、真剣な投資家はときどきこのような長期トレンドを考慮してポジションを調整すべきだと考えていた。彼は、一九六五年に最後の詳細な予測を発表し、このような環境に備えてニュー・エラ・ファンドを組成した。そして、彼が予見した壊滅的なインフレが一九七〇年代に実際に起こると、このファンドは素晴らしいパフォーマンスを上げた。この時期、金は二〇倍以上上昇し、住宅ローン金利は一八％を超えていた。プライスの長年の考えに現在のデータや主要な変化を合わせた展望は、第16章で詳しく紹介する。

フォーブス誌（一九八三年一一月二一日号）はプライスの追悼記事のなかで、「彼が故ベンジャミン・グレアムのような影響力を及ぼさなかったのは、グレアムと違って自らの考えを明瞭に説明するタイプではなかったからだ」と記している。プライスはスピーチが嫌いで、またうまくもなかった。彼の考えをすぐに理解できない記者にはイラ立ちを見せることもあった。ただ、彼の文章は明確で、綿密に練られていた。

会社がまだティー・ロウ・プライス・アンド・アソシエーツだったころに、私は若いアナリストとしてカリフォルニア州パロアルトにあったヒューレット・パッカード（ＨＰ）の幹部の話を聞きにいくことになった。私はプリンストン大学を卒業し、エンジニアとして大学の研究所や、その後はウェスティングハウス・エレクトリック・コーポレーションで電気技師として働くなかで、ヒューレット・パッカードの頑丈で信頼できる機器を使ってきた。このとき、先方の担当者に急用ができたため、代わりに伝説の人物であるデビッド・パッカードが応対してくれるという幸運に恵まれた。この世界有数の成長企業を作り上げた人物が、オープンで機能的でシンプルな内装の自室で、その経緯を説明してくれたのである。

自身も技術者のパッカードは、自ら鉛筆で描いたチャートを使って一九三九年の創業から二一年間の成長を振り返って学んだことを説明してくれた。彼らの製品はどれもスタートは遅かったが、そのあと急成長し、成熟期に漸減し、いずれ古くなって廃れていくということだった。

パッカードは、成功する会社（プライスが「成長企業」と呼ぶ会社）を育てるカギとなるのは、長期間、定期的に新製品を出し続けることにあると、これらのチャートから学んだと言っていた。そして、継続的に新製品を出す必要性から、生産性のある研究が極めて重要だということを悟ったそうだ。また、物理的な成長コストを賄うためには、設備や在庫や社員を増やすための十分な利益を上げる必要があるということも認識した。彼はこのような分析に基づいて研究費を大幅に増やした。このことは、経営トップがどこに多くの時間を割くべきかということをよく表している。

あとになって知ったことだが、プライスは彼の新しい投資理論を最初は「投資のライフサイクル理論」と呼んでいた。また、デュポンで勤務した経験から、もし継続的に新製品を出すことができなければ、会社全体が自然なライフサイクルをたどって急速に成長段階から成熟段階に移行することにも気づいていた。

会社の一年間の成長はわずかでも、長期間の複利的な成長は思いがけない投資リターンを生み出す。七％強（一ドルにつき七セント）の複利を維持できれば、一〇年間で売り上げも利益も二倍になる。一九六〇年代のヒューレット・パッカードのように一五％の成長率が維持できれば、売り上げも利益も五年で二倍になるのである。

世界で最も成功した投資家の一人であるネイサン・ロスチャイルド男爵は、複利を「世界で八番目の不思議」と呼んでいたと言われている。

本書では、プライスがどのようにして長期間、高い成長率を維持する会社を見つけていたのかと、どのようにして自分の会社を育てたかを描くとともに、トーマス・ロウ・プライス・ジュニアという人物についても掘り下げて紹介していこうと思っている。

謝辞

最初に、本書執筆のための取材に応じてくれたティー・ロウ・プライスの多くの社員（現役も引退した人も）にお礼を言いたい。彼らはみんなプロで、親切で、私が六〇年前に入社した当時の会社の雰囲気を保っていた。また、助言をくれたり、編集を手伝ったり、執筆中に生じた重要な疑問に答えてくれた人たちにも感謝している。

T・ロウ・プライスの息子であるトーマス・ロウ・プライス三世の協力にも感謝している。彼は、子供のころの家族の話や、チャールズ・W・シェーファー（通称、チャーリー）とプライスが立てていた会社の将来計画の一部を明かしてくれた。

まえがきでも触れたボブ・ホールは、本書に最も貢献してくれただけでなく、友人であり、支持者であり、執筆をやめなくてはならないかもしれない問題が起こったときにも大いに助けてくれた。

友人のジョージ・A・ロッシュも全体を通して大いに貢献してくれ、常識的な助言だけでなく、プライスの晩年をよく知る人物として彼について考えるうえでの洞察を与えてくれた。

オースティン・ジョージは、プリンストン大学の一年先輩で、私よりも一年早い一九五九年にティー・ロウ・プライスに入社した。彼は本書執筆の私的な集まりの四人目のメンバーとして、最初から最後まで制作にかかわり、特に会社の創業期に関することや、株式トレード部門を率いてきた立場から思慮深い意見を述べてくれた。

社長兼CEO（最高経営責任者）兼室長のジョセフ・A・クランブリングは、執筆にかかわる社内の細かい事務手続きに忍耐強く付き合ってくれたことに大いに感謝している。ティー・ロウ・プライスで長年リサーチアナリストやポートフォリオマネジャーを務めたプレストン・アシーは、会社や社員に関する深い知識に基づいて忍耐強く綿密に編集作業にかかわってくれた。

さらには、私が本書執筆中にティー・ロウ・プライスのCEO兼社長を引退したジム・ケネディも、このプロジェクトを最初から支援し、全過程を通して優れた助言をくれた。また、彼の後任のビル・ストロムバーグも協力を惜しまず、特に今日の会社の状況について書いたあとがきでは大いに助けられた。

トゥルーマン・シーマンズの驚くべき記憶力で明らかになった七〇年間のボルチモアの

ビジネス街の様子は、この会社を成功させた人々や組織について理解するうえで大いに役立った。

私の口述を書き取り、難解な手書き原稿を書き起こしてくれたトリーサ・ブラウンにも感謝している。

ニュー・ホライズン・ファンドの初代統計責任者だったカレン・マロイは、すでに引退していたが、長時間かけて古い財務データを整理して第一七章の統計を作成してくれた。編集を手伝ってくれたケイト・ビュフォードは、自身も伝記執筆の経験があり、編集過程でボツになった「名文」を見て私が敬意を欠く発言をしても、常に冷静に受けとめ、素晴らしい助言をしてくれた。

海軍軍事情報部の元アナリストだったスティーブ・ノバックは、その能力と、系譜学と伝記研究への情熱をもって調査と事実確認と注釈の作成を行ってくれた。

ゴールドマン・サックスやＦＲＢ（連邦準備制度理事会）やティー・ロウ・プライスで勤務経験があるリチャード・ワグリッチ（通称、リッチ）は、本書に掲載した経済統計の多くを手伝ってくれた。

また、編集者ではないが、優れた伝記作家のステファニー・ドーチは、伝記というものについて長時間かけて指導してくれた。

　ボルチモア郡のグラインドンに長年住み、その歴史に詳しいアン・オニールにも特別感謝をしている。

　もし本書に何か誤りがあれば、それは私の責任である。

　最後に、妻のアンには、過去五年間、私たちの生活を調整して本書執筆に集中できるようにしてくれたことに最大の感謝を捧げたい。

第1部

はじまり

第1章 ドーバーロードの一軒家（一八九八〜一九一九年）

メリーランド州の小さな町グラインドンのドーバーロード四八〇一番地には一軒家がある。一階の窓からもれる灯油ランプのやわらかい電球色の光は、冷たい北東の風で揺れる木々の枝を彩っていた。この灯は早朝の通りを照らす唯一の光だった。前日からの雨で木の歩道の横には水たまりが残っていた。

家の裏の馬小屋で馬が小さくいななくと、まだ明けてもいないのに雄鶏が鳴き声を上げた。そのとき、羊水にまみれた男の子が誕生した。一八九八年三月一六日、町で唯一の医者だったトーマス・ロウ・プライスが自ら取り上げた息子のトーマス・ロウ・プライス・ジュニア（T・ロウ・プライス）が産声を上げたのだ。赤ん坊は温かいタオルにくるまれ、大仕事を終えてほっとした母親のエラ・スチュワート・ブラック・プライスの腕に抱かれ

1869年生まれの母親のエラ・プライス（TRPアーカイブス。プライスの甥のムア博士の妻であるマーガレット・ムア所蔵）

1865年生まれの父親のトーマス・ロウ・プライス医師（TRPアーカイブス。マーガレット・ムア所蔵）

父親が結婚時に購入した家、ここで自分の子供たちを取り上げた。この家は1893年に建造され、写真は19世紀に撮影されたもの（TRPアーカイブス。マーガレット・ムア所蔵）

た。

　プライスの生家を訪れ、地元の人たちからさまざまな話を聞いたうえで、プライス誕生の様子を想像してみた。ちなみに、話をしてくれた人たちのなかには、自身がプライスの父親に取り上げてもらったという人や、地域の歴史を積極的に調べている人もいた。

　プライスの父方の祖父であるベンジャミン・F・プライス（医者）と祖母のメアリー・A・ハーシュバーガー・プライスは、毎年夏はメリーランド州オーシャンシティの海岸で過ごしていた。そして、ここで医大を卒業した父のトーマス・プライスは、エラ・ブラックと出会った。お互い一目惚れだった。二人は一八九三年に結婚し、新郎が妻に結婚祝いとして贈ったドーバーロードの新築の家で新生活を始めた。

これは当時としては大きな家で、三階建ての家屋の横に四角い塔が付いたビクトリア様式の建物だった。一階には大きなダイニングルームと居間があり、裏にはコックが仕切る台所があった。美しい階段を上ると、ベッドルームや熱帯夜に使うスリーピングポーチ（半屋外の寝室）などがある。また、一階には父の仕事部屋があり、その横には薬を調合するための小さな研究室があった。父の友人たちは、訪ねてくると玄関から入って仕事部屋で話をした。一方、診察や検査に来た患者は、裏口から診察室に出入りしていた。今日ほど治癒率が高くなかった当時、深刻な病であることを知られたくない人もいたからだ。

広い裏庭には背の高いナラの木が植えられ、その陰に馬車小屋と納屋と家畜小屋があった。家畜小屋には二頭の馬と乳牛がいて、馬車小屋には馬車や馬具などが置いてあった。また、屋内配管がなかった当時は、年齢に合わせたゆとりのあるトイレも裏庭にあった。正面に回ると、玄関には歩道のように広いポーチがあり、ゆったりとしたスイングベンチがあった。暖かい夜には、このポーチが近所の人たちや道行く人たちとのおしゃべりの場になった。近くの家からは、よくピアノの伴奏に合わせた歌声が聞こえてきた。

この家は、プライス少年と、姉のミルドレッドと五歳下の妹のガーリング、そして母方の祖父のサミュエル・ブラックと祖母のマーガレット・キャサリン・グラブ・ブラックにとって、十分な広さだった。祖父母夫妻は、プライス少年が二歳のときからこの家で暮らし始め、一九一〇年に亡くなった。

父親が使っていた薬瓶（著者撮影）

祖父は、幼年期の感受性の強かったプライス少年に大きな影響を与えた。彼は不動産関連（多くの人にとって世紀の変わり目は大きな投資チャンスだった）の起業家として成功し、ボルチモア郡全域に住宅を建設した。一八七〇年の国税調査には、祖父の資産額が七万ドル（二〇一八年の価値に換算すると、一七〇万ドル）と記載されている。国税調査には控えめに申告することが多いが、それは当時も同じだったと思う。しかも、祖父はその年以降も積極的に不動産開発に取り組み、それは義理の息子の家に移るまで続いた。一九三〇年代にプライスが初めて成

1824年生まれの祖父のサミュエル・ブラック
（TRPアーカイブス。ムア夫人所蔵）

1830年生まれの祖母のマーガレット・ブラック
（TRPアーカイブス。ムア夫人所蔵）

長株投資の哲学を提唱したとき、彼は「大学に行かなくても豊かな投資先を見つけることはできる。必要なのは祖母が言うところの『当たり前のこと』だけだ」と語っていた。

グラインドンはボルチモアの北西約三〇キロにある美しい田舎町で、冬場の人口は約三〇〇人だった。しかし、夏になると暑いボルチモアから涼を求める人たちが来るため、人口は約二倍になった。この町は海抜約二三〇メートルで、近くのワシントンバレーよりも高い位置にあったため、涼しくて熱帯夜も過ごしやすかった。『グラインドン――ザ・ストーリー・オブ・ア・ビクトリアン・ビレッジ』（Glyndon : The Story of a Victorian Village）によると、この町は、ウエスタン・メリーランド・レールロード（一九一〇年にウエスタン・メリーランドレールウエーに改名）が駅を建設したことで一八七一年に誕生した。この駅は、もともとはライスターズタウンに作られることになっていたが、住民の反対によって町の外側に建設されたのだ。駅ができると、グラインドンはボルチモアから日帰りで訪れることができ、ボルチモアに通勤しやすい場所として発展し、それから四〇年で大きなベランダとスリーピングポーチ付きの切妻造りの邸宅が立ち並ぶ緑あふれる街に成長した。

グラインドンに定住している人たちと、夏だけ訪れる富裕層のために、地元では有名な二つのキャンプミーティング場（伝道集会所）ができた。これらはのちに全国的にも知られるようになり、プライス少年の価値観にも大きな影響を及ぼしたと考えられる。最大かつ最も有名なのがエモリー・グローブで、これは一七八九年にメリーランド州で生まれたメソジスト派の著名な牧師ジョン・エモリーの名をとっている。メソジスト派の神学理論を提唱した一人として州内を回り、キリスト教の教義を説いた人物だ。エモリーは教育も重視し、ディキンソン大学やウエズリアン大学や自らの名を冠したエモリー大学（ジョージア州）の設立にもかかわった。エモリー・グローブは、約六五万平方メートルに及ぶ森林地帯に広がっている。キャンプはもともと「俗世間」を離れた静かな場所で静養することを目的としていたが、実際には静けさとはほど遠かった。鉄道によるアクセスが良かったため、このキャンプはかなり人気があったのだ。美しい環境と、ビリー・サンデーなどの有名牧師が頻繁に訪れたことで、夏の週末には何千人もの人たちがここを訪れた。一八九五年六月には、やはり有名なユージン・B・ジョーンズ牧師の説教を聞くために、エモリー・グローブに一万人が押し掛けたという報道もある。ここには、多少の快適さを求める人たちのための四つのホテルと、七〇〇張り以上のテントがあった。キャンプでは、日中は礼拝と宗教教育、夜は讃美歌の合唱が行われ、プライス少年と姉妹の二人も自然とメソジストになった。夜は、若い人たちのためのパーティーやゲーム大会などの楽しい催しが行われることもあった。プライス家は冬の夜は静かに過ごしていたが、エモリー・グローブで過ごす夏の間はさまざまな交流を持った。プライス少年は、ハイスクールの卒業アルバムにダンスがうまいと書かれているが、おそらくこれはエモリー・グローブで練習した成果だろう。

プライス家の近くには、禁酒党が運営するサマーキャンプがあった。アルコールとその「有害」な影響を完全に絶つことを要求するこのキャンプは、約七二〇〇平方メートルの敷地に全員がテントで寝泊まりしていた。この場所は自然の盆地になっており、何千人もの人が芝生の傾斜地に座って話を聞くことができる素晴らしい場所だった。ここにもたくさんの優れた講演者が訪れ、このなかには一九〇〇年代初期の活発な第三政党で、大統領候補者も擁立していた禁酒党の党員も含まれていた。ほかにも、コンサートや詩の朗読会、さまざまな分野の講義などが行われていた。しかし、一九二〇年代になると禁酒党の人気がなくなり、一九三三年にはほぼ忘れられた存在となったため、このキャンプはニューヨーク州の有名なシャトークアアセンブリーの娯楽と教育モデルを導入した。ちなみに、プライスの父親は、家のなかでは酒もワインもけっして認めなかった。

次の一節は、『グラインドン――ザ・ストーリー・オブ・ア・ビクトリアン・ビレッジ』からの引用で、当時のグラインドンでの暮らしぶりがよく分かる。このなかで、著者の一人であるジーン・ウィルコックスは、世紀の変わり目の夏の普通の一日の様子を次のように描いている。

毎日がのんびりと過ぎていった。朝は早く起きて、父が八時五分の電車に合わせて出勤する前に一緒に朝食をとった。そのあとは一日の用事を片づける。子供たちはランプに灯油を補充し、母は果物や野菜の缶詰を作ったり、花壇の手入れをしたりした。午後二時から三時半まではみんなが二階に上がった。雨戸が閉められ、外にはだれもいなくなり、町は静まりかえる。昼寝が終わると、若者たちは前庭でクロケットやテニスに興じ、母親たちは遊歩道を散策したり、どこかのポーチでおしゃべりをしたりして過ごした。このどこの通りでも見られる午後の社交的な雰囲気が、この町の活気を生み出していた。

午後の一大イベントは、五時五十分の電車で帰宅する父親や夫をウエスタン・メリーランド駅に迎えに行くことだった。結局、グラインドンの人たちは、毎日、駅で顔を合わせることになった。

夕食が終わると、部屋で遊んだり朗読を楽しんだりした。

グラインドンでは、さまざまなスポーツも盛んだった。このなかに、熱心にテニスにうちこむエドムンド・Ｃ・リンチがいた。彼の家族は世紀の変わり目のころ、この町で夏を過ごしていた。彼はのちにメリルリンチを創業した一人で、プライス少年よりも一三歳年上だった。彼らが親しかったかどうかは分からないが、自身もプライスの父に取り上げられたという九二歳のエレノア・テイラーは、プライスとリンチが夏の午後に芝のコートでテニスをする姿をよく見かけたという。プライスはスポーツを大いに楽しみ、晩年まで積極的にプレーしていた。リンチがのちにメリルリンチで成功したことは、プライスが金融界に目を向けたことに何らかの影響を及ぼしたのかもしれない。

また、サミュエル・ブラックの孫の一人でプライスの従兄に当たるＳ・ダンカン・ブラックは、一九一〇年にブラック・アンド・デッカーを創業した。そして、この会社は世界屈指の家庭用電気工具の会社に成長した。企業育成は、ブラック家の遺伝子に組み込まれているのかもしれない。

ビジネスのみに関心があった義理の父とは違い、父プライスはハイスクールを出ると実父に倣って数年間教鞭をとり、そのあとメリーランド大学の医学部に進んだ。そして、一八九一年に二六歳で卒業すると、グラインドンに移って診療所を開いた。

プライスにとって、顧客の経済状態を良くすることは非常に重要で、それが会社を設立した基本的な理由だった。彼にとってもお金は重要だったが、彼と家族が適度に快適な生活を送ることができればそれでよく、高級車を乗り回したり豪邸に住んだりしたいとは思っていなかった。

エレノア・テイラーによれば、プライスの父は伝統的な良い町医者だった。彼は病気の患者がいればいつでも診察してくれたし、悪天候の夜でも遠くまで往診に出かけた。彼は、寒い深夜に往診を終えると馬車のなかで毛布にくるまり、手綱とムチを握ってあとは馬に任せて眠り、馬が止まるとドーバーロードの馬小屋の前に着いていたという話をよくしていた。プライスの父は長年医者として診療を続け、評判は非常に良かった。彼は、ウエスタン・メリーランド鉄道のグラインドン事務所の医師に指名されたほか、ボルチモア郡の保健衛生管にも任命された。後者は祖父のベンジャミン・プライスも務めた重要な名誉あるポストだ。さらには、グラインドン・パーマネント・ビルディング・アソシエーション

（この地域に銀行ができる前に、グラインドンで住宅融資をしていたボランティア団体）の理事からのちには財務責任者になり、エモリー・グローブの役員にも選出された。エレノア・テイラーによれば、父プライスは紳士的で、物静かで、優秀な医師だった。ただ、競争心が強いところもあり、それが息子に受け継がれたとも言われている。プライスの姉のミルドレッドの息子（やはりロウ）によると、プライス少年は町で一番大きいソリを持っていて、長距離ではだれにも負けなかったという。プライスの父は裕福で、一九一八年には資産として約三〇万平方メートルの土地に三軒の家と、賃貸用の家一軒、馬小屋、倉庫、納屋二つ、車三台、トラック一台を申告している。

プライスの母親のエラは七人兄弟の末っ子で、意志の強い女性だった。そして、夫と同様に地域で尊敬され、グラインドンのウーマンズクラブの創設メンバー兼初代副会長を務めていた。このクラブは最初は本について語り合ったり、さまざまな社会活動をしたりする目的で発足したが、会員が増えると市の重要な問題を話し合う場に変わっていった。一九〇二年にはグラインドンに電気を引き、その後は町の標識の作成やゴミ収集といった活動を行うようになった。エラ・プライスのやる気と結果が高く評価されていたことを考えると、おそらく彼女はこれらの活動の推進力になっていたのだろう。一九三二年にグラインドン中心部のメソジスト教会のなかにあったウーマンズクラブの会議室が火事で焼けたとき、プライスの父は二部屋の古い校舎を買って、ウーマンズクラブに永住の地を提供した。世界大恐慌の影響が残るなかでこのような寄付を決意したのは、勇気と確固たる考えを持つ妻の存在があったからに違いない。

プライス少年は五歳でグラインドン小学校（のちに父が買った校舎）に入学した。それ以降、大学に入るまで、彼はクラスで常に最年少だった。彼にとって一・六キロ程度歩くのも、家の前からバスでバトラーロードを行くのも何でもなかったが（ドーバーロードはそのころにはバトラーロードに変わっており、今日に至る）、姉のミルドレッドが彼に付き添った。グラインドン小学校は赤レンガ作りでヒマラヤスギのこけら葺きの屋根があり、二つの教室と大きな鐘楼があった。なかは実用一点張りに茶色く塗られて厳格な雰囲気だった。タワーの下にはベルを鳴らすためのロープが垂れていた。このロープは、指名されて引くのは楽しいが、自分の番でないときに鳴らしてしまうと災難が待ち受けていた。クラスは、普通は規律が保たれ静かだった（少なくとも上級生は）。プライス少年は北側の教室の一～二年生のクラスに入り、もう一つの大きい教室では三～六年生が学んでいた。先生は二人いて、上級生の担当の先生が校長も兼ねていた。一～二年生は読み書きを学び、九

プライスが最初に通った1887年創立のグラインドン小学校（グラインドン・ヒストリカル・ソサエティ所蔵）

九は五年生の課題だった。先生たちは厳しく、掛け算の答えを忘れるとひざまずいてたたかれた。書き方はカリカリと音を立てるペンを机に備え付けられたインクにつけて練習帳に書くことを繰り返して学んだ。

プライス少年は一九〇九年に小学校を卒業し、ライスターズタウンにあるフランクリンハイスクールに入学した。ここも、姉のミルドレッドに付き添われてトロリーバスで通学した。二年生のとき、校内テニス大会があり、プライスは一四人中二位になった。グラインドンの芝のコートで練習していたのが役に立ったのだ。ハイスクールでのあだ名はドックで、これは彼が父のあとを継いで医者になるつもりだったことを示唆している。一年生の

1895年生まれの姉のミルドレッド
（ムア夫人所蔵）

ときは、クラスに六〇人以上の生徒がいたが、卒業時には二三人に減っていた。彼は後年、「大した成績ではなかった」と言っているが、少なくとも勉強する意欲を持ち、六〇%が脱落するなかで卒業できるだけの成績は収めていたのだ。

ハイスクールでの彼は人気者で、いたずら好きで、卒業アルバム委員としてもユーモアを発揮した。卒業アルバムの彼の写真には、「足が長く、背が高く、みんなの長所を見つけるのがうまい」「いたずらがすぎて懲戒処分にならなかったのは、その無邪気さゆえ。得意分野は女子をからかうこと」などといったコメントが添えられている。アルバム編集委員（ほとんどが女子だった）のコメントにも、「ロウが学校にいない日はつまらない」「彼が文芸部に参加するときは、みんな楽しみにしていた」などと書かれている。

プライスはフランクリンハイスクールを卒業したときわずか一六歳だったため、両親は彼をハイスクール卒業生としてフレンズ・スクール・オブ・ボルチモアに入れた。これは、良い大学に進学させるための準備だったと考えられる。フレンズ校は一七八四年にクエーカー教徒が設立した学校で、当時はフレンズ教会堂の隣のパークアベニュー一七一二番地にあった（現在はチャールズストリートにある）。フレンズ校はアメリカで最も古い私立のハイスクールの一つで、一クラスの生徒数が一二人と少なく、きめ細かい指導がなされていた。ボルチモア・サン紙（一九八三年一〇月二二日付け）に掲載された「T・ロウ・プライス　投資業界の伝説」という記事によると、プライスは一九一五年末の卒業時に首席ではなかったが、この年にスワースモア大学に合格したのはわずか三人で、そのなかでこの大学を卒業できたのは彼一人だった。

スワースモア大学には、姉のミルドレッドがすでに入学しており、グラインドンから比較的近く、少人数制で教育水準も高かったため、自然な選択だった。これは、一八六四年にクエーカー教徒が設立した大学だが、他宗教の学生も受け入れており、一九〇六年には独立した運営組織ができてクエーカー教の直接的な管理はなくなった。ただ、一九一五年の時点でもクエーカー教会の資質である厳格さや質素さは守られていた。学校としてはフレンズ校と同様に、教員一人に対する学生数がわずか八人と少なく、全体的なクエーカー教の理念も共通していた。

彼が一九一五年の秋にスワースモア大学に入学するため初めて大学を訪れたときは、おそらく鉄道でボルチモアからフィラデルフィアに行き、そこで本線に乗り換えてさらに約一八キロ行ったのだろう。最初は姉が同行したか、キャンパスのどこかで待ち合わせをしたと思われる。

冬のペンシルベニア州は気候が厳しく、大学は寒くて暗かった。冷たい風と雪を乗り切るのに、元々取り付けられていた温水放熱器ではとても足りなかった。そのため、みんな校舎のなかでも分厚いセーターとオーバーを着ていた。しかし、プライスが入学した日は、オークやセイヨウカエデやニレといった秋の美しい木立のなかを気持ちよく歩んでいったのだと思う。私が初秋の晴れた日にスワースモアのキャンパスを訪れたときが、まさにそんな日だった。プライスの入学時の様子を想像してみた。

プライスとミルドレッドは駅から続く木立を抜けてオーク並木のマギルウオークを通り、芝生の坂を上って丘の上のパリッシュホールに向かった。途中で夏休みや新学期について話しながら歩いている学生たちを追い越した。女性たちの明るい色の服が日の光を反射して、キャンパスに彩を添えている。新学期の手続きをするパリッシュホールは地元で採れる灰色の石材でできた大きな建物だ。窓枠とドアの白い縁取り以外はまったく飾り気がないクエーカー教の伝統的な建築で、二〇世紀初めによく見られたビクトリア朝の曲線も装飾もない。正面の白い木の柱で支えられた広いポーチでは、学生たちが集まっておしゃべりしながら新学期の必要書類や授業の登録書類を書いていた。

プライスは医者になるつもりでスワースモア大学に進んだ。ミルドレッドの息子ロウによれば、父のプライスが長年医師の道を熱心に勧めてきたのだから無理もない。彼は、唯一の息子として、父の期待を一身に集めていた。彼が家業を継がなかった理由は分からないが、自分のこととなるといつも謙虚な彼は、気が変わったのは成績が伴わなかったからだとしている。理由はともあれ、彼は大学三年のときに専攻を化学に変更した。もしかしたら、医者を目指すには化学も必要だし、あとから気が変わって医学校に進むときにも役立つと考えたのかもしれない。あるいは、父との関係を崩さないためだったのかもしれない。その一方で、化学は二〇世紀初めにおいて、将来性の高い重要な技術でもあった。

スワースモア大学には幅広い科目があり、経済やビジネスに関する授業もたくさんあっ

スワースモア大学の1918年の卒業アルバムに掲載された大学３年生のプライス

たが、プライスは一つも受講しなかった。卒業時の彼は、化学者としてその方面の仕事に就こうと考えていた。ちなみに、フランクリンハイスクールの卒業アルバムには、「電気屋」と呼ばれていたという記述もあるが、大学で電気の分野に関心を持つことはなかった。ただ、一九一六年の夏にエモリー・グローブで電気工事をして一八・八五ドルという大金を稼いだことはあった。

フランクリンハイスクールの卒業写真とスワースモア大学の卒業写真を見比べると、身体的に明らかな成長が見られる。彼はスポーツに打ち込み、フットボール部と水泳部ではマネジャーを務めていた。ただ、最も得意なのはラクロスで、四年生では大学の代表チームに選抜され、賞もとったが、学内新聞によると、スタープレーヤーになったのはシーズン後半だったようだ。プライスはスポーツ以外にも熱心に取り組んだ。卒業アルバム委員の写真係を務め、学内の演劇で大きな役を演じ、三年生のときは学年代表になり、デルタ・ウプシロンというフラタニティに所属していた。

プライスは四年生になると一人暮らしを始め、周りからは「キャンパスの大物」（当時流行ったフレーズで、「big men on campus」）とみなされていた。大学を卒業できずに去る人も多かったこの時代、プライスは一九一九年に卒業できることに達成感を感じていたようだ。私が会社に入ったとき、同じハイスクールから三人進学した友人たちのなかで、この年に卒業したのは自分だけだったと話してくれたことがある。

彼は晩年になっても教会には通っており、途中で長老派教会に変わったりもしたが、宗教に特に熱心というわけではなかったようだ。それでも、大人になってからも「クエーカー式」価値観を取り入れ、子育てなどに生かしていたこ

スワースモア大学1919年の卒業アルバムに掲載された大学４年生のプライス

とは興味深い。彼は勤勉が信条で、見栄をはらず、職場では女性を重用していた。また、クエーカー教の教えどおり、生涯、体と心を駆使して自分で考えるということを実践していた。

もしかしたら、何年もあとに設立した会社の最も大事な原則の指針は誠実さ（まずは彼自身の誠実さから始まる）だったのかもしれない。このころ金融の世界にはあまり見られなかったことだ。SEC（証券取引委員会）の弁護士がのちにウォルター・キッド（ティー・ロウ・プライスの創設者の一人）に語ったところによると、「ティー・ロウ・プライス・アンド・アソシエーツは顧客に最適なサービスを提供することにおいて模範的な存在だった」。

第2章 学んだこと（一九一九～一九二五年）

スワースモア大学を卒業したT・ロウ・プライスが最初の仕事に就いたときの様子は、次のような感じだったのではないだろうか。これは工場の写真と、フォートピットに近いペンシルベニア州のシャープスビルにあるヒストリカル・ソサエティのラルフ・ミーラーへの取材と、私自身がワシントンハウス・エレクトリックに勤務していたときにピッツバーグのタートルクリークにあった最も古い工場で働いた経験から想像して書いたものだ。このなかで、工場の場所や規模、主な人物など事実関係は正確だが、会話はフィクションである。

一九一九年、プライスとフラタニティの「兄弟」リンジー・コラングは、夏の日差しが照りつけるペンシルベニア州西部の駅に降り立った。ここは汚染されたキスキミネタス川のほとりに位置する人口四〇〇〇人のリーチバーグという小さな町である。この町は、西に五六キロほど行ったところにピッツバーグがあり、そこで生産された鉄を使った製品を主に作っていた。プライスとコラングは、フォート・ピット・エナメル・アンド・スタンピング・カンパニーに向かっていた。

この町の空気は重くて蒸し熱く、煙霧にまみれ、気絶しそうなくらい硫黄の匂いがしていた。

二人の若者は顔を見合わせた。プライスは涙をぬぐいながら、一瞬なぜ自分は泣いているのだろうかと思ったが、すぐに空気中の化学物質や公害のせいだと気づいた。スワースモアの抜けるような青い空と木々に覆われたキャンパスとはまったく違う世界であることだけは明らかだった。

目指す会社は川沿いにあった。昼過ぎの太陽に照らされ、ゆっくりと流れる濁った川からは金属の匂いがしていた。この会社はいくつかの建物で構成されており、事務所は白く塗られた木造の建物だった。入口を入ったところにある大部屋には大きな机とカウンターがあり、その向こうでたくさんの社員がタイプを打ったり、大きな加算器を操作したりしていた。新人の到着に気づいた若い社員が駆け寄ってきて、二人と握手した。「こんにちは。チャーリー・ビショフです。私のことを覚えてるかい。採用試験で会ったよね」。このような環境のなかでも、彼は二人の新人の心を完璧につかんだ。ビショフはストライプのブレザーとワイシャツとネクタイを着こなし、プリンストン大学の紋章に一九一六年と刻印された指輪をしていた。

「フォートピットにようこそ」「まずは会社を案内しよう」

プライスとコラングは、亜鉛の溶解炉の裏にあるエナメル部門の建物のさらに後ろにある化学研究所に席を与えられた。ここでは鉄板にエナメルを塗装する作業が連続的に行われており、ひどい暑さと騒音だった。二人は鞄を机の下にしまうと、袖をまくり上げて与えられた機器を確認した。大学では大きな送風機で研究室の匂いを飛ばして新鮮な空気を送り込んでいたが、ここにそのようなものはなかった。

化学者として採用されたプライスは、グラインドンとはまったく違う新しい環境で新生活を始めた。彼は、大学で習ったことが実際のビジネスでどのように応用されているのかを知りたいと思っていた。ところが、一カ月もたたないうちに、会社の状況が悪化した。工場の労働者がストに入り、銀行の融資が打ち切られ、破産に近い状況に陥ったのだ。生産が停止すると、プライスとコラングは仕事がなくなった。二人は間もなく東に向かう列車に乗った。

これは高くついた授業だったかもしれないが、プライスはのちに自分（そのあとは顧客）の資金で投資をするとき役立つ重要な教訓を得た。彼は、財務状況が健全であることが、特に景気が急速に悪化したときに、それがどれほど大事かということを身をもって体験したのだ。また、良好な労使関係の重要性や、競争の激しい業界で独占権のある製品を持たない小企業で働くことの危うさについても学んだ。加えて、優れたセールストークに乗せられて仕事を選んではならないということも悟った。フォートピットについて、自分でその事実確認をしてはいなかったのだ。

プライスは次にデュポンに就職し、ニュージャージー州アーリントンにあるプラスチック製品の工場で工業化学者として働き始めた。デュポンは当時すでに大企業で、一〇〇〇人が働くアーリントン工場だけでも、二八の建物がひしめくフォートピットよりもはるかに大きかった。デュポンは、新しくて革新的な化学製品の研究開発力がある会社として知られており、若い科学者としてスタートを切るには理想的なところに思えた。これは一九

大学卒業後、化学者として最初に就職したフォート・ピット・エナメル・アンド・スタンピング・カンパニー

六〇年代に若いコンピューターサイエンティストがＩＢＭに入ったり、二〇〇〇年代にソフトウェアエンジニアがグーグルに入ったりするような感じと似ている。また、デュポンは財務内容も健全で、労使関係も非常に良好だった。

アーリントンは、ぬかるんだパセーイク川のそばにある人口約二〇〇〇人の町で、一九二〇年代に二二歳の青年が仕事帰りにすることはあまりなかった。Ｔ・ロウ・プライスはのちに、ウォール・ストリート・ジャーナル紙やバロンズ紙など金融系の出版物を読み始めたのはデュポン時代だったと語っている。彼は、分厚い化学雑誌に掲載されている最新の化学製品や工程に関する記事よりも、金融関連のニュースに興味を引かれていた。金融新聞は彼にまったく新しい世界を見せてくれた。会社がどのように作られ、新製品が大きな事業に発展し、そのための資金を株式市場や債券市場で調達できるといったことに彼は魅了されていった。

しかし、これらの出版物は、金融やビジネスの世界がすべてバラ色ではないという警告もしていた。一九二一年には景気悪化を反映して株式市場の急落が始まった。特に、負債の多い自動車や不動産といった業界は大きな打撃を受けていた。大企業のデュポンでさえ売り上げが下がると利益は急落し、財務内容が悪化した。社長のピエール・S・デュポンは、一九一四年に個人的にGM（ゼネラルモーターズ）の株を買っていた。GMは、カリスマ経営者のウィリアム・C・デュラントが創設し、買収によってアメリカ最大の自動車メーカーに成長させた会社で、ピエール・デュポンは一九一五年にGMの取締役に招聘されていた。

第一次世界大戦が終わると、デュポンの財務責任者のジョン・ジェイコブ・ラスコブは、デュポンの取締役会でGMの株に二五〇〇万ドルを投資する合意を取り付けた。彼は、急成長する自動車市場で首位の座にあるGMに、大きな利益のチャンスを見いだしていた。また、この投資は、デュポンがプラスチック製品や塗料の主要な供給元としての地位をより強固にする効果もあり、それはＧＭだけでなく、自動車業界全体に及んでいた。

ＧＭとその株価は、数年間大きく値上がりした。デュポンは塗料の主要な供給元となり、自動車業界のためにいくつものプラスチック製品を開発した。そして一九二〇年には、デュポンの利益の五〇％をＧＭが占めるようになった。

残念ながら、このシナリオは一九二〇〜一九二一年の短い景気後退のあと崩れ始めた。工業生産量が三〇％下落し、株式市場はほぼ半分に落ち込んだのだ。自動車の売り上げは六〇％も下落し、ＧＭも巨額の損失を計上した。こうなると、洞察力と説得力を兼ね備えたデュラントでさえＧＭを立て直すことはできなかった。一九二〇年には、抜本的な改革としてデュラントがＣＥＯ（最高経営責任者）を辞任し、ピエール・デュポンが社長に就任した。そして、弟のイレネーがデュポンの社長に就任した。

このような状況で、化学者としての経験がほとんどなく、デュポンに入ったばかりのプライスが解雇されたのは無理もなかった。一九二一年の夏をグラインドンの実家で過ごした彼は、短くも衝撃的な会社生活についてつくづく考えた。二年の間に二つのまったく違う会社が彼を雇い、双方から解雇された。原因は、最初が労働問題がもたらした経営不振、二回目は不況による業績の悪化だった。

しかし、もっと根本的なこととして、プライスは化学者として仕事をすることへの関心と熱意が衰える一方で、ビジネスや経営者に魅了されていた。また、金融の世界、特に株式市場にも大きな魅力を感じ、この分野で生計を立て、仕事を楽しむことができるのではないかと考え始めていた。これは、生活のために仕事を探す二〇代の青年を興奮させる発見だった。

しかし、身近な親族に株式ブローカーはいなかったし、当時、株式投資は少し怪しげな仕事だと思われていた。祖父は不動産の仕事をしていたが、これは見たり触ったりできる有形資産だった。しかし、実体がよく分からない株式では、この祖父でさえブローカーへの転身に賛成しなかったかもしれない。不動産が需給バランスによって値上がりするのは分かりやすかった。しかし、当時は、そして今も、多くの人が、不可解かつ感情的に上下する株への投資はギャンブルに近いと感じていた。ほとんどの人が株に有形資産の要素はないと思っており、株が表す会社の実際の価値を理解している人はほとんどいなかった。

プライスが亡くなってかなりたったころ、今日、世界で最も価値が高い会社であるアップルを創業したスティーブ・ジョブズが二〇〇五年のスタンフォード大学の卒業式で次のように語った。「自分のやっていることが好きでなければ、素晴らしい仕事はできない。まだそれを見つけていないのならば、探すのをやめてはならない。今の状況で満足してはならないのだ。気持ちの問題は、答えが見つかれば自然と分かるものだ」。家族はおそらく心配するだろうが、プライスはジョブズのスピーチの約八〇年も前にその答えを見つけたと思った。

一九二一年の夏が終わるころ、プライスは地元紙の金融欄でそう多くない求人広告を探し始めた。ダウ平均は八月二四日まで下がり続けて安値を付け、出来高も少なかった。しかし、九月初めのレイバーデー（労働者の日）が過ぎると、ブローカーたちは特に理由もないまま急に買いに転じた。株が急騰し始めると、ブローカーの求人広告も増えていった。景気が回復してくると、まずは営業マンが必要になる。株の営業マンは上昇する市場で、すぐに利益を生み出すからだ。当時のブローカーは手数料が報酬の大きな部分を占めていたため、会社が彼らを雇うリスクは低かった。

ブローカーの経験がなく、熱意と若さしかないプライスを雇ってくれるところはなかなか見つからなかった。一九八三年のボルチモア・サン紙の記事によると、かなりの数の不採用を経て、母親の遠縁のつてがあったボルチモアのスミス・ロックハートという小さなブローカーに入り、株式ブローカーの仕事を得た。母はこの会社に少額の口座を持っていた。

しかし、プライスはすぐに自分が株の営業には向いていないと分かった。実際、「ザ・ヒストリー・オブ・ティー・ロウ・プライス・アソシエーツ・インク」によると、彼はこの仕事を「かなり嫌っていた」。それでも、金融の仕事に引かれる気持ちは変わっておらず、優れた会社（例えば、デュポン）に長期に投資すれば大いに報われることや、そのような会社がどのように作られるかなどといったことに関心を持っていた。しかし、それらのことは採用時の約束とは違い、彼の仕事とは関係がなかった。素晴らしい会社の株を買って保有し続けることが顧客にどれほど有利なことであっても、会社の利益にはならないからだ。当時のブローカーの収入は、ほとんどが株の売買手数料だった。

当時の株の売買手数料は、取引所（例えば、NYSE［ニューヨーク証券取引所］）が一律に決めていた。また、小型株の売買は毎週発行されるいわゆる「ピンクシート」に掲載された価格に基づいて行われていた（ピンク色の紙に印刷されていたのがその由来）。これらの株の売買は、ブローカーにとって大きな収入源だった。

ブローカーにとって最も儲かるのは、会社が資本を調達するときに株を売ることである

（たいていは他社とシンジケート団を結成して行う）。このようなときは市場で株を調達する必要がないため、無リスクかつ事前に決めた高い手数料で売ることができ、ブローカーにとっては大きな利益が見込めた。しかも、株数も多いため、売り上げも多額になった。プライスは、このような株を顧客にメリットがあるかどうかに関係なく売るよう強要されるのが嫌でたまらなかった。「ザ・ヒストリー・オブ・ティー・ロウ・プライス・アソシエーツ・インク」には、当時のことについて「私の観察によると、最も利益を上げている営業マンは顧客の利益を最も考えていない人である場合が多い」という皮肉交じりの文が載っている。

プライス自身はこのようなことはしなかったが、もっとひどい人もいるなかで、彼は投資家としての腕を磨いていった。一九二二年の春も終わるころ、彼は友人と三カ月間のヨーロッパ旅行に出かけるだけの資金を貯めていた。六月には彼が「牛の船」と呼ぶボートに乗るなどして、まだ第一次世界大戦の爪痕が残るヨーロッパでの休暇を楽しんだ。ドルが強かった当時、彼は新しい環境について学んだり、さまざまな人と交流したり、おいしいものを食べたりして贅沢な時を過ごした。

彼は旅行が大好きになった。私が彼の下で働いていたときに、彼が結婚してすぐの大恐慌のさなかに、妻と貨物船の客室に乗ってアジアをはじめとするさまざまなところに行った話をしてくれた。ただ、旅行は楽しみ以外に、会社に関して考えるうえでも重要だった。

彼は鋭い目を持つ並外れた観察者で、そこに住む人々やその文化を評価していた。彼は旅を通じて世の中の仕組みや、国が違えば人の性格も大きく違うこと、その性格の違いがビジネスや戦争において助けになったり、妨げになったりすることを学んだ。そして、のちにはこの知識を生かして優れた投資戦略を構築し、発表した。彼は後年、ボルチモア誌（一九八〇年一〇月号）の「魔術師に会いにいく」という記事の取材のなかで成功の秘訣を尋ねられ、「農場で育つこと（人の性質について学べる）と旅と勤勉さ」と答えている。

ただ、九月にボルチモアに戻った彼を待っていたのは、驚いたことに、スミス・ロックハートの破産だった。しかも、会社の幹部は顧客に対する詐欺行為で逮捕されていた。会社は長年、顧客に信用取引で株を売っていたのだ。会社は顧客のために株を買い、手付金を受け取るが、代金の返済まで株を担保にしていただけでなく、手数料とかなりの金利も取っていた。そして、返済が終わると株は顧客の取引口座に移されていた。

この行為は、一九二一年に株式市場が急落するとさらにエスカレートした。しかし、担保価値が下がると、多くの顧客は代金の返済ができなくなった。そうなると、スミス・ロックハートは現金が不足して典型的なねずみ講の状態に陥った（のちの有名なバーナード・マードフのケースに似ていた）。彼らは顧客のために実際に株を買うのではなく、顧客から得た資金を別の顧客のために買った株の決済のために流用していたが、この取引を隠蔽して虚偽の会計報告を行っていた。結局、市場の下落による損失を埋め合わせる現金が底をつき、借り入れもできなくなり、このスキームは破綻した。この小規模ブローカーの違法行為によって、顧客は約二五〇万ドルの損失を被った（二〇一八年の価値で三四二〇万ドル）。

二四歳のプライスは、大学を出てわずか三年で、まったく異なる三つの仕事を経験することになり、その二社は倒産してしまった。ここでも彼は重要な教訓を得た。不幸な経験ではあったが、金融業界への興味は尽きず、この仕事を生涯続けたいという思いはますます強くなった。ただ、次に働く会社については、財務状態やビジネス展開を詳しく調べる必要があることも理解した。

プライスは、一九二三年の初めにジェンキンズ・ウィドビー&ポーで債券の営業マンの仕事に就き、それまでの教訓をまとめてみた。この会社は小規模な極めて保守的な債券会社で、スミス・ロックハートとはまったく違っていた。会社のパートナーたちはみんな裕福で、リスクをとって無理に儲けたり、残業したりする必要はなかった。彼らが目指していたのは拡大ではなく、存続だった。

質の高い債券は、感情ではなく金利に左右されるため、株よりもボラティリティがずっと低い。そして、金利は全体的にゆっくりと変動する。景気が拡大すると金利は上がり、債券価格は下がる。例えば、額面金額が一〇〇ドルの債券の利息が三ドルならば、利回りは三％である。しかし、もし金利が四％に上昇すると、それを反映してその債券価格は七五ドルに下がる。同じ三ドルの利息でも、利回りは四％になるからだ。そして、景気が後退すると逆のことが起こる。景気を拡大するための資本が不要ならば金利は下がり、それを反映して債券価格は上がることになる。

ジェンキンズ・ウィドビー＆ポーの裕福な投資家が得ていた実際のリターンは、ほとんどが債券の金利のみだった。顧客は通常、債券を額面金額で買い、それを満期まで保有していた。債券価格は、途中で多少変動したとしても、償還時には額面とほぼ同じ額になっていた。顧客が期待していたのは通常の金利のみで、興奮も資本に対するリスクも望んでいなかった。

当時、質の高い債券を売る仕事の収入は株を売る仕事よりも低かったが、経済的には安定していたし、金融サービスの仕事を続けることができていた。そして何よりも、債券を使った資金調達と債券トレードという新しい世界を知ることができた。あまり知られていないが、債券市場は当時も今も、株式市場よりもはるかに大きい。また、債券取引はマークアップ方式で行われるため、利益も大きかった。顧客に売る債券は、会社が在庫を持っているか市場で買ったもので、店頭株と同様に、顧客は現在の市場価値やブローカーの買値を正確に知ることはできなかった。

プライスは、ジェンキンズ・ウィドビー＆ポーに入るまで債券については金融新聞で読んでいたこと以外ほとんど知らなかったと思われる。スミス・ロックハート時代に学んだとは考えにくいし、債券が株や成長企業に魅了されていた若者の興味を引いたとも思えないからだ。おそらく金融業界に残りたいだけの理由でこの仕事を受けたのだろう。彼には十分な経験もなかったし、強く推薦してくれる人もいなかった。しかし、ここで債券や信用格付けに関する詳細な知識を身に付けたことは、彼のその後の仕事で大いに役立った。債券の価値を判断するためには、企業の財務内容やバランスシートを分析することが必須だったからだ。また、これらの分析は、発行会社の経営状態や長期的な存続力を理解するためにも重要だった。

プライスの仕事は債券を売ることだった。ただ、今回は質の高い債券だったため、スミス・ロックハートで株を売るときに嫌だった問題がまったくなかった。彼が売っていたタイプの債券は、顧客が望む収入を提供し、会社はコストに乗せたマークアップで利益を上げていた。また、会社は自己売買をほとんどしていなかったため、会社と顧客の利益相反もなかった。プライスの主な仕事は顧客の希望を聞いて償還時期が合うものを探したり、顧客のポートフォリオが適切に分散されていることを確認したりしたうえで、適切な銘柄を選ぶことだった（最初は幹部やほかの社員の助けを借りて行っていた）。

プライスは、自分が商品のメリットを伝えるのが得意で、特に一対一や少数だとうまくいくことに気づいた。仕事は順調だったし、債券について多くを学んだが、ジェンキンズ・ウィドビー＆ポーは思った以上に超保守的で、プライスは多少退屈になってきたのかもしれない。彼は、一九五一年九月七日付けの「会社の目的とそれをどのように達成するか」と題した記事のなかで、「幹部は裕福で高潔な人たちだった……が、野心がなく、私にとってのチャンスがあまりなかった」と書いている。また、会社は債券しか扱っていなかったため、債券よりもはるかに刺激的な株式市場の関係者と出会う機会もほとんどなかった。一九二一年に始まった株式のブル相場が続くなかで、株式ブローカーになった友人の多くは彼よりもはるかに稼いでいた。彼は、ジェンキンズ・ウィドビー＆ポーのゆっくりとしたペースに窮屈さを覚えるようになっていった。

一九二五年、彼は再び仕事を探し始めた。今回は、会社が倒産したからでも解雇されたからでもなく、自分の視野を広げ、さらなる挑戦をして、金融の仕事を幅広く学ぶためだった。彼はきちんとした会社で高い評価を受けており、前回よりは仕事を探しやすかった。彼は「会社の目的とそれをどのように達成するか」という記事のなかで、彼は「市内のさまざまな投資会社を調べたうえで、私の望むことの多くを備えたマキュベン・グッドリッチ＆カンパニーを選んだ」と書いている。

プライスは転職先として、社主がそこまで裕福ではなく、会社を拡大する意欲があり、財務基盤がしっかりしていて、幅広い商品を扱い、業界で高い評価を受けている会社を望んでいた。また、尊敬でき、メンターとなってくれる人がいる会社で働きたいとも思っていた。

第3章 マキュベン・グッドリッチ&カンパニー(一九二五〜一九二七年)

T・ロウ・プライスは、一九二五年にマキュベン・グッドリッチ&カンパニーに入社した。このボルチモアの比較的小さな会社は、ジェンキンズ・ウィドビー&ポーとはかなり違っていた。彼はここで二年間を過ごし、投資に関する基本的な考え方を学んでいった。

ジョージ・マキュベンは、一八九九年一月に三〇〇ドルを借りてボルチモア証券取引所の会員権を買い、ジョージ・マキュベン&カンパニーを設立した。そして一一カ月後、彼よりも一六歳年上のG・クレム・グッドリッチがパートナーとして加わった。今日の社名(レッグ・メイソン)に名前が残っているジョン・C・レッグは、その一年後に「ボードボーイ」として入社した。彼の仕事は、最新の取引価格をトレードルームの大きな黒板に書き込んでいくことだった。レッグは入社して五年でパートナーに昇格した。この素早い出世は、彼の能力と周りからの尊敬を表している。

マキュベンの父親は裕福な弁護士で、母親はマーサ・ワシントン（ワシントン大統領の妻）直系の子孫だった。彼は社交的な人物で、会社を積極的に運営していたが、公正で社員に尊敬されていた。仕事においては、一部の業界や会社に絞って詳しく調査するという考えで、例えば、ヒューストン周辺の石油会社やガス会社を熱心に調べていた。実際に起こっていることを知るために、何週間もメキシコ湾近くの蒸し暑い油田で蚊に刺されながら野営して、本社からではなく、現地にいる石油の採掘業者や掘削会社から情報を直接仕入れていたのだ。プライスは入社後すぐにマキュベンとその息子とともに油田に出かけたと言われている。マキュベンは、一九二八年にヒューストン・ナチュラル・ガス・コーポレーションの共同設立者になり、この会社の株の値上がりで顧客に数百万ドルの利益をもたらした。また、株や債券の発行も多く手掛け、多額の手数料収入も上げていた。一九五六年には、投資していたヒューストン・オイル・カンパニーがアトランティック・リファイニング・カンパニーに一億九八〇〇万ドルで売却された（二〇一八年の価値で一七億六〇〇〇万ドル）。

このように自ら綿密に調べてから投資することや、急成長する業界に投資すること、株を長期間保有すること、そして数少ない優れた会社のみに投資することなどは、プライスにとって重要な教訓だった。これは当時は珍しい手法で、のちには成長株投資哲学の基本要素の一つとなった。

クレム・グッドリッチの経歴はマキュベンとはかなり違っていた。彼の父親はメリーランド州ヘイガースタウンにある長老派教会の牧師で、その育ちのせいか、静かで穏やかな人物だった。また、ボルチモアでは信頼できる人として知られていた。マキュベンとともにマキュベン・グッドリッチを設立する前は、銀行間の小切手や証券を処理するボルチモアの手形交換所で働いていた。

三人目のパートナーのジョン・レッグは、親しい少数の友人を除いて常に「ミスター・レッグ」と呼ばれていた。彼は背が高く、壮健で、そっけなく、頑固で、厳しく、高卒で、ジョージ・マキュベンが持っていたような資金も社会的なコネも持っていなかった。父親はボルチモア警察の本部長だった。レッグは付き合いにくい人物だったが、その強い個性で会社の有力者になっていった。一九二〇年代半ばにプライスがこの会社に入ったときは、日々の業務を管理していた。孫のビル・レッグによれば、レッグは「物事を最後までやり遂げる」人物で、当時はまだパートナーではなかったが、実質的に会社を仕切っていた。

プライスのメンターで、のちにマキュベン・グッドリッチのマネジングパートナーになったジョン・C・レッグ（ウィリアム・レッグとその家族所蔵）

のちにマネジングパートナー兼取締役会の副議長になったジョセフ・ワード・セナー・ジュニアは、入社してすぐのころに道で偶然レッグに会ったときのことを覚えていた。レッグに「帽子はどうした」と問われ、「え、何のことですか」と聞き返すと、「帽子をかぶっていないではないか。紳士が外で帽子をかぶらないのはズボンをはいていないのと同じだ」と叱られたという。セナーは、その日のうちに一週間分の給与をはたいて中折れ帽を買った。

三人の経営者の異なる性格と関心はおそらくこの会社の強みであり、市場が大きく動き始める一九二二年までの期間、生き残り、繁栄をもたらした。ちなみに、ボルチモアは一九〇四年の大火で金融街が消失した。株式市場は暴落し、一九一四年七月三一日に第一次世界大戦が始まると四カ月間閉鎖された。しかも、一九二一年の急速な景気後退がさらなる打撃となった。

この会社の得意分野の一つは、グッドリッチの空売りの技術だった。彼は保守的な経歴にもかかわらず、市場感覚が鋭く、短期トレードが得意だった。調子が良いときは、資金を借りて午前中に株を五〇〇〇ドル分（二〇一八年の価値で七万三三八〇ドル）空売りし、午後に手仕舞って五〇〇ドル（二〇一八年の価値で七三三八ドル）の利益を上げるようなことができた。

空売りは、トレーダーが株の価値が下がると考えるときに使う戦略である。「空売り」を仕掛けるには、株のブローカーに下がると思う銘柄を、例えば一〇〇株空売りする注文を出す。このとき、その一〇〇株を保有していなくてよい。ブローカーは第三者から一〇〇株を借りて、例えば一株当たり一〇ドルで売り、代金の一〇〇〇ドルをトレーダーの口座に入金する。この瞬間はみんながトントンになっている。ブローカーは、トレーダーが借りた一〇〇株をすぐに一〇〇〇ドルで売り、その代金はトレーダーの口座に入金する。トレーダーが第三者に借りている株は、口座の一〇〇〇ドルを使って市場でいずれ買い戻せばよい。

もし株価が五ドルに下がると、トレーダーはこのトレードを手仕舞うことにするかもしれない。そのときはブローカーに、第三者に返却するための一〇〇株を五〇〇ドルで買う注文を出す。ブローカーは買った一〇〇株を第三者に返し、一株当たり五ドルで買った代金の五〇〇ドルをトレーダーの口座の一〇〇〇ドルから引き落とすと、トレーダーの手元には五〇〇ドルというなかなかの利益が残る。もっと買っておかなかったのが残念だ。

空売りで困るのは、株価が下がらずに上がったときである。値上がりには限度がないため、手持ちの資金をはるかに超える損失を被ることもあるからだ。前の例で言えば、もし株価が売値の三倍の三〇ドルに上がると、トレーダーは耐えきれなくなってブローカーに手仕舞いの注文を出す。ブローカーは市場で一〇〇株を三〇〇〇ドルで買い、第三者に返却する。ちなみに、第三者は株を貸している間も配当を受け取り、株価が三倍になったことで非常に満足している。一方、トレーダーは三〇〇〇ドルで買い戻したが口座には一〇〇〇ドルしかないため、その差額と空売りと買い戻しの手数料も支払うと、株が値上がりしたことで二〇〇〇ドル以上の損失を被ることになる。最初に受け取った一〇〇株分の金額の二倍以上を失ったのである。

賢い投機家は空売りをするとき、損失が手に負えなくならないように注意深く損切り注文を置く。グッドリッチが好んでトレードしていた銘柄の一つがGM（ゼネラルモーターズ）で、この会社についてはプライスもデュポンの関係でよく知っていた。一九二〇年代のこの株の変動は、大きなスイングによる魅力的なチャンスを何回も提供していた。

二七歳の若者にとって、ボルチモア証券取引所にあるグッドリッチの小さな事務所で彼が短期変動を利用してトレードするのをすぐ横で見るのは刺激的だったに違いない。グッドリッチはチャートといわゆる「テクニカルツール」を使っており、これらは抜け目のないトレーダーが株がどの方向にどれくらい動くかを推測する助けになっていた。ちなみに、今日ではすべての上場株のチャートが複数の会社から提供されており、多くのトレーダーが次ページの図をはじめとするさまざまなテクニカルパターンを観察している。

通常、チャートは縦軸が株価、横軸が時間を表し、下に出来高が示されている。株価チャートにはさまざまなパターンがあり、熟練のトレーダーにとってはそれぞれに意味がある。例えば、株が急騰して出来高も多いと、トレードがなかった価格が何ポイントかあったことを示す「窓（ギャップ）」ができる。このような窓はほぼ必ず「埋まる」（何年もかかる場合もあるが）。つまり、上がった株はいずれ「窓」の安値まで下がるということである。ただ、どれくらい待てば埋まるのかを予測するのは難しい。

もう一つ、よくあるパターンが「ヘッド・アンド・ショルダーズ」である。これは、株価が上昇してある価格で何日かとどまり、再び上げてまた一〜二日とどまり、次は二回目

窓のチャート

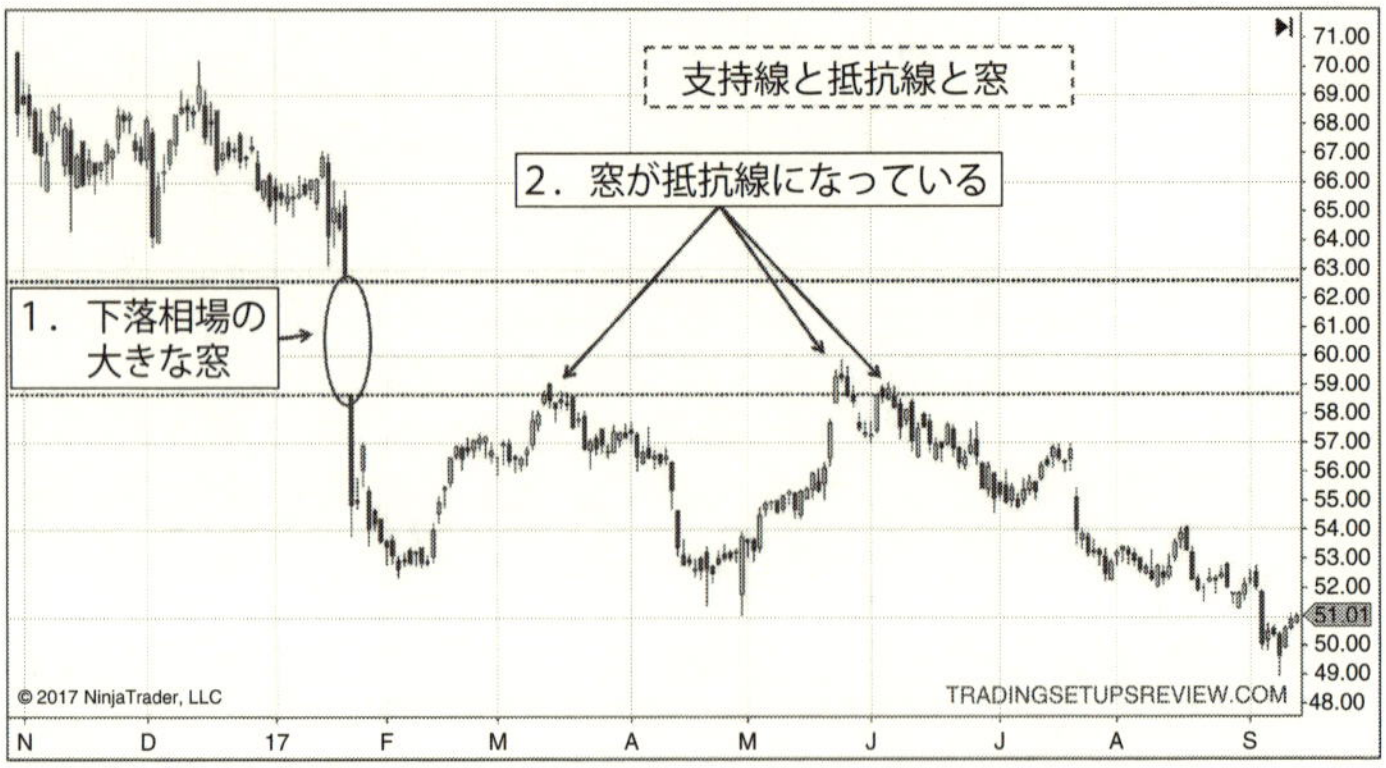

出所＝トレーディング・セットアップ・レビュー・ドットコム

ヘッド・アンド・ショルダーズのチャート

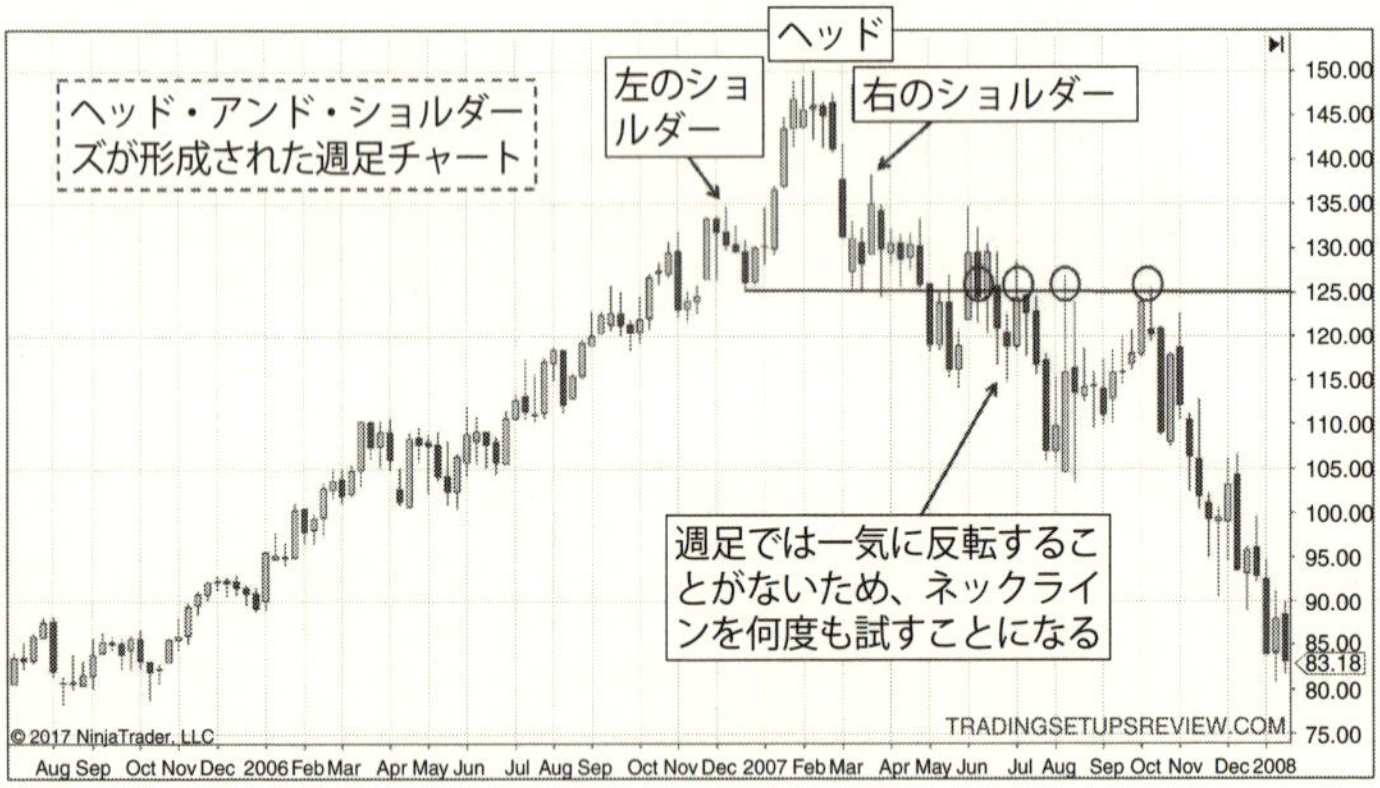

出所＝トレーディング・セットアップ・レビュー・ドットコム

に上昇を始めたところまで下げると「ヘッド」（頭）ができる。もし価格が両方の「ショルダー」（肩）を通る「ネックライン」を超えて下げると、「ヘッド」の高値と「ショルダー」の値幅と同じだけさらに下げることが多いと言われている。グッドリッチのようなトレーダーにとって、このようなパターンは典型的な空売りのチャンスだった。

最後の例は、ウォール・ストリート・ジャーナル紙などの出版物でもよく見かける「抵抗線」である。株価には長期間、かなり多くの出来高を伴ってトレードされている水準がある。通常、株価はこの抵抗線まで上昇するとこの水準を試し、結局、反転するということが数回繰り返され、時にはその状態が何年も続くこともある。また、悪いニュースがあると、この水準まで再び下げるかもしれない。トレーダーは抵抗線がブレイクされないことに賭けて、この水準で買い注文を出すこともできる。

このようなテクニックは賛否両論で、リスクもある。グッドリッチが間違いを犯すのを見て（多くの人も犯す）、プライスはますますバイ・アンド・ホールドを信奉するようになった。空売りで安定的に利益を上げることができる人は、ほとんどいないからだ。短期間はうまくいったとしても、長期的に見ると、ほぼ間違いなく破綻する。ただ、プライスは後年、売買の前にはほぼ必ず「最終チェック」としてチャートを見ていた。

支持線と抵抗線

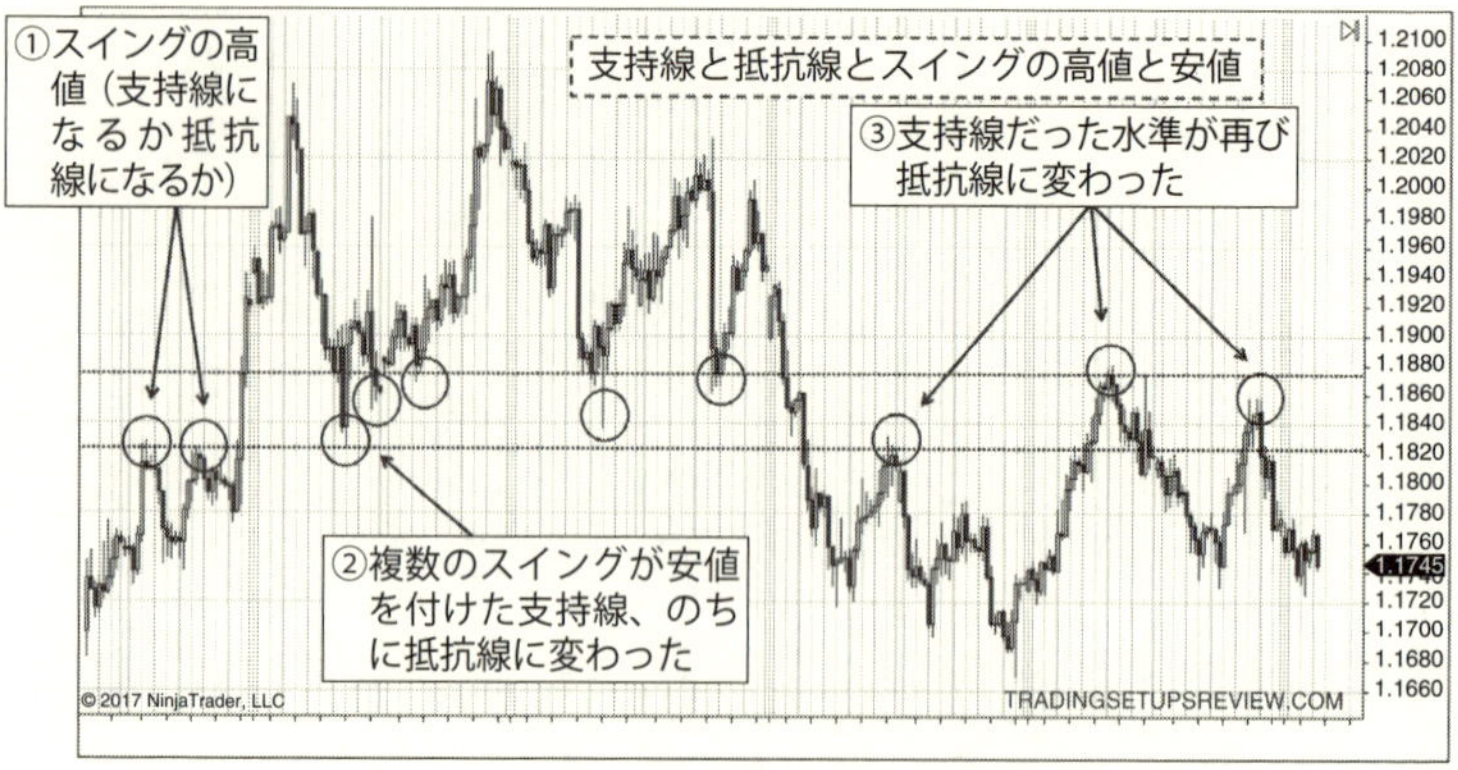

出所＝トレーディング・セットアップ・レビュー・ドットコム

「ザ・ヒストリー・オブ・ティー・ロウ・プライス・アソシエーツ・インク」によると、プライスはのちに、この手法について次のように語っている。「多くの人は、株は投機的な利益を得るために買ったり売ったりするものだと考えている。また、成功するためには株式市場が上がるか下がるかを当てなければならないと思っている。しかし、それは良い方法ではない。アメリカで最大の富は、成長企業に投資して、上がっても下がっても保有し続けることで得られるのだ」

市場はまるで生きているようで、その動きは人を虜にする。市場は退屈なほどゆっくりと動いていると思えば、突然動きが激しくなり（たいていは単なるうわさに基づいて）、大商いを伴って急上昇や急落が始まる。この動きは、まるで魚の大群が理由もなく一斉に急旋回して、別の方向に向かうのに似ている。

一九二五年、プライスが初めてイースト・レッドウッド・ストリート一一一番地のマキュベン・グッドリッチを訪れ、入口の見事な大理石の円柱を抜けて重厚なマホガニーのドアを開けたとき、株式市場は二〇世紀の巨大なブル相場のさなかだった。ダウ平均は一九二一年の安値から四年間で倍以上の一三五ドルに上がり、社員三〇人強だったマキュベン・グッドリッチは急速に拡大していた。会社の主力は株のブローカー業務だったが、債券部門の社員も採用していた。

そして、のちには債券に強い会社として知られるようになった。一九一四年に株式市場が四カ月間閉鎖されたとき、会社は初めて不動産業務に進出し、ボルチモア北部の郊外の開発を始めたばかりのローランド・パーク・カンパニーに住宅ローンの資金調達と販売を行った。そして一九二五年初めには、利付抵当証券、住宅ローン債券など住宅ローン市場関連のビジネスが会社にとって重要な事業になっていた。

プライスは、おそらくジェンキンズ・ウィドビー＆ポーで培った専門性を評価されて、債券の営業マンとして雇われた。そして、彼の採用には、レッグ自身がかかわっていた可能

1925年ごろのマキュベン・グッドリッチの債券部門（レッグ・メイソン・アーカイブス）

性が高い。入社後すぐにプライスのメンターになっているからだ。

会社が長期のブル相場で繁栄するなかで、プライスの報酬も、債券の分析とセールスの経験を積みながら上がっていったと考えられる。

このころ、プライスはガウチャー大学に通っていたエレノア・ベイリー・ガーキーという黒髪の美しい女性と知り合った。彼女は六歳も年下だったが、そんなことはどうでもよかった。プライスは彼女が四年生だった一九二五年一二月一八日に婚約指輪を贈り、一二月二六日に正式に婚約、一九二六年九月一八日にニュージャージー州オーシャンシティにある彼女の実家の別荘で結婚式を挙げた。

二人はヨーロッパに遅めの新婚旅行に出かけたあと、一九二七年八月にボルチモアのタルボットロード一一番地に小さな家を借りた。エレノアは、プライスがそれまで住んでいたグラインドンよりも市内の生活を望んでいた。ボルチモアのほうが楽しみが多く、近所には大学の友人も何人か住んでいたからだ。プライスにとっても、ボルチモアの家は会社に近いうえに、多くの顧客も近くに住んでいた。ただ、それまで人生の中心だった結びつきの強い家族が住むグラインドンを離れるのは辛かったかもしれない。

エレノアの家族は、フィラデルフィアのウエスト・ダイアモンド・ストリート・タウンハウス・ヒストリック・ディストリクトと呼ばれる地域に住んでいた。ここは、美しいビクトリア様式のタウンハウスが立ち並び、一九世

1904年生まれのエレノア・プライス（ガウチャー大学の1926年度卒業アルバムより。TRPアーカイブス）

1926年ごろのプライス（TRPアーカイブス）

紀末から二〇世紀にかけて重要な発明によって成功した起業家たち、という新しい階級の人たちが多く住んでいた。エレノアの父のウィリアム・D・ガーキーは、オハイオ州ポーツマスで生まれ育ち、ハイスクール時代に登場したばかりの電信に関心を持った。これは、モールス信号を習得したオペレーターが、電線を通じて遠く離れた相手にメッセージを瞬時に送ることができる技術だった。一八八六年、一八歳のガーキーはハイスクールを卒業すると鉄道の電信オペレーターになった。そして、二年後にはニュージャージー州のエジソン・エレクトリック・カンパニーに入社し、電球を大量生産するための新しい試験工場の建築に携わった。

エジソン・エレクトリックでは、二〇世紀に大きな影響を及ぼした数々の発明品が開発されていた。ガーキーが入社した翌年の一八九八年には、長い裁判の末にエジソンが改良した安くて長持ちする電球の有効性が認められた。ガーキーの仕事は、技術者が考案した概念に基づいて、エジソンの白熱電球を大量生産するための実践的な製造過程や機械を準備するための試験工場を立ち上げることだった。彼と彼のチームは、世界を電気で照らすことになる大工場を建設する前に、小規模で試して製造と技術的な問題を解決するという任務を負っていた。

この試験工場はニュージャージー州メンローパークにあるエジソン・エレクトリックの広大な敷地のなかにあった。ちなみに、二〇世紀から二一世紀の初めにかけてヒューレット・パッカード、アップル、フェイスブックなど多くの夢のような発明が生まれ、実際に生産されたのは偶然だが、カリフォルニア州メンローパークの近くだった。エジソン・エレクトリックの工場は、最初の映写機の一つを開発したウィリアム・K・L・ディクソンや、導体を保護するための絶縁電線を開発したレジナルド・フェッセンデン、そして今日では電気自動車の名称にもなっているニコラ・テスラなどによって有名になった。テスラは有能な発明家で、さまざまな分野の技術にかかわり、のちにはウェスティングハウス・エレクトリック・コーポレーションで、ジョージ・ウェスティングハウス直属下で働いた。彼は長距離の電送に必要な交流の仕組みも考案し、ガーキーものちにこの技術を大いに活用した。

ニュージャージー州の大きな敷地は、起業家がみんな集まる今日のシリコンバレーのよ

1868年生まれのエレノア・プライスの父親のガーキー（TRPアーカイブス）

うなところで、オハイオ州から出てきた技術を磨きたい若者にとってワクワクするところだった。トーマス・エジソンとウィリアム・ガーキーには興味深い類似点もあった。エジソンもオハイオ州出身で、技術に関心があり、特に若いころから電信に引かれていた。一八八八年に三九歳だったエジソンと二〇歳だったガーキーが実際に出会ったかどうかや、エジソンが個人的なつながりを感じてガーキーを雇ったのかどうかは分からないが、ニューヨーク・タイムズ紙に掲載されたガーキーの追悼欄には、「トーマス・A・エジソンのリサーチアシスタントを務めた」と記してある。一介の電信オペレーターからエジソン社の最も重要なプロジェクトの一つを任されるようになるというのは、若いガーキーにとって素晴らしい出世だったと言える。

ただ、メンローパークでの仕事は長くは続かなかった。もしかしたら、経験不足がたたったのかもしれない。彼はその年の終わりに、エジソン・ユナイテッド・マニュファクチャリング・カンパニーの技術部門に異動になった。そして、その一年後の一八九〇年にはニューヨークのフィールド・エンジニアリング・カンパニーに移り、彼のライフワークとなった電気輸送システムや、それにかかわる配電機器の設計と構築を始めた。ガーキーは、この会社でデトロイトやバッファローの地下鉄やケーブルカーの建設に携わった。彼の最も注目されたプロジェクトは、ブロードウエーで初めて電気の照明が使われた「リトル・ロード・ファントルロイ」の照明を手掛けたことだった。

一八九二年、ガーキーは市電の建設とその電気設備の仕事でフィラデルフィアに移った。そして一九一一年には独立して電車用の機器を製造するレールウエー・トラック・ワーク・カンパニーを組織し、その後、ゼネラル・グラインディング・ホイール・コーポレーションを設立した。ガーキーは生涯、設備をデザインするだけでなく、発明も行って製造過程や電気機器や電信機器にかかわる重要な特許を取得していた。

これらの仕事を通じてガーキーは裕福になり、一九三七年一月一七日に亡くなったときの資産は三八万九七一〇ドルに達していた（二〇一八年の価値で六六五万ドル）。彼も、プライスの祖父のサミュエル・ブラックと同様に起業家だった。ガーキーは義理の息子であるプライスに資産管理を委託するほど近しい関係だった。

エレノアをよく知る人たちは、彼女がプライスに献身的に尽くし、旅行好きの彼に同行し、彼の長時間労働に理解を示していたと口をそろえて言っている。彼女は、当時の同じような立場の女性らしく、夫が快適な生活を送れるよう陰で支えていた。彼女は、自宅で夕食会を開くときは綿密に計画を立て、たとえ若い社員を呼んで軽い食事を出すだけでも席には名札を用意した。執事と料理人が連携して振る舞う食事はいつも素晴らしく、ピカピカに磨かれた銀食器に盛られていた。そして、プライスが会話を主導するよう、自分は控えめに周りの人たちに心のこもった気遣いを見せた。私も何回か自宅に招かれて、このようなもてなしを受けたから間違いない。

プライスもエレノアも毎日日記をつけていたが、彼女のは社交的な内容が多く、友人の名前や参加したパーティーやそのときの食事の内容、気に入ったクラブやホテルの部屋などについて書いていた。彼女はガウチャー大学を熱心に支援しており、理事会の議長を務めたり、地域で募金活動を行ったりしていた。このような活動に一緒にかかわっていたアン・D・ホプキンズによると、エレノアは人や組織をまとめる力があり、常に効率的かつ効果的に目的を達成していた。もし寄付を受け取るのが遅れている人がいれば、エレノアは黙って自分の車で寄付者のところに送っていって回収を手伝った。ホプキンズは、エレノアについていつも丁寧で飾らない人だったと語っている。

エレノアはガーデニングにも関心が高かった。ただ、彼女は見守り役で、実際に土をいじるのは夫のプライスの仕事だった。しかし、そのうちにこれが彼の大事な趣味の一つになった。彼女は地域のガーデンクラブの会長も務め、州や国のレベルでも積極的に活動していた。彼女が家の外での活動にも積極的にかかわっていた姿を見て、プライスは母親を思い出していたに違いない。つまり、仕事が中心の当時の男性にとって、エレノアは理想的なパートナーだった。夫の社交面を仕切るだけでなく、個人としても地域活動に取り組み、夫が仕事に集中できる環境を整えていたのだ。

二人の大きな悩みは子供ができないことだった。結局、彼女はプライスの同意を得て、自らニューヨーク市の養子縁組あっせん業者を訪ねた。一九三七年六月二八日、二人は最初の養子であるリチャード・ベイリー・プライス（通称、ディック）を迎え、二年後にはトーマス・ロウ三世（通報、トム）を迎えた。

二人をよく知るディックの友人によると、プライス家で育つのは二人の少年にとって大変だった。成功した男性に共通して言えることだが（特に当時の）、プライスは他人行儀なところがある父親だった。二人の少年は、休暇のときも父親が仕事の書類を大量に持って行き、一日の大半はそれを読んでいることに文句を言った。ただ、プライスは規律には厳しかったが、公平でもあった。また、その友人は、プライス家の大きな庭の草刈りのエピソードを話してくれた。プライスは子供たちに草刈りを頼み、一時間に五〇セントの小遣いをやることを約束した。一九五〇年代の子供のアルバイトとしては高給だ。ところが、何かがあって二人は草刈りのことを忘れてしまった。一週間後、プライスは子供たちに約束の重要性を諭すため、二人を書斎に呼んで、彼らが草刈りをしなかったので自分が代わりにやらなければならなかったと伝えた。つまり、子供たちは父親に八ドルの借りができたのだ。プライスはこの金額を彼らの小遣いのなかから少しずつ返済させた。このようなことがあっても、息子たちは父を愛し、尊敬していた。次男のトムは、自分の息子に父の名前を付けている。

エレノアは、全力で育児に取り組み、仕事で忙しい夫の分も愛と情熱を注いでいた。子供たちがどうしても欲しいおもちゃを買うために、小遣いを上乗せすることもあったようだ。トムによれば、父親が「自分の仕事を無理やり勧めることはなかった。そうなればうれしいが、父は僕たちが興味のあることをしてほしいと思っていたし、僕たちが金融にさほど興味がないことも分かっていた」。しかし、プライスは亡くなる前年に初めて心を開いた。そのときのことをトムはこう言っている。「あのときは、それまで一緒に過ごした期間すべてを合わせた以上の愛と優しさを感じた。父は肩の力を抜いて、やっと本当の人間らしくなった」

第4章 巨大ブル相場と暴落（一九二七〜一九二九年）

一九一五年から一九二四年までの約一〇年間、ダウ平均はほとんど動かず、一九二一年の深刻なベア相場で傷ついた投資家は株を買う気持ちを失っていた。一九二五年はダウ平均が二〇％上昇して良い年になったが、一九二六年はほとんど動かなかった。しかし、一九二七年になるとダウ平均が年初から安定的に上昇し、あまり下がらなかった。このモメンタムは好景気に支えられたもので、ＦＲＢ（連邦準備制度理事会）が発表する工業生産指数は、五〇％以上も上昇していた。企業収益の伸びはそれ以上で、配当も上昇したが、金利は低いままだった。一九二七年末のマキュベン・グッドリッチ＆カンパニーのビジネスは非常に刺激があった。

一九二〇年代末は、多くのアメリカ人にとって楽しい時期だった。ジャズエイジのなかフラッパーが流行し、禁酒法の下で人々は潜りの酒場に集った。一九世紀末の科学的発見や発明は、重要な新製品を数多く生み出していた。初めて大量生産された自動車が町を行きかうようになり、長距離でなければ航空機も商業化されつつあった。夢の家電だったラジオも平均的な家庭には普及し、近いうちに電波を通じて映画も見られるようになるとうわさされた。新しい革新の時代に、不可能なことなどないように見えた。

イギリスは一九二五年に金本位制に復帰した。財務経験がないウィンストン・チャーチル財務大臣が第一次世界大戦前の水準での金本位制復帰を主張したため、ポンドは世界市場でかなり過大評価されることになり、イギリスの輸出は急激に減少した。そのため、一九二七年春に当時最も経済が発展していたフランスとドイツとアメリカが、しぶしぶ金融緩和策を打ち出してイギリスを救済した。一九二〇年代後半の力強いブル相場は、これに支えられたところが大きい。

一九二七年末には、株式市場が本格的な上昇を始め、加速していった。一二月には安値から六九%上昇し、株に投資すれば大したリスクもなく儲かるように見えた。近所で株をやっている人は新車を買い、一九二八年には家も立派に建て替えられた。みんなが儲けているのを目にした人たちの羨望と欲望がさらなる強いブル相場の第二段階につながることは珍しくない。

一九二七年秋にプライスが新婚旅行から戻ったとき、出発前に始まった上昇がまだ続いており、マキュベン・グッドリッチはこの力強い上昇スイングのなかで大いに儲けていた。もし出発前に仕掛けておけば（おそらくしていただろう）、かなり大きな獲物がかかっていたはずだ。

その年の初めに、マキュベン・グッドリッチの幹部は、一九一七年から本社を置いているイースト・レッドウッド・ストリート一一一番地の事務所が近いうちに手狭になることに気づいていた。そこで、一九二九年に同じ通りの二二二番地にある白い大理石でできた大きなジョージア王朝風の建物を七五万ドル（二〇一八年の価値で一〇七〇万ドル）で購入した。幹部たちは、このビルを大幅に改装し、一九三〇年初めの移転を予定していた。

会社の非常に楽観的な相場の見通しは、マーケットのピークが近いことを示唆するものでもあった。また、レッグがユニバーシティーパークウエーに、二七の部屋と七つの浴室のある豪邸を購入し、妻と娘をつれてヨーロッパに一〇週間の豪華旅行に出かけたこともそうだった。

保守的な投資家にとって、一九二八年の株価は妥当だったということもできる。一九二七年の好景気を背景に収益は上昇を続け、配当も増えていた。しかし、強いブル相場では、みんながかなり非現実的な考え方をするようになる。今回は違うのだからこれまでのルールは当てはまらない、取り残されるよりも乗り遅れるべきではないといったことである。

一九二八年の初めのマーケットは動きが遅かった。しかし、一九二七年の大きな利益と安値感がマーケットにさらなる投資家の資金を引き寄せた。株式市場は再び大きく上昇し始めた。このような急騰のあとは急な調整が入るものだが、売り手は間違っていた。マーケットは再び上昇を始め、それまで以上に上昇したのである。

この時期の典型的な銘柄がＲＣＡ（ラジオ・コーポレーション・オブ・アメリカ）で、これは一九九〇年代後半のインターネットバブルを牽引したＡＯＬのような存在だった。一九二七年にＲＣＡの株価は一〇一ドルに達し、そこからはジェットコースターのような上げ下げを繰り返しながら、一九二八年には三二〇％も上げて四二〇ドルを付けた。

バブルが膨らんでいくと、プライスがデュポンで働いていたころの幹部たちは優れた投資家として知られるようになり、称賛されていた。デュポンのジョン・ラスコブや、ＧＭ（ゼネラルモーターズ）の設立者の一人であるウィリアム・デュラントの強気な発言が新聞の金融欄に載ると、株式市場はさらに上昇したのである。

一九二八年一一月、ハーバート・フーバーがアメリカ大統領選挙で五八％以上を得票して圧勝した。彼は、クエーカー教徒で、ビジネスマンとして尊敬され、たくさんの会社を創業していた。

複数年に及んだブル相場が上昇を続けるには、大量のあぶく銭が必要だ。そのためには、大手銀行やそのほかの貸し手が、株価の上昇に合わせてさらにたくさんの資金をブローカーやその顧客に貸し付ける必要がある。ＦＲＢも、一九二七年に始まった金融政策を通じて、株投資のための貸し出しの増加に協力した。

あぶく銭は直接的にも株式市場を支えていた。一九二〇年代半ばの投資家は、二〇％程度の証拠金で株を買うのが普通だったからだ。ブローカーが残りの八〇％を提供し、当時の金利はわずか五％程度だった。もし一九二八年に一〇〇％のレバレッジでダウ平均に投資していたら、一年間で二〇〇％以上のリターンが上がったと思われる。これは悪くない数字だ。ただし、途中で数日間、相場が激しく変動して神経質になった時期ももちろんあっただろうし、そのときはレバレッジによってその変動も倍増したはずだ。

ブローカーや銀行からの融資によって投資家は大きな利益を上げ、担保価値も上がると、市場にはさらに巨額な資金が流入した。金利は一九二八年末には一二％に上昇したが、それでも銀行はこれらの融資が絶対に安全だと考えていた。

大小にかかわらずあらゆる銀行がブローカーに融資をしていただけでなく、外国からも資金が流入し始めた。さらには、株主の資本を株式市場に投資するリスクをよく理解しているはずの健全な会社でさえ、資金を借りて一二%で投機家に貸し付けたり、自ら株式市場に投資したりし始めた。一九二九年の初めには、企業と銀行の融資額がほぼ同額になり、さらに増えていった。

一九二九年も一月に株式市場はさらに一〇%上昇し、ブローカーの融資もそれに歩調を合わせて力強いスタートを切った。クーリッジ大統領が退任時に「企業も経済も極めて順調で……株価はまだ割安」だと語ったため、株式市場はさらに急騰した。当時、マキュベン・グッドリッチで働いていたキャサリン・オーバーベックは、日記に「会社は飛躍的に成長している」と記していた。

しかし、三月の最終週になると、市場は分厚い壁に突き当たったように急落した。そして、三月二六日に最初の本格的な心配がウォール街に広がった。出来高が通常の二倍を超える八〇〇万株にも上り、ほんの数秒で株価が二〇～三〇ポイント下落すると、パニックが広がった。しかも、ティッカーテープの処理が追い付かず、状況がどれほど悪化し、自分がどれだけの損失を被ったのかは、だれにも分からなかった。株価が大きく下落し、ティッカーテープの処理がやっと終わると、その日の終わりには大量の追証が発生していたことが判明した。銀行の貸付金利は史上最高に達しており、銀行は初めて目の前の市場リスクに気づいた。

このとき、ナショナル・シティ・バンク（現在のシティバンク）の社長だったチャールズ・Ｅ・ミッチェルは、ＦＲＢとは別の方針を打ち出した。ＦＲＢから借り入れた資金で、売りをやめさせるためにさらなる貸し出しを行うと発表したのである。これによって下落は止まり、市場は再び上昇を始めた。ジョン・Ｋ・ガルブレイスが『大暴落１９２９』（日経ＢＰ社）に書いているとおり、「あとにも先にも、これほどたくさんの人が驚くほど簡単かつ素早くお金持ちになったことはなかった」。

株の莫大な需要に応えるために、投資信託が設立された。これは、株を発行して資金を調達し、その資金で数年間にわたって株を買うための仕組みである。一九二七年には、投資信託の普通株四億ドル相当（二〇一八年の価値で五七億二〇〇〇万ドル）が一般向けに販売され、一九二九年には三〇億ドル（二〇一八年の価値で四二九億ドル）という驚くべき金額に達した。当時、投資信託の価値は、運用資産の価値の二倍以上で評価されていた。

しかも、彼らは債券や優先株を使って高いレバレッジを掛けていた（優先株は資産の分配や配当を普通株よりも優先的に受けられる株で、配当率も高いことが多い。一九二〇年代末の投資信託の優先株は普通株主のレバレッジを高めるだけのものだった）。当時の投資信託は、普通株の割合が資本の約三〇％程度しかなかった。

しかも、投資信託を同じようなレバレッジを掛けた別の投資信託が保有するという仕組みを使えば、市場価格が五〇％上がると投資信託の普通株主は七〇〇～八〇〇％の利益を得ることもあった。しかも、その普通株をブローカーや銀行からの借り入れで買っていれば、利益率はさらに倍増した。一九二九年一月に、すべて借り入れで一〇万ドルを投資して、投資信託の資産が株式市場と同じペースで上昇すれば、理論的には六月末までに七〇〇万ドルにもなっていたことになる。

株価が上がるとともに百万長者が多く誕生し、株式投資は一部の人たちから社会全体に広まっていった。ダウ平均や個別株の株価は新聞で報道されるようになり、ラジオでは一時間ごとに株価が伝えられた。また、患者から聞いて株を買った看護士が三万ドル儲けたとか、ブローカーの家政婦が二五万ドル儲けたなどといったうわさ話が飛びかっていた。八月には、ブローカーとの連絡に使う無線通信が大西洋航路の客船にも設置され、公海上でもトレードを続けることができるようになった。この時期にマキュベン・グッドリッチで働いていた若いプライスにとってはかなり刺激的だったと思う。ただし、彼の担当は債券だった。

このような巨大バブルが永遠に膨らみ続けることはできないし、実際そうはならなかった。歴史家は、この一九二〇年代の巨大なブル相場のピークを、一九二九年九月三日に付けた三八一ドルとしている。アンドリュー・メロン財務長官は、「心配する理由がない。好況の波は今後も続く」と述べた。メロン財務長官にはそう見えていたのかもしれないが、プライスやほかの市場参加者の考えは違っていた。市場は極めてボラティリティが高い状態が続いており、大商いのなかで上昇スイングと下降スイングを繰り返していた。しかし、事情通のインサイダーは相変わらず楽観的な発言をしていた。一九二八年の下落を反転させたチャールズ・E・ミッチェル・ナショナル・シティ・バンク社長も一〇月一五日に、「現在の市場は全体的に健全な状態にある」と発言し、一〇月二二日に急落したあとには「株価が思った以上に下がった。割安になったから買い時だ」と語った。

しかし、水面下では夏の熱狂が秋には恐怖に変わっていった。最初の大きな下落は一〇月二四日木曜日に起こり、のちにブラックサーズデーと呼ばれるようになった。このときも午前中のティッカー処理が大幅に遅れ、パニックが始まった。多くの銘柄が大きく落ち込んで買い手がまったくおらず、正午前に少し戻したものの、再びパニックが広がった。

当時のボルチモア・サン紙によると、正午には「ブロードストリートやウォール街では、証券取引所のフロアで上がった叫び声が何ブロックも先まで聞こえていた」。多くの投資家が追証を払えず、そうなると株は強制的に売却される。そして、「株価がゼロになった」「自殺者の数が増えている」などといったうわさが流れた。

ブラックサーズデーの昼過ぎに、四大銀行（ナショナル・シティ・バンク、チェース・ナショナル・バンク、ギャランティー・トラスト・カンパニー・オブ・ニューヨーク、バンカース・トラスト）の会長がJ・P・モルガンのシニアパートナーのトーマス・W・ラモントの事務所に集まり、対策を話し合った。ラモント会長は、会議のあと記者たちに対して、「市場の需給要因によって……取引所で多少の投げが出たが、……状況は改善するだろう」と語った。

午後一時半には、先の会議の代表として、NYSE（ニューヨーク証券取引所）のリチャード・ホイットニー副所長が、のちに有名になったUSスチール株一万株の買い注文を直近の二〇五ドルで出した。すると、恐怖は瞬時に消え去り、欲望が再び広がり、その日の損失はほぼ解消された。午前中の大きな下落は、六ポイントの下げまで回復した。結局、損をしたのは午前中のパニックで、追証が払えず強制的に売らされた人たちだった。この日、企業や金融機関の幹部たちはそろって楽観的な発言をした。日曜日、新しい一週間を前に、ブローカーに大量の買い注文が寄せられているといううわさが流れた。ウォール・ストリート・ジャーナル紙も、情報源は明かせないとしながら「驚くほどの買い」だと報じた。

そして迎えたのが一〇月二八日のブラックマンデーだった。この日もティッカーの処理が何時間も遅れた。再びパニックが起こり、取引開始からほんの二～三分で大金が消えた。投資家に残ったのは、ブローカーから借りていた返済しきれない額の借金だけだった。そして、状況はさらに悪化していった。トーマス・ラモント会長をはじめとする四人の銀行家に動きはなく、市場は終日下げ続けた。

翌火曜日はさらに悲惨だった。当時の普通の日の出来高は三〇〇～四〇〇万株だったが、この日は一六〇〇万株を超え、取引終了時にはティッカーの処理が二時間半遅れていた。株価は一日で三三ポイント（金額で一二％）下げ、ブローカーには弁護士や医者やビジネスマンや靴磨きの少年などが、かつてお気に入りだった銘柄が急落する様子を見に来ていた。

ブローカーは大混乱に陥っており、マキュベン・グッドリッチも例外ではなかった。ボルチモア・サン紙は、「弁護士やビジネスマンや医者がマキュベン・グッドリッチに駆け込んできて、目まぐるしく変わる株価をボードボーイが必死で書き込むのを見守っていた」「自分の資産が消えていく様子を見守る投資家でいっぱいの部屋は、死んだように静まりかえっていた……売りがやっと収まったとき、市場の損失はほぼ二五〇億ドル（二〇一八年の三六四〇億ドル）に達していた」と報じた。レッグ・メイソン・ウッド・ウォーカー・インクのスタンディッシュ・マクリアリー元シニアバイスプレジデントは「みんなショック状態に陥っていた」「被害は壊滅的だった」と回想した。

株式市場が急落したことは以前にもあった。一九〇七年のパニックは、J・P・モルガンの介入でやっと止まり、一九〇五年のピークから五〇％下落した。一九二一年の第一次世界大戦勃発による暴落は、世界の主要な株式市場が四カ月間閉鎖してやっと収まり、五〇％近く下落した。ただ、これらの下落は比較的速く回復した。ところが、今回は一九三〇年に少し上昇したのを除いて、市場は永遠に下げ続けるかに見えた。市場がやっと底を打ったのは一九三二年七月で、ダウ平均の終値は四ドルまで下げていた。一九二九年九月三日から一九三二年七月八日までに、ダウ平均は三四五ポイント（八九・四％）下落した。

どこが本当の底かは、もちろんだれにも分からなかった。

市場の暴落と流動性の深刻な枯渇が合わさって、経済学者が多少の在庫調整程度と予想していた事態は、それよりはるかに加速して大恐慌に突入した。アイアン・エイジ誌は一九三二年七月号で、鉄鋼生産量は全盛期から一二％減少し、銑鉄の生産量は一八九六年以来最低を記録したと報じた。出来高はわずか七二万株に落ち込み、一九二九年に一〇〇〇万株だったことを考えると隔世の感があった。

一九三三年のアメリカのGNP（国民総生産）は、一九二九年と比べて三三％も下回った。失業率は二五％と報じられたが、当時の統計はあまり正確ではなかった。実際には、労働人口の五〇％が失業していたか、パートタイムの仕事しかなかったと考えられている。また、企業は、経費削減による生き残りをかけて給与水準を急速に引き下げた。その結果、労働時間が少なくなっただけでなく、時給も下がった。その一方で、暴落は富裕層にも直接的な影響を及ぼし、それが間接的に経済全体に大きな影響を及ぼした。一九二九年にはアメリカ人富裕層の上位五％が、全収入の三三％を手にしており、これはすべての預金額の五〇％に当たる金額に相当していた。ピーク時の一九二九年には楽観と浪費ムードが蔓延していたが、一九三二年には悲観と節約ムードに急変した。

企業はピーク近くで株式市場に大金を投資していたため、巨額の損失を被った。持ち株会社には多額の借入金がのしかかり、外国からの融資がとまると輸入は現金払いに変わった。先進工業国の流動性は危機的な状況になっていた。

流動性の崩壊は、銀行に強烈な影響を及ぼした。彼ら自身が高いレバレッジを掛けていただけでなく、愚かにも預金者の資金を株式市場に投資していた。そのため、銀行制度の崩壊は、多くのアメリカ人に直接的な影響を及ぼした。

一九三三年より前のアメリカの銀行制度は規制が緩く、多くの金融機関が規制の対象外になっていた。ＦＲＢは大手銀行だけを監視していたのだ。銀行が倒産すると、預金者はすべてを失うが、一九二〇年代には銀行の倒産はほとんどなかったし、あっても地方の小さい銀行だった。ところが、一九三一年にものすごい数の銀行が突然倒産した。しかも、その多くが主要都市にある大銀行だった。これによって、銀行制度が改めて注目されることになった。

預金者は、自分の銀行がつぶれるかもしれないといううわさを聞くと、あわてて預金をすべて引き出した。しかし、何の問題もない銀行でもすべての預金者への払い戻しに即座に応じることはできないため、それがさらに悪いうわさを呼ぶという悪循環に陥った。結局、預金者だけでなく、会社や慈善団体や地方政府までもが資金を失った。一九三六年にはＧＭのデュラントが破産を宣言し、そのときの彼の全財産は鞄のなかの服だけだった。

貯えがなく、収入も減った人や会社は、物々交換に頼るようになった。そして、お金の代わりに手書きの借用書などで支払いを行うようになった。一九三三年二月、ミシガン州知事が初めて州全域で銀行休業日を実施して、新たな資金確保の時間を設けた。一九三三年末までに五五〇〇行の銀行が、少なくとも一時的に閉鎖した。

金融の流動性という潤滑油がなくなると、工業生産にもかなりのブレーキがかかった。炊き出しを行っている慈善団体やボランティア組織でさえ資金が枯渇し、ボルチモアでもその他の都市でも人々が列をなしてゴミのなかから食料を漁るようになった。この年はリンゴが豊作だったため、街角にはリンゴ売りがたくさん出ていた。一個五セントでは一年で五〇〇ドルにしかならなかったが、みんな必死だった。

アメリカ中が険しい雰囲気に覆われ、フーバー大統領が退任するころには経済が壊滅的な状況になっていた。一九三三年三月四日、若くて能弁なフランクリン・デラノ・ルーズベルト大統領が就任し、国民に「唯一恐れるべきは……恐れそのものだ」と呼びかけた。そして、一〇〇日間のニューディール政策が始まると、国内も株式市場も回復し始めた。

ルーズベルトは、まず大統領選翌日に成立させた緊急銀行法に基づいて三月六日に国内のすべての銀行を休業させた。そして、三月九日には特別議会を招集し、おびえた雰囲気のなかで下院はニューディール政策を四時間で成立させ、上院も素早く通過させた。法案に基づいて、すべての銀行が連邦政府の査察を受け、健全だという判断が下されると営業を再開することになった。

二週間で国内の資産の九〇％を保有している銀行が健全だと判断され、再開した。人々がベッドの下や壁の金庫に保管していたお金は再び銀行に戻った。ただ、大恐慌のパニックは過ぎたものの、ＧＮＰが一九二九年以前の水準を回復するのには一二年後の一九四一年までかかった。結局、復活をあと押ししたのは、世界が第二次世界大戦の準備に入ったことだった。ちなみに、ダウ平均が一九二九年の高値を超えたのは、その二五年もあとの一九五四年一一月二四日だった。

プライスは最初はルーズベルト大統領とニューディール政策を支持していた。アメリカは明らかに強いリーダーを必要としていたし、のちの顧客に宛てたニュースレターでも、「ルーズベルト大統領が資本主義を守った」ことは大いに評価している。最初、彼は、ルーズベルト大統領の目的が国民の資源を恵まれない人たちに「与えるのではなく、分け合う」

ことだと思っていた。しかし、政策が時間とともに単なる施しに変わっていくと、大統領への支持をやめ、むしろ政府の補助金に頼りすぎる人たちが増えたことを非難するようになった。

第5章 暴落のあと（一九三〇～一九三七年）

レッグが一九二七年に大きな家に移ったのをまねて、プライスと妻のエレノアも一九三〇年一月に小さな借家から、レッグには及ばないが、それまでよりも大きな家を購入し、引っ越した。タイミングはこちらのほうが良かった。新居はボルチモア北部のギルフォードというアッパーミドルクラスが住む地域のウエンドーバーロード四三〇九番地にあり、約二〇〇〇平米の美しい区画に建つ約三〇〇平米の家は、石造りで木枠が施されていた。価格は二万二〇〇〇ドルだった（二〇一八年の価値で三二万三〇〇〇ドル）。当時の景気の悪さを考えると、おそらくかなり割安で手に入れ、もしかしたら親からの援助もあったのかもしれない。二人は結婚生活のほとんどをこの家で過ごした。

同僚の多くが住んでいた豪邸と比べると控えめなこの家は、プライスの生き方や仕事の

ウエンドーバーロード4309番地のプライスの自宅

進め方をよく表している。彼はフレンズ・スクール・オブ・ボルチモアやスワースモア大学で学んだクエーカー教の教えを取り入れて、結果で示した。彼には見栄を張るための大きな家は必要なかったのだ。

アメリカ全体が不況に陥っていたが、ボルチモアも例外ではなかった。男たちは朝早くから仕事を探し回り、昼になっても見つからないと、炊き出しの長い列に並んでスープとパンの食事を手にした。マキュベン・グッドリッチ&カンパニーも、市場の落ち込みの影響から逃れることはできなかった。プライスは、一九三一年九月二四日の日記に、「ミスター・レッグから手持ちの証券を売却し、負けを認めるよう勧められた。しかし、ここまで落ち込んだ株を売却しようとすると、手がまひして注文書を書くことができなかった」と記している。そして、さらに続けて、ミスター・レッグの助言に従えば、「二万一〇〇〇ドルの損失を被ることになり、借り入れを返済するのには何年もかかる」とも書いている。彼の新しい家の価値を考えると、この損失の大きさが分かると思う。翌日、彼は日記に「再び好機が訪れて株価が上がり始め、みんなが利益を狙い始めたら、不況の恐怖を『必ず』指摘し、最悪の不況は最も予期しないときにやってくるということを『必ず』表明するつもりだ。現金で支払いができないものは、損失を覚悟して買わなければならない」と書き、必ずという言葉を大文字で強調していた。

市場暴落後の一九三〇年、マキュベン・グッドリッチは小さくない資金問題を抱えていた。金融業界では、どの会社もブル相場の間に会社を拡大しすぎていた。しかも、マキュベン・グッドリッチは美しいビルを買い、一〇〇人の社員とともに引っ越したばかりだった。新しい事務所は贅沢に改装され、広くて豪華な作りになっていた。新しいビルに移ってすぐ、幹部は生き残りをかけた打開策を話し合い、すべてのパートナーが自分のポートフォリオを清算して、その現金を事業に充てるしかないという結論に達した。夕食をとりながらの話し合いは憂鬱な雰囲気に包まれていたに違いない。しかし、最終的にはみんなが協力して、マキュベン・グッドリッチは救われた。プライスがこのときパートナーでなかったのは幸運だった。

パートナーたちにとって、手持ちの株の売却は辛いことだったが、あとから考えればこれは正しい判断だった。彼らが売却したのは市場が一九三〇年に少し反発したときで、そのあと市場は再び下げて一九三二年の底に向かっていた。

同じような決断をした会社はほかにもあったが、これが当時生き残った会社とそうでない会社の明暗を分けた。多くの会社では、パートナーやその家族が売却で得た現金を会社の借り入れの返済に充てた。彼らは最初は会社に一時的な資金提供をしたつもりだったが、景気回復のペースは遅く長きにわたり、結局、何十年もかかることが徐々に明らかになっていった。ブローカーでは、一九五〇年代になっても有望な若手社員がパートナーへの昇格を断るというケースがあった。「大恐慌の負債」を負うことはできないし、負いたくもないという理由からだ。

株式市場の出来高が一〇万株単位まで下がると、プライスが勤務するマキュベン・レッグ&カンパニーとなった会社は（クレム・グッドリッチは一九三二年三月一四日に亡くなった）、債券（住宅ローン債券を含む）に力を入れ始めた。一九三三年の住宅ローン市場は厳しい状況で、アメリカの保険会社上位三社が破産し、アメリカ全土の数千人に及ぶ債券保有者への支払いが繰り延べられた。マキュベン・レッグは全国的に標準化された住宅ローンの取り扱い実績を買われてほかの銀行二行とともに政府に指名され、債券保有者に総額一億ドルの払い戻し業務を仲介した。住宅ローン市場は政府が新設した復興金融公庫（ＲＦＴ）によって救済された。この業務は、レッグが自ら主導し、当時としては最大規模の払い戻しだったため、レッグと会社の認知度は大いに上がった。また、これは新設されたばかりのＳＥＣ（証券取引委員会）に登録された最初の有価証券だった。プライスは何も書き残していないが、彼がレッグの下でこの業務にかかわった可能性はある。

プライスは、一九二五年に債券の営業マンとして雇われ、順調に新規口座を獲得していた。そして、これらの口座の安全性と利回りを高めるために、積極的な運用をしていた。しかも、ジェンキンズ・ウィドビー＆ポーでの経験を生かした運用によって、一九二〇年代後半に新しく作られた金融商品の多くが被った損失を回避したのだ。一九三〇年、彼は債券部門全体の責任者に昇進した。これは大出世で、幹部が彼の能力を信頼している証しだった。債券部門は、新しい事務所の二階全部を占め、会社で最も重要な事業になりつつあった。

経験と自信をつけたプライスは、自分が担当する顧客を会社とは違う方法で管理するようになっていった。ジェンキンズ・ウィドビー&ポー時代からそうだが、顧客にとって良い債券の多くは、あまり会社の利益にはならなかった。しかし、彼は顧客に債券を勧めるときは、そのメリットだけでなく、リスクも詳しく説明した。

そして、顧客は彼を信頼するようになった。そうなると、顧客は友人に声をかけるなどして、実質的な営業活動をしてくれるようになっていった。彼は、「会社の目的とそれをどのように達成するか」(一九五一年九月七日)という会報の記事で、仕事用ファイルの表紙には「どんな事業でも、最初の注文で利益は上がらないが、そのあと顧客が自発的に出す注文には販売経費がかからない」という言葉を掲げていることを紹介している。このような対応は、会社のビジネスと利益を増やしていても、会社の方針とは明らかに違う方向を向いていた。ほかのほとんどの社員は、将来の利益や顧客にとって最適な投資ではなく、目先の手数料収入を上げることを目指していた。顧客第一という考え方はデュポン時代に培ったもので、この素晴らしい会社は常に顧客との長期的な関係を大切にしていた。

一九三一年末になっても株価はまだ下げていたが、プライスの関心は債券よりも株に向いていった。彼は自分の日記(レッグのでも同僚のでもなく)に、将来のマキュベン・グッドリッチとして、投資顧問サービスと、有料での株と債券の運用と、ブローキングからも収益を上げるという形を考え始めていた。当時は、金融業界のリーダーたちの話も、ウォール・ストリート・ジャーナル紙に掲載されている彼らのコメントも悲観的だったが、プライスは一九三一年一〇月二二日の日記に、「目の前にアメリカ史上最大のチャンスがある」と書いている。市場が下げの波を繰り返すなかでＧＤＰ（国内総生産）も下がり、企業も大幅な赤字を計上していた。彼はまだ買うべきだとは言っていなかったが、このコメントは彼の将来を見通す優れた能力を示す最初の証拠と言える。

プライスをよく知る人は、彼のこのような能力は、株式市場や、その根底にある政治や社会や経済トレンドに関する豊富な知識がもたらしたものだと言っている。そのことは、一九三七年のパンフレットに、「変化――投資家にとって唯一確かなこと」を見ても分かる。彼が娯楽系の本を持っている姿はだれも見たことがなかった。彼は、ビジネスや金融に関するものかブローカーの報告書しか読まなかった。また、顧客と会っていないときは、顧客と会う準備をするか、所属部署の仕事をするか、自室のドアを閉めて資料を読んでいた。旅行に行くときも、大きなブリーフケースに書類を詰めて持っていき、読み終わるとさらに送らせた。株式市場に影響を及ぼすことについて、彼以上によく知る人がいたとは考えにくい。どのようにして個別株や株式市場に関する洞察に富んだ助言をするのかと聞かれると、彼は「ESP」（超能力）とだけ言ってウインクし、話題を変えた。息子のトムはのちに、父の「ESP」は本当かもしれないと語っている。「ある日、夕食中に父がフォークを落とし、『ディックが事故に遭った』と言ったのです。それから一〇分後、ディックから自転車で事故に遭ったという電話が掛かってきました。電話は病院からで、前歯の一部が欠け、額を七針縫ったということでした」。トム曰く、プライスには第六感があり、「家族のことでも、国のことでも、世界のことでも、父は物事がどこに向かっているかが分かっていました」。

一九三三年九月二八日、ダウ平均は九五ドルで引け、プライスは「有利な要素と不利な要素を注意深く比較した結果、株を買い始める時期だと判断した。アメリカと株式市場のサイクルは長期的には上昇期にあると考えている」と記している。一九三三年に書かれたこのコメントは驚くほど予知力があり、まだ市場は底を打っていなかったものの、彼の予測と実際の底は非常に近かった。

一九三四年、レッグの判断で、パートナーたちはプライスに、彼がかねてから進言していた資産運用部門の設立と責任者への就任を決めた。彼はこのとき三六歳で、夢を実現できる立場になった。しかし、そこからの道は予想したよりも険しいものだった。

会社は、新しい部門の基本原則を明確に定めた。有料の投資顧問サービスを、一〇万ドル以上（二〇一八年の価値で一八三万ドル以上）のポートフォリオを所有する顧客に提供するというものだ。最初のターゲットは、慈善団体や小さな銀行や保険会社だった。当時のボルチモアに、これほどの資金を持つ個人はほとんどいなかった。

プライスがこの部門のために採用したチームは、それから五〇年間、彼と行動をともにすることになった。彼の秘書で親友のマリー・ウォルパーは、プライスの二～三年前にマキュベン・グッドリッチに入社し、プライスのサポートをしていた。統計担当のイザベラ・クレイグは、バッサー大学卒業後、経済学者のアービング・フィッシャーの下で統計の仕事をした経験があった。ウォルター・キッドは、一九三三年にハーバード・ビジネス・スクールを卒業してすぐマキュベン・レッグに入り、証券のシニアアナリストに任命された。一九三五年に入社したチャールズ・W・シェーファー（通称、チャーリー）もハーバード・ビジネス・スクール出身で、証券アナリスト兼アシスタントカウンセラー（クライアントマネジャー）になった。

プライスが一九五四年一月の社内報に掲載した「成長株がもたらしたもの」によると、彼は「成長株」について一九二一年から考え続けていた。そして、一九三四年に優れた「成長株」を保有し続けることでより良い結果が得られるということを証明するため、試験的なファンドの運用を始めた。彼が成長株について最初に記しているのは一九三五年一〇月八日で、「資産運用部門で二つのファンドの運用を認めるように会社を説得したい……そのうちの一つは、質が高く継続的な成長が見込める主要な株を保有し続けることで資本を増やしていくファンドだ」。二つ目のファンドは、「より投機的で、航空機やエアコン、アルミニウムといった比較的新しい業種に投資していく。これらの企業の多くは長期間のデータがないため、それぞれの業界の将来性と経営者の資質で判断して選んでいく」「現実的には、ブローカーが顧客にさせているさまざまな証券を買い替えていく方法よりも、成長企業に投資して、それを良いときも悪いときも保有し続けるほうが大きな富を手にすることができる」とも書いている。

　この手法は、マキュベン・レッグのパートナーの多くがそれまでとってきた手法や考えとは違っていた。今日でもそうだが、ブローカーの多くは、顧客は株を売買して利益を上げ、ブローカーは顧客が売買するときの手数料で利益を上げるものだと考えていた。ただ、レッグだけはプライスの味方で、父親のように長い時間をかけてプライスのアイデアや理論に耳を傾け、社内を説得するときもプライスを支持した。それでも、プライスは自分の考えが会社とはなじまないと感じるようになり、ほかの社員との関係にも違和感を覚えるようになっていった。しかし、彼は投資顧問サービスに関して妥協するつもりはなかった。彼は責任の範囲が大きくなったときも、彼の債券に関する豊富な知識を共有するときも、社内の調和を乱すようなことはしなかったが、資産運用部門は彼自身が生み出した宝物であり、誇り高い父親のようにこの仕事を守ろうとした。この仕事に関しては断固として譲らず、時には辛辣な言い方をすることもあった。当時の日記には、自分が「非協力的で感じが悪く、近寄りがたい」と言われており、みんなを「見下している」ような印象を持たれているなどと書いている。レッグでさえプライスに「理想」が高すぎ、「あせりすぎ」だと言うことがあったし、幹部会議でプライスが怒って一部の出席者に暴言をはいたときはクビにしかけた。プライスは、日記に「まるで私が悪いことやおかしな言動をしているみたいな言われ方だ」と不満げに書いている。

市場は一九三二年の安値から回復し始めたが、一九三七年になっても見通しは悲観的で、景気は落ち込んだままだし、市場も弱含んでいるように見えた。しかも、資産運用部門は彼が期待したような素晴らしい成功ではなく、損失を出していた。そのため、（もしかしたら彼の「言動」も相まって）、この新部門に要求した予算も支援も得ることができなかった。パートナーたちが近いうちにこの部門の将来について再考することは間違いなかった。

プライスとレッグの話し合いの内容を、ボルチモアの金融界で長年活躍したトゥルーマン・T・シーマンズの話を聞き、プライスの実家を訪ね、レッグ・メイソンが所蔵している写真を調べ、レッグの孫のビル・レッグから話を聞いたうえで想像してみた。

一九三七年五月一六日、プライスは二カ月前に三九歳になったばかりだった。春のボルチモアはだんだん日差しが強くなり、朝の六時でもすでに暖かかった。プライスは早起きで、出勤前に大事な趣味であるバラの世話を楽しんでいた。葉には露が残り、つぼみがつき始めていた。少し乾いているように見えたため、あとでスプリンクラーを回すようにエレノアにメモを書いた。

そして、家に戻ると大きな皮のブリーフケースを抱えた。このストラップが二本付いた鞄には、書類や雑誌、そして部下に渡す昨晩読んだ資料に関するメモなどが詰め込まれていた。彼は良い気分で、友人のディンティ・ムーアと予定しているテニスの試合のことを考えながら、スポーツマンらしい足取りで車に向かった。ムーアは、前年にアメリカ海軍兵学校のラクロスのコーチに就任したばかりだった。

しかし、五年前に買ったグレーのビュイックに乗り込むと、午後のレッグとの話し合いに頭を切り替えた。この二～三年、資産運用部門はうまくいっておらず、最近の状況はさらに悪化していた。一部のパートナーたちの批判について考えていると、朝飲んだブラックコーヒーで胃が痛み始めた。

「しまった。あそこまではっきり言うことはなかった。でも、ジョー・セナーはバカなやつだ。成長が遅いうえに、民主党政権が規制を強めているボルチモア・ガス・アンド・エレクトリックの株をアシュトン夫人の口座に入れろなんて何を考えているんだ」。おそらく、会社はそれまで儲かっていたこの株を抱え込みすぎているのだろう。このような売買は、会社にとってはいいが、アシュトン夫人にとって大きな利益が見込めるとは思えなかった。ただ、口座がなかなか増えず、利益が上がっていないなかで、彼の部門が会社の支配を逃れて独立性を維持するにはどうしたらよいのかが分からなかった。思案に暮れていた彼は、車線に入り込んできた新聞配達の少年の自転車にぶつかりそうになった。彼らしくないことだ。

彼は八時半にわずかな部下を集めて数少ない大口口座の内容を確認し、そのあと地元の航空機メーカーのグレン・L・マーティンを訪ねたウォルター・キッドの話を聞いた。プライスは、投資する会社の経営陣について必ず調べておくべきだと考えていた。これは会社の透明性があまり高くなく、出張経費も高かった一九三〇年代には簡単なことではなかった。それでも、彼にとって地元企業のマーティンや、プライスの従兄が経営するブラック&デッカー（大恐慌で苦しんだものの最近は順調だった）を訪問しないということはあり得なかった。彼は詳細にこだわり、カウンセラーにも調査アナリストにも最新の情報を要求した。朝一番の会議の前にウォール・ストリート・ジャーナル紙を読み込んでいない部下にとって、これは辛いことだった。

マリー・ウォルパーは、すべての口座のトレードと、口座ごとのパフォーマンスを記録していた。イザベラ・クレイグは、マーティンに関する最新の財務情報をまとめた。ウォルターの報告と短い話し合いのあと、プライスはマーティンを市場よりも二～三ポイント安く買っていくつかの口座に配分することに決めた。

昼は、古くからの顧客であるローリング・A・コバーとマーチャント・クラブ（すでに閉鎖されている）で会うことになっていた。彼の口座は一〇万ドルの基準を下回っていたが、いくつかの慈善団体の理事を務める人物ということもあり、基準の適応を免除されていた。プライスが、時代がかったクラブのすり減った白い大理石の階段を上っていくと、いつものようにボルチモアのビジネスランチの話声が聞こえてきた。なかに入ると、彼は仕事上の付き合いがある何人かと握手してから、食堂の二人用の木のテーブルに座った。クラブでは仕事をしたり書類を書いたりはできないことになっていたが、一般的な株の話ならば問題はなかったし、来るべきイベント、例えばメリーランド・ハント・カップ（競馬の障害物レース）や、地元の景気についての話と一緒ならばさらによかった。コバーは、いつものようにプライスが提案したポートフォリオのいくつかの変更に素直に従ったが、マーティンを含めることについては疑問を呈した。アメリカが再びドイツと戦うことなど想像できなかったからだ。オーストリアとヒトラーの間の現在の問題は、オーストリア政府がドイツ人居住者にしたほんのわずかな嫌がらせにすぎないように思えたし、少なくとも戦争に発展するようなこととは思えなかった。プライスは会社に戻ると、電話を何本か折り返したあと、再びレッグとの話し合いについて考え始めた。簡単な話でないことは分かっていた。カウンセラーとして新しい人員を要請していたが、今回も却下されるのは間違いないだろう。約束の時間が近くなり、階段で役員の部屋がある階に着くと、心なしか一斉に静まった気がした。レッグの秘書のキャサリン・オーバーベックが席から彼の顔をちらっと見上げ、それからレッグの部屋に案内した。

レッグは、オーク材のパートナー用のデスクに座っていた。床には豪華なペルシャ絨毯が敷いてあり、マホガニーの壁にはボルチモアで撮られた写真——馬に乗っている赤いジャケットを着たハンターやボルチモア埠頭で牡蠣の陸揚げをするチェサピーク湾の漁船など——が飾ってある。デスクの目立つ場所には、銀の写真立てに入ったレッグの妻と子供たちの写真が置いてあった。厚手のドレープカーテンがかけられた窓からは、午後の暖かい風が入ってきた。

「ロウ、今日はどんな厄介ごとを持ってきたんだ」。レッグの声が轟いた。レッグは背が高く、筋肉質のアスリート体型で、いつものように気温と関係なく背広とベストとネクタイをエレガントに着こなしていた。黒く鋭い眼光がプライスをとらえたとき、一瞬口元が緩んだようにも見えた。プライスは、デスクの前に置いてある二脚の革張りの椅子の一つに座った。

「今日は今のところ順調です。問題はありません」とプライスは答えた。

「それはいいね。でもまだ早い」とレッグが応じた。そして、「実は問題があるんだ。君と一部のシニアパートナーとの間で少し考え方の違いがある件も含まれている。率直に言うと、昨夜のパートナー会議で、君の部門を閉鎖することが決まった。君も分かっているとおり、利益が上がっていないし、市場と景気の見通しもかなり厳しい。会社は経費をできるかぎり削減しなければならない。残念ながら君の部門には多額の経費がかかっているんだ」と伝えた。

プライスは心のなかで「なんだって。多少の衝突があるのも、期待したほど速く利益が上がっていないことも分かってはいたけれど、こんなに早く見切りをつけるとは思わなかった」と思ったが、「そうですか。非常に残念ですが、おっしゃることは分かりました」とだけ言った。

レッグは、「そこでなんだが、君のチームをなくすつもりはないんだ。優秀な社員たちだからね」と言ってポケットから手書きの黄色いメモ用紙を取り出した。「私たちは、ウォルターのリサーチには関心しているんだ。そこで、彼をリサーチ部門の責任者に昇進させて、年俸を三五〇〇ドルに上げようと思う。それから、チャーリーは株の良い営業マンだ。彼には二〇〇〇ドルの基本給プラス手数料のコミッションを提示しようと思う。イザベラは統計の仕事を続け、マリーはもちろん君の秘書を続ける。君は担当の口座をうまく管理しているよ。君は会社にとって大事な資産だから、これからも既存の口座管理をしながら新規口座の獲得に励んでほしい。ただ、パートナーたちは、君にぜひともチームプレーを心がけてほしいということを強調している。君の年俸は今と同じ一万二〇〇〇ドルと手数料とする。もちろん、これ以降は顧客に管理費は請求しない」

プライスは「ご配慮ありがとうございます。部下たちがどう反応するか分かりませんが、二～三日中に返事をします」と答えた。

「急がなくていいよ。君にとってはショックなことだと思う。君が一生懸命やっていることは分かっているよ。ただ、不況ではどうにもならない。今はパートナーたちが作った負債を減らして、会社を少し引き締めていかなければならないときだ。ただ、私が今でも君の提唱する資産運用部門のアイデアや、長期的な利益を目指して株を保有するという哲学を支持していることは知っておいてほしい。今、逆風のなかで無理し続けることはできないが、状況が良くなればまた君にこの部門を率いてほしい」

プライスは「分かりました」と言って立ち上がり、ドアに向かった。階段まで行ったとき、事務所のなかの光と色がぼやけて見えた。彼は、このところ資産運用の方法に関する初めての論文「変化――投資家にとって唯一確かなこと」の執筆にかかりきりで、できれば発表したいと考えていた。

「なんというタイミングだ」とプライスは思った。

一九三七年五月一八日、プライスは大事な一二年間を過ごしたマキュベン・レッグ＆カンパニーを退職した。その日の夜、彼は日記に「なぜ辞職したのか。理由は一〇〇以上あるが、最大の理由はＭＬ（レッグのこと）や会社と私の目指す方向が違ったからだ。ＭＬや会社にとって何より大事なのはディーラーやブローカーだ。ミスター・レッグはリサーチやカウンセリングの会社としても認められたいと思っているが、ほかの人たちは現状の問題が分かっていないし、一流の会社になるための資金的犠牲や時間的犠牲を払おうという気持ちがない。しかも、私が会社で指導的な立場になる見通しはないし、たとえあってもパートナーにはなりたくない。彼らのやり方には余裕がないし、今の顔ぶれもその後継者も期待が持てない。正当性のある戦いは嫌いではないが、家でも会社でも身内とは争いたくない。要するに、私はこの会社とは合わなかったのだ。早く辞めたほうが関係者全員にとって良い結果になるだろう」と書いた。

プライスの仕事人生においてこの大事な瞬間に、運命も重要な手助けをした。義父のウィリアム・ガーキーが一九三七年一月一七日に心臓発作で亡くなり、三人の娘たちがそれぞれ一三万ドル（二〇一八年の価値で二二二万ドル）を相続したのだ。ガーキーの口座を管理していたプライスは義父の資産額を知っていたが、突然、それを自分の会社を作るための資金として使えることになったのである。妻が相続した遺産があれば、創業してしばらく無給でも、損失が出てもやっていける。

第2部

プライス自身の会社

第6章 ティー・ロウ・プライス・アンド・アソシエーツの誕生（一九三七年）

新しく設立したティー・ロウ・プライス・アンド・アソシエーツで、彼は古くからの親しい友人を除き、みんなからミスター・プライスと呼ばれていた。私たちのような下の世代ももちろんそうしていた。

マキュベン・レッグを辞めたあと、T・ロウ・プライスはウォール街やそれ以外の会社の幹部の助言を得て、大きい会社で働くよりも自分の会社を一から作ることにした。彼は、だれかの下で働いて欲求不満になるよりも、自分の投資哲学を貫いたほうが良い結果につながると信じていた。そして何よりも、心から信じることを仕事にしているほうが幸せだと思った。エレノアもその考えを全面的に支持してくれた。彼は新しい事務所のための物件を探し始めた。しかし、一九三七年にはそのような物件はなかなか見つからなかった。結

T. ROWE PRICE, JR.

ANNOUNCES HIS RESIGNATION AS

DIRECTOR OF THE INVESTMENT MANAGEMENT

DEPARTMENT OF

MACKUBIN, LEGG & COMPANY

TO CONTINUE HIS ACTIVITIES IN

INVESTMENT RESEARCH AND MANAGEMENT

UNDER HIS OWN NAME

WITH OFFICES AT 1522 AND 1523 BALTIMORE TRUST BLD

BALTIMORE, MARYLAND

PLAZA 1992

ティー・ロー・プライス・インク設立の発表広告

局、彼はライトストリート一〇番地にあるボルチモア・トラスト・カンパニー・ビルの二九階の半分を借りることにした。ここは前の会社とわずか一ブロックしか離れていなかった。ボルチモア・トラスト・カンパニーはかつてはフィラデルフィア以南で最大の銀行で、大恐慌の少しあとの一九二九年一二月に完成したこのビルもその評判に見合う作りになっていた。このビルはボルチモアで最も高い三四階建てで、一階にある銀行の巨大な店舗部分はモザイクのタイルと、地元の芸術家によるボルチモアの歴史を描いた大きな壁画で飾られていた。ビルの外観はニューヨークのクライスラービルのようなアールデコ調で、ガーゴイル（怪物の彫刻）がライトストリートを見下ろしていた。屋根は銅葺きで、すぐに美しい緑色に変わり、純金でメッキされた太い梁が組み合わさっていた。

この銀行は、大恐慌の初期から資金難に陥り、一九三三年の銀行休業日のあとも再開することはなかった。破産時の損失額は二〇〇〇万ドル（二〇一八年の価値で三億七四〇〇万ドル）を超えていた。

ライトストリート10番地（筆者撮影）

一九三〇年代に破産した銀行の株主たちは、銀行に投資した資金を失っただけでなく、発行体が株式を発行しないような水準の低額面価格ではあるが、保有株の額面を上限に銀行の負債を返済する義務があることが目論見書に記載されていた。ボルチモア・トラスト・カンパニーの場合、裁判所によってこの金額は一株当たり五ドルと定められた。

当時、破産の責任は銀行の幹部にあるとされていた。ボルチモア・トラスト・カンパニーの場合、裁判所は取締役に対して、適切な監督義務の不履行という重大な過失の責任を個人的に負うよう求めた。ボルチモア・サン紙によると、この会社の取締役はボルチモアの経済界の中心人物だった。彼らは全員起訴され、結局、合計で二五万ドル（二〇一八年の価値で四七〇万ドル）の追加的な支払いを命じられた。これは、二〇〇七～二〇〇八年の金融危機のときとはまったく対照的である。センター・フォー・パブリック・インテグリティによると、「金融危機から七年たつが、住宅ローンバブルを煽り、巨額の利益を得たウォール街の巨大銀行の幹部で個人として責任を取った人は一人もいない」（アリソン・フィッツジェラルド、二〇一五年五月二二日）。

この銀行は、自社ビルを一九三五年に明け渡した。そのあと、メリーランド州の公共事業団体が一部を使うようになったが、残りの部屋は空室になっていた。当時、借りられるようなテナントは政府機関か、地方や州や連邦政府と直接的なつながりを持つ機関くらいだった。そのため、プライスが一九三七年半ばに賃貸契約を結んだとき、事務所のスペースを拡大する余地はいくらでもあった。彼は、これまでの顧客のなかに新しい会社に口座を開設してくれる人がいることを願っていたが、景気の状況を考えるとどうなるかは分からなかった。プライスは、新しい顧客を探すうえで大事な手掛かりとなるボルチモアのエリートたちと強いつながりがあるわけではなかったからだ。

ビルは理想的な場所にあった。ボルチモアの金融街に近かったが、そのなかではないことが、プライスの新会社の概念と合っているように思えた。また、エレガントな建物は、潜在顧客に良い印象を与えた。プライスの部屋は、ボルチモア・トラスト・カンパニーの社長室だったところで、美しい木彫りの装飾が施され、マホガニーの棚や大きな机、どっしりとした曲線が美しい椅子、そして座り心地の良い革のソファーなどが置かれていた。窓からの景色も素晴らしく、東側は市内や金融街からチェサピーク湾まで見渡せ、南側は活気あるボルチモア港が見えた。やはりチェサピーク湾が見える別の小さな角部屋には、近いうちにチャールズ・シェーファーが入る予定だった。ほかの社員はその

マリー・ウォルパー（TRPアーカイブス）

間の大部屋に座ることになっていたが、マリー・ウォルパーはプライスの隣の小さな部屋を使うことになった。

　プライスがマキュベン・レッグを正式に退職したのは六月三〇日だったが、ウォルパーはその前の六月初めから新しい会社に移っていた。彼女は社員第一号だったが、最初は無給で働いてくれた。彼女はマキュベン・レッグでのプライスのイラ立ちも、新しい会社への志もよく分かっていた。これはプライスへの本物の信任の証しだった。三三歳で比較的安定していた仕事を辞め、大恐慌の影響が残るなかでプライスの新しい会社に、しかも前の会社で損失を出していた事業をやろうとしていることを分かったうえで移るというのは並大抵のことではない。ウォルパーの夫はH・J・ハインツ・カンパニーの営業マンで、金銭的な心配はあまりなく、その収入がのちに役に立った。初期のころに新会社の収益で経費を賄えないとき、ウォルパーは給料を受け取らないばかりか、多少の資金を融通してくれたのだ。例えば、会社がクリスマスに少額のボーナスを社員に支給するときをはじめ、何回か彼女は自ら資金を提供してくれた。のちに、プライスが会社の創成期について語ったとき、彼女の功績を大いに称えた。彼の日記には、彼女がクリスマス用に積み立てた資金を社員のボーナス用に提供すると言ってくれたことも書かれている。

一九三七年七月一日の朝、プライスは豪華な真鍮のエレベーターのボタンを押して、二九階に向かった。ボルチモア・サン紙に正式な広告を載せ、新しい会社がいよいよ発足したのだ。新しい事務所では、プライスもウォルパーもやるべきことが山積みだった。まずは、新会社の法的手続きで、彼は個人事業主として最初から自分がトップであることを明確にしたかった。二人はこれまでの顧客に対して、良い意味で社交的かつ積極的に、彼らがうわさで耳にするよりも先に、プライスの新しい立場を伝えようとした。そして最後に、二人はプライスの一二年分の個人的なファイルや書類を前の事務所から移動した。プライスは、詳しい記録やチャートや報告書や手紙などを大事にしていた。

一カ月後、イザベラ・クレイグもマキュベン・レッグから移ってきた。彼女はティー・ロウ・プライスの統計部門（といっても彼女一人だが）の責任者に就任した。ここでは、会社の投資データを追跡していくことになっていた。彼女は両親と同居していたため、会社の創成期の金銭的なリスクをとりやすい立場にあった。あと二人の創業者であるウォルター・H・キッドとチャールズ・シェーファー（通称、チャーリー）は、一九三八年一月三日に合流した。チャーリー・シェーファーの息子のピーターによると、合流が遅れたのは純粋に金銭的な理由であり、新しい会社を信頼していなかったわけではまったくなかったという。会社は創成期の収益がない時期に、彼らに給料を支払うことができなかったのだ。シェーファーとキッドはほかに収入源がなく、シェーファーは幼馴染のルース・スマイサーと結婚したばかりだった。彼らにとって、比較的安定した会社を辞めて、細い小枝のような新会社に身を寄せるのは難しい決断だったに違いない。

イザベラ・クレイグ（TRPアーカイブス）

また、二人の入社が六カ月遅れたのは、相場状況が影響していた可能性もある。一九三七年七月一九日にプライスが営業を始めたとき、ダウ平均は一七〇ドルで、八月一四日には一九〇ドルに上昇したが、そのあとは一九二九年以来の厳しいベア相場に入った。一一月には底を打ったように見え、年末にも一二〇ドル近辺を保っていたが、結局、底を打ったのは一九三八年三月三一日で、九九ドルまで下げた。もしかしたらこの急落がプライスに新しい事業を始めるタイミングを考え直すきっかけになったかもしれない。

一一月にシェーファーとキッドが新会社に加わったことで、プライスは成功をほぼ確信した。この二人の経歴や学歴やスキルを詳しく見ておこう。

　チャーリー・シェーファーは、一九一〇年にペンシルベニア州ヨーク市近郊のブリッジトンで生まれた。父親は最初はタバコ農家を始め、一時はタバコ会社を所有していたこともあったが、暴落と不況ですべてを失った。シェーファーは、奨学金でペンシルベニア州立大学に進学し、三つの仕事を掛け持ちしていた。また、ブリッジでの儲けも生活の足しにしていた。大学ではテニスで大学の代表チームに選抜され四年生では学年とフラタニティ（アルファ・シグマ・ファイ）の代表も務めた。商業と金融を学んで一九三三年に卒業すると、メリーランド州のハーバードクラブの匿名メンバーから奨学金を得てハーバード・ビジネス・スクールに進んだ。ハーバードの一年目が終わり、夏の仕事を探していた彼は、マキュベン・レッグでアナリストのサマーインターンを探していたプライスと出会った。一九三四年当時、このような仕事はほとんどなかった。失業率は史上最高で二五％を超えており、ここにはパートタイムや減給されながら働いている人たちは含まれていなかった。プライスとシェーファーは意気投合した。優秀で意欲のある営業マンの例に漏れず、シェーファーも面接で自分を売り込んだ。プライスはマキュベン・レッグのリサーチ部門で彼を雇い、彼がよく知るタバコ業界を調べさせた。一九三五年にハーバードのＭＢＡ（経営学

チャーリー・シェーファー（ピーター・シェーファー所蔵）

修士）を修得すると、プライスはシェーファーにフルタイムのアナリストの仕事をやってみないかと提案した。シェーファーは資産運用部門に顧客を紹介するなどしてプライスと綿密に協力するようになり、しばらくするとリサーチ部門からプライス直属の投資カウンセラー（クライアントマネジャー）の仕事に異動した。

プライスとシェーファーはほとんどの点で正反対だったが、だからこそ良いチームになった。シェーファーは社交的で、気さくで、人付き合いがうまく、だれとでも友だちになったが、プライスはなかなか打ち解けず、神経質だった。シェーファーは直感的で、プライスは分析的だった。プライスが投資戦略と投資を考え、シェーファーが売り込むという棲み分けは自然な成り行きだった。

ティー・ロウ・プライスの五〇周年を記念して行われたインタビューで、シェーファーは投資カウンセリングに魅力を感じた理由として、父親が一九二九年に下した投資判断がまずかったせいで家族が大変な目に遭ったことを挙げている。「私は、普通の人でも知識を持ってより賢く証券に投資すれば、景気が悪くなったときの損失を減らし、長期的には高いリターンを上げることができると思っています」

三人目の創業者のウォルター・H・キッドは、一九〇七年にオハイオ州コロンバス市近郊の農家で生まれた。実家は乳牛の飼育と果樹園を営んでおり、子供のころはニワトリに餌をやったり、牛の出産を手伝ったりしていた。地元の学校を卒業すると、オハイオ州立大学で建築工学を専攻して一九二九年に卒業した。そして、オハイオ州のマウント・バーノン・ブリッジ・カンパニーに就職し、二年間、橋の設計をしていたが、不況で橋建設の事業は先がないことが徐々に分かってきた。彼は急いで次の仕事を探す必要があったが、友人にハーバード・ビジネス・スクールを勧められた。マウントバーノンで最後の橋が設計されているころ、彼はハーバード大学のキャンパスに足を踏み入れた。

ウォルター・キッド（TRPアーカイブス）

ハーバード大学を卒業したとき、景気は入学時よりもさらに悪化しており、求人は一つもなかった。しかし当時、マキュベン・レッグで株のリサーチ部門の責任者だったジョー・ベントが手違いで卒業式が終わってからハーバードに採用面接に行くということがあり、まだキャンパスに残っていたキッドはその面接を受けた。ベントからの返事はなかったが、キッドは礼状を出し、ビジネススクールの教授が提示してくれた短期のコンサルタントの仕事を受けることにした。ベントは礼状を見てキッドのことを思い出したようで、キッドを証券アナリストとして採用した。

キッドはシェーファーと違い内向的なタイプで、たまにプライスやシェーファーと食事に行く以外、人付き合いがほとんどなかった。それでも、賢く、勤勉で、几帳面な彼は素晴らしい金融アナリストに成長した。彼は結婚しなかったので、プライスやシェーファーよりも自由な時間が多くあった。そのため、彼は証券アナリストの仕事に加えて新会社の事務部門を取りまとめ、ＣＦＯ（最高財務責任者）や社内の相談役、そしてリサーチアナリストも兼ねていた。彼は、会社の帳簿を付け、会社で必要なさまざまな書類や報告書を作成し、弁護士の手を必要としない内部の問題を処理しながら、ほぼすべての顧客のポートフォリオに関するリサーチも行っていた。彼は会社にとって重要な存在で、常に忙しかったが、不満を言うことはなかった。

キッドも、会社の隠れた精神的支柱だった。中西部の農家で育った彼は、何が正しくて、何が間違っているかについて高い道徳心を持っており、彼のなかでグレーゾーンやごまかしは一切なかった。プライスはビジネスでもプライベートでも常に最高の倫理基準を守っていたが、多少くじけそうになる瞬間があった。例えば、終わりが見えない役所の手続きや、複雑な仕事を早く終わらせるために法的手順を少しだけ端折りたくなるようなときに、取締役会議の隅で爆発が起こる。顔を真っ赤にしたキッドが、社長を見下ろして「あと少しじゃないですか」と力強く諭すのだ。キッドにとって、時間がかかっても、高くついても、ビジネスのやり方はただ一つ、正しい方法しかなかった。

私はティー・ロウ・プライスに入社して最初の数年間、キッドの下で働いた経験があるが、当時の業界で最も優秀なアナリストの一人だったと思っている。彼は、分析対象の投資先としての良い点と悪い点を正確に見つけだすことができた。ただ、投資のタイミングはプライスの優れた第六感に任せていた。二人は素晴らしいチームだった。キッドがマキュベン・レッグを辞めたのは、プライスが提唱していた長期的でリサーチに基づく投資手法に共感していただけでなく、プライスが去れば会社はより一般的なトレード中心の方針に移行し、長期的なリサーチは重要ではなくなることが分かっていたからでもある。

一九三〇年代の景気は、相変わらず株式市場に引きずられていた。工業生産は一九三七年半ばから一九三八年後半までの間に約三〇％も下がり、失業率は回復期で最低を記録した一九三七年の一四％から、いわゆる「ルーズベルト不況」で大恐慌の一九三三年に最高を記録した二五％に戻ってしまった。一九四〇年の大統領選挙に目を向けると、ルーズベルトは保守的な財政政策に転換して、財政支出を増加させた。景気は回復し、株式市場もそれに続いて一九三八年にはほとんどの時期で上昇した。結局、株はヨーロッパで第二次世界大戦が始まった一九三九年末まで下げなかった。

新しい投資顧問会社が成功するためには、平均以上のパフォーマンスを上げることを明示する必要があった。そのため、プライスは会社が発足する前に三つの「モデル口座」を設定していた。これらのポートフォリオのパフォーマンスが、初期の主な営業の目玉となった。

一つ目のポートフォリオモデルは、一九二六年よりもかなり前のエレノアと結婚した直後に設定していた。これは分散投資ポートフォリオという名称で、実は義父のガーキーの個人的な口座だった。ここでは成長株と、利息目的の社債と免税公債、元本保全のための短期国債に投資していた。この口座の目的は、元本と利息収入の両方を増やすことだった。これは、裕福なビジネスマン向けのポートフォリオで、彼らはティー・ロウ・プライスの初期のターゲット層でもあった。

二つ目のポートフォリオモデルは、プライス・インフレーション・ファンドという名称で、一九三四年にプライスの成長株投資の理論を試すために設定していた。この目的は、主に資金を増やすことで、二次的に利息収入の増加も狙っていた。名称は、のちにグロース・ストック・ファンドに変更された。一九三七年以降は、主にエレノアが父親から相続した資金が運用されていた。

三つ目のポートフォリオモデルは、一九三七年に設定したウィリアム・D・ガーキー・トラスト・ファンドだった。ガーキーの死後、管財人はフィラデルフィア・ジラード・トラスト・カンパニーだったが、プライスが管理しており、成長株と非課税ファンドを保有していた。これは「バランス型」ポートフォリオになっていた（株と債券が約五〇％ずつの構成）。

プライスは、長年かけてこのようなポートフォリオモデルを設定し、異なる投資戦略を試していた。そして、そのいくつかは、ずっとあとに新しい投資信託の基になった。これらのポートフォリオモデルは、統計担当が毎日細かく見て、記録されていた。最初の三つのポートフォリオモデルは、毎年外部機関の監査も受けていた。

これらのモデル口座があったため、プライスは会社発足と同時に、顧客の目的に合わせてさまざまなファンド――①裕福なビジネスマンに適した資金を増やして利息収入を得るタイプ、②若い人向けに積極的に成長株に投資するタイプ、③保守的に利息収入と資金の保全を重視した信託口座タイプなど――の長期パフォーマンスを示すことができた。それから何年間か、彼はポートフォリオモデルのパフォーマンスについて、顧客向けの広報誌や新聞や雑誌に寄稿する記事で頻繁に紹介した。これらのポートフォリオは、会社にとって不可欠なマーケティングツールだったのである。

ポートフォリオモデルの追跡記録に加えて、新会社にはもう一つ資産があった。プライスの以前の顧客が新会社に資金の全部または一部を託してくれたのである。彼らは新会社でも高いパフォーマンスが上がっているのを見て、その後も信託資金を増やしてくれた。これは、マキュベン・レッグ時代と同じパターンで、顧客が友人にプライスを紹介するなどして最高の営業マンになってくれた。

プライスはのちに、若いカウンセラーに高いパフォーマンスと優れたサービスを提供していれば、顧客自身が会社の将来の収入源を生み出してくれると何度も話していた。そして、新入社員には顧客へのサービスが最も重要視すべきことで、これ以外にはないということをたたき込んだ。「顧客に誠実に対応すれば、相手は長い間見返りを与えてくれる」。また、新しくカウンセラーになった社員には、もしティー・ロウ・プライスを辞めるときはどんな理由であっても、かなりの数の顧客がついていき、信頼と目先のキャッシュフローを与えてくれるだろうと率直に語っていた。プライスを成功に導いたほかの重要なカギは、誠実さとプロ意識と革新性と戦略的な考え方だった。

会社が元々掲げた目標は、今から考えれば控えめだが、当時としてはかなり楽観的に見えた。目標は、二八人の社員で三九九口座を獲得し、三一万ドルの手数料収入を上げることだった。それができれば、利益が上がり、真っ当な給料を支払い、プライスも経営しやすくなる。彼にとって、会社を大きくするとか、莫大な利益を上げるということは重要ではなかった。単純にアメリカで最高の投資結果を上げたかったのだ。彼はかなりの負けず嫌いで、勝負には勝ちたかった。後年、若い社員の多くが、プライスが自分たちとさえ競っていると感じていた。良い仕事をしても、彼が励ましたり、ほめたりすることはほとんどなく、彼のアイデアに従っていればもっと良い結果になっただろうと言うのみだった。彼は厳しい上司だった。しかし、幸いにもこの会社には部下の背中をたたいていたわってくれるキッドとシェーファーがいた。

第7章　「変化――投資家にとって唯一確かなこと」

T・ロウ・プライスの最初のまとまった文章は、まだマキュベン・レッグ&カンパニーで働いていたときに書いた「変化――投資家にとって唯一確かなこと」だった。この文章は、「リベラルすぎる」とみなされ、社名入りの用紙で発表できなかったと、彼は日記に書いている。このことも、プライスと多くのパートナーの考え方の違いを示す明らかなサインの一つだった。結局、この文章はプライスが自分の会社を立ち上げたあと、自社のパンフレットで発表した。プライスは、マキュベン・レッグを辞めてからは自由に自分の考えを表明することができるようになった。この文章は、世界で進行中のメジャーな長期トレンドと、それがどのように投資家に影響を及ぼすかについて書いた非常に重要で鋭い考察だった。このときの基本哲学の多くは、昔も今も有効である。

ずっとあとになって、私がプライスにどうすればこのように永続的な長期予測を立てることができるのかと尋ねると、彼はお気に入りの小川の比喩を使って答えてくれた。

簡単なことさ。いずれ海に流れつく小川のすぐ脇で、座りやすそうな木の切り株を見つければよいだけだ。あとは、そこに座って小川を眺めていればよい。最初に、強い流れが海に向かって流れていくのに気づく。何千年も続いてきたことだ。長い間、座っていると、定期的に方向が違う潮の流れがあることに気づく。これは、川の流れを速めることもあれば、遅くすることもある。最後に、風が吹くと、小川の表面が波立つ。これは風の強さによって大きいときもあれば、小さいときもある。このような波は突然現れては、突然消えるし、流れに順行するときもあれば、逆行することもある。これらの波は、タイミングも方向も予測ができない。小川のほとりに長く座っていると、この小さな小川の自然なリズムが人生や投資とどのような関係があるのかをじっくり考えることができるようになる。

次の文は、一九三七年に発行された「変化――投資家にとって唯一確かなこと」に書かれているプライスの考え方や意見の一部を抜粋したものである。これらは、一九三〇年代当時も今も十分通用する。

ロシア皇帝が暗殺されたときも、ヒトラーがドイツの独裁者になったときも、フランクリン・Ｄ・ルーズベルトがアメリカ大統領に選出されたときも、新聞の一面で報じられた。そして、それを見た多くの人たちは、大きな変化が起こったことが分かった。しかし、これらの歴史的な出来事が、長い間、作用してきた政治的・社会的・経済的勢力の外面的な痕跡にすぎないことを理解している人はあまりいない。このような勢力は常にいろんなところに作用をして、景気動向を左右し、その結果として、資産の価値や証券価格に影響を及ぼしている。

社会的勢力　文明の緩やかな進歩は大不況のときに極めて重要になるが、実業家や投資家はそのことをほとんど考えていない。

政治的勢力　長期の景気動向やメジャートレンドよりも中期の景気動向に大きな影響を及ぼし、事業上の関心によって必要以上に強調されることが多い。

経済的勢力　証券価格への影響はこの三つの勢力のなかで最大。これらの勢力の関係性はそれぞれ異なっているが、相互に影響を及ぼしている。ちなみに、景気動向が政治に与える影響は（国内的にも国際的にも）、政治が景気に与える影響よりも大きい。

社会的動向　大衆が及ぼす力や影響力の拡大には、何世紀にもわたる社会的な動向が反映している。何世紀にもわたるゆっくりとした文明化の過程と教育によって、一般の人たちが社会的にも経済的にも服従から少しずつ解放されていったことを認識する必要がある。この社会的な動きは、当然ながら、国によって形は違う。また、時期や速さも、気象条件や人種的特徴と同じようにそれぞれ違う。このような視点を維持するためには、これから一般の人たちがますます社会生活や政治生活を支配する法律の制定にかかわるようになり、将来はより大きな経済的富や権力を手にするということを常に念頭に置いて考えなければならない。

政治的動向　政治的動向は、経済的動向と社会的動向の両方に影響される。しかし、好景気や不景気をもたらす要素として、政治の重要性が実体以上に強調される傾向がある。市井の人たちの間の社会的意識が高まると、それを政治的行動で表現しようとする。その好例が、君主制の打倒であり、その結果、君主の権力と影響力が落ちることである。

このような動向はファシズムやボルシェビキやそのほかの独裁制への道であり、それを阻止するのが民主主義だとよく言われている。しかし、これは王の支配から大衆の支配に移行する政治的動向の過渡的な反応でしかない。例えば、ロシアやドイツの王室の転覆は過激すぎた。自治政府が世界大戦後の経済危機に対処するには、民衆の教育レベルも低く、経験もまだ十分でなかった。スターリンやヒトラーが権力を握ったのは、大衆の意向を把握したからだった。大衆が政権を変えたければ、そのトップが変わるか、打倒されるかのどちらかしかない。ロシアとドイツの政治が異なっていたのは社会的背景と経済的背景の違いによるもので、どちらの国民もより多くの経済的富と権限を与えてくれる政府を望んでいたのだ。

経済的動向 経済的動向を明確に把握するため、人を「持てる者」と「持たざる者」に分けて考えてほしい。「持てる者」は経済的富と政治的権力を持ち、保守派と呼ばれることが多い。一方、「持たざる者」は、経済力や政治力を得るために常に戦っている人たちで、リベラル派、進歩主義者、過激派などと呼ばれることが多い。両者の争いは、世界中で続いている。国で見ると、ドイツやイタリアや日本は「持たざる者」で、イギリスやフランスやアメリカやロシアは「持てる者」だ。「持たざる者」は「持てる者」から利権を奪うために、必要に応じて策を弄したり戦いを仕掛けたりしている。同じ目的を持つ国が同盟を結んで共通の敵に立ち向かおうとするのは自然なことだ。力を持つ国は、統一戦線を恐れて常に「持たざる者」たちを対立させようとする。攻撃的なリーダーがいるときはなおさらだ。

根底にある国際政治動向を認識しておくと、現在起こっている出来事をどの程度重視すべきかが分かる。つまり、「持たざる者」の国が富と天然資源のシェアを広げる何らかの方法を取るということを理解しておく必要がある。イタリアの最初の一歩はエチオピア侵攻で、日本は満州に侵攻した。ドイツは、できれば友好的に「持てる者」の領地を奪おうとしたが、相手が譲歩しないと分かると軍事力を行使した。タイミングは多少のずれがあったとしても、最終的な結果は変わらないのだ。

国家主義的傾向や政治的偏見にかかわらず、世界の天然資源は戦争によらずに配分されたほうが建設的だし、そのほうが貿易が増え、世界の繁栄につながる。購買力の不均衡と富の偏在は、貿易を抑制するほうに働く。

これまでは、世界の全般的な社会的動向と政治的動向の概要を述べてきた。次に、自分の国（アメリカ）について考えると、見かけは違っても、同じような社会的・政治的革命が起こっていることに気づく。アメリカの場合、革命は「特権階級」に対するものだった。ほかの国でも見られるように、経済的地位や社会的地位の向上が政治に対する原動力となる。「ニューディール」政策は、このような動向の結果であり、原因ではないのだ。これは、それまで乱用されてきた経済的富や政治的権力による不公平な配分を是正する試みだったのである。

民主主義のアメリカでは政治的な独裁者はいなかったが、工業的な富が急速に拡大した過去一〇〇年の間に、経済の支配者（金融独裁者）が権力を握り、国民の大部分の富を一握りの人たちが支配してきた。近年の不況は、数世代にわたる経済的な圧迫が限界に達したということである。アメリカは、ロシアやスペインのような流血を伴う革命はなかったが、「ニューディール」政策は、社会的・経済的革命だった。「経済的王党派（Economic Royalist）」という言葉は広まらなかったが、過去一〇年の状況をよく表している。

私たちは、資本主義を打倒するのではなく、ある種の資本主義のなかの大変革の過程にある。この動きは世界中から何百万人もの人たちを共通の理由で結集させた第一次世界大戦によって加速された。また、世界中の多くの人たちの距離を近づけた発明によっても加速されている。それが、迅速なコミュニケーションと輸送である。投資資本をうまく管理するためには、このような社会的・政治的・経済的変化を正しく評価することが不可欠である。

一九三〇年代の動向「ベーシック・ニューディール・コンセプト」

全国的な経済計画に基づいた幅広いプログラムを施行するため、連邦政府に多大な権限を集中させた。連邦政府の権限強化に対する個人の意見や、これが達成されたあとの困難と関係なく、これは社会変革のなかの自然な動向であり、それが迅速なコミュニケーションと輸送によって加速した。連邦政府の支配が続くと、政治的にも経済的にも州の権限や個人の所有権は弱まっていく。……

富の再分配。これは、世界が始まって以来、世界中に広がっている。富は惰性と利己心を育て、所有者は保守的または防御的な戦略を採用する。しかし、勇ましい人や積極的な人たちが少しずつ抵抗するようになり、より大きなシェアを取ったり取り戻したりするための戦いが始まる。アメリカでは、再分配は「ニューディール」（新たな配分）政策の名の下、連邦政府主導で行われているが、実際には富の「リディール」（再配分）である。これは必要な過程に見えるが、その手法は「持てる者」にとってはまったく好ましくないことである。……政府は、富裕層に増税するなどして、「持てる者」から徴収し、「持たざる者」に何らかの形（救済金、ボーナス、公共事業、農業給付金ほか）で与える。それと同時に、ドルが切り下げられると、債権者の元金の購買力が下がるため価格は高騰する。これは長くて複雑な過程だが、簡単に言えば、合法的に「持てる者」から徴収して「持たざる者」に与えることで、富を再配分する試みである。結局、これがより富の公平な配分をもたらすが、いずれはまた一握りの人たちが大きすぎる富を持つようになり、同じサイクルが繰り返される。前回とはゲームのルールと参加者が違うだけだ。根底のファンダメンタルズは同じで、みんな性格の強さや弱さや人間の習慣に端を発している。

収益力のさらなる同等化。有力資産家の多くが異議を唱えるが、大恐慌の原因の一つは少数の人たちの手に富が集中したことにある。彼らはとてもそれを使い切ることができないため、工場を動かし続けるために製品の需要を作り出した。

景気循環をならす。政府の試みは成功したように見えるが、それは一時的にすぎない。彼らは、せいぜい景気循環の急激な上昇や下降を遅らせるか、バブルや崩壊までの時間を引き延ばすことくらいしかできない。人為的なことでは長続きはしないのだ。いずれは自然が勝つ。自然には休眠期と成長期の両方が必要だ。刺激物を取ったり、疲労を隠したりしても、いずれは倒れ、休み、そのあと復活するというのは、植物でも動物でも人間でも景気（人間が主導し、自然の影響を受けている）でも変わらない。人が恒久的に自然を克服できるとでも考えていないかぎり、景気循環をならすことができるなどという考えはバカげている。

課税による規制。これも「持てる者」から「持たざる者」に富を再配分する手法の一つ。

通貨トレンドに基づいた予測

富は増税の対象になる。影響力のある大企業は特に標的となり、さまざまな方法で利益が制限される。

企業収益のなかの労働者が受け取る割合は、過去よりも将来のほうが大きくなる。利益率の高い投資の最大のチャンスは、新興のもので、急成長していて、社員が比較的少なく、政府の干渉をあまり受けない業界にある。

外国との貿易が大恐慌前の水準に戻るのには、かなり時間がかかる可能性が高い。将来的にインフレがドルの購買力を下げ、その結果、生活費が世界大戦後の時期よりも高くなる。

プライスの「切り株」に話を戻そう。

夕日でほてった体を冷たい小川でひと泳ぎして冷まそうとすると、流れ（人間の性質に基づいた長期的な社会的動向）に身を任せながら泳ぐほうが楽だということにすぐに気づく。もし潮が流れに強く逆行していると、ゆっくりとしか進むことができず、対岸にたどり着くためには泳ぎ方を変えなければならないかもしれない。これが政治的動向の変化である。

思ったよりも強い風が吹いてくると、岸にたどり着くのが多少難しくなる。しかし、風はときに方向を変え、泳ぎを邪魔するのではなく、助けてくれるかもしれない。これは、常に変化している景気と似ている。

小川で一日過ごせば、自然と投資に関するいくつかの大事な教訓を得ることができるのである。

将来の展望については、第16章を読んでほしい。プライスならば今日の世界をどう見て、二一世紀の長期投資家のために一九三七年の助言をどのように訂正し、次の五年程度についてどのような予測をするかを私なりに推測している。

プライスは一九六三年に先のパンフレットを更新したが、その間の投資で強風を伴う巨大な嵐が海岸線に打ちつけ、倒れた木が一時的に水路を塞ぎ、小川には大量の水が流れたことを考えると、変更はほんのわずかだった。

一．長期的な社会的動向に、第二次世界大戦前にあった孤立主義から、国家間の輸送の加速や瞬時に画像や情報を地球の反対側に送れるようになったことによる国際主義への動きを追加した。インターネットはこの動向の延長線上にある。

二．年金や退職基金が拡大し、それらに最適な株（例えば、第一級の大型成長株）のプレミアムが上がる傾向があると予測した。

三．銀行への規制に関するＦＲＢ（連邦準備制度理事会）と議会の権限があらゆる面で強まるなかで、銀行はもはや個人で支配できるものではなくなり、肥沃な投資先ではないと考えた。

四．業界の社会化が進んでいると感じていた。株主ではなく、大衆のために経営をする企業が増えた。その例として、公共事業、輸送、コミュニケーション、ヘルスケアなどを挙げている。

五．インフレは、彼が投資を行ってきた期間を通じて経済の大きな「流れ」ではあったが、特に一九六三年には注目していた。ベトナム戦争やそのあとのリンデン・ジョンソン大統領の偉大な社会保障政策によって財政支出が急増したからだ。そして、インフレは後述する今日の長期トレンドにおける最も注目すべき点である。

第8章

会社の成長期と第二次世界大戦（一九三八〜一九四二年）

創設者の当初の楽観的予想とは裏腹に、最初は思うように口座が増えなかった。一九三八年の株式市場の大きな変動も助けにならず、景気は弱いままだった。それでも、その年の終わりに新会社の運用資産は二三〇万ドルに達した。ただし、これはすべてT・ロウ・プライス自身の古くからの顧客の資金で、その多くは最初ということで安い手数料で受けていた。プライスはのちに、当時は六〇〇〇ドルの投資資金や二五〇ドルの年間管理手数料でもありがたかったと言っている。実際、彼らは気乗りのしない潜在顧客に付加価値を示すため、新規口座を無料で管理することもよくあった。ウォルター・キッドは会社の五〇周年を記念して行われたインタビューのなかで、一九三八年の収益はわずか六〇九〇ドルだったと回想している。幸い、この手数料は一二カ月分が資金管理契約時に支払われていた。ただ、これとこれから獲得する新規口座の手数料がなければ、事務所の一年分の賃料や多少の広告費、事務経費、そして社員の給料を賄うことはできなかった。

キッドは、同じインタビューのなかで、当時の生活費は安かったとも言っている。マキュベン・レッグでのプライスの年収は一万二〇〇〇ドルで、これは当時の企業幹部としては高いほうだったが、新会社では一年目の給与は受け取らなかった。キッドの年収は三四〇〇ドルで、これは彼が年初に入社したときにプライスが約束した三六〇〇ドルよりも少し低かった。チャーリー・シェーファーはもうすぐ子供が生まれるということもあり、約束通り二四〇〇ドルが支払われた。

一九三八年二月一七日、プライスは顧客向けに「国家資本主義」と題した先見性のある文を書いた。彼は定期的にこのような報告書を書き、タイプして、アドレスグラフ・マルチグラフ社の印刷機で自社の淡い黄色の用紙に印刷して顧客や有望な顧客候補に送っていた。「変化――投資家にとって唯一確かなこと」もその一つだった。彼は、国家の資本主義をニューディール以前の標準だった個人の資本主義ではなく、政府による資本支配と定義した。そして、国家の資本主義の下では連邦政府が課税や財務省の信用に裏付けされた国債の発行によって、資本を調達できると説明している。一九三八年になると、二〇の機関

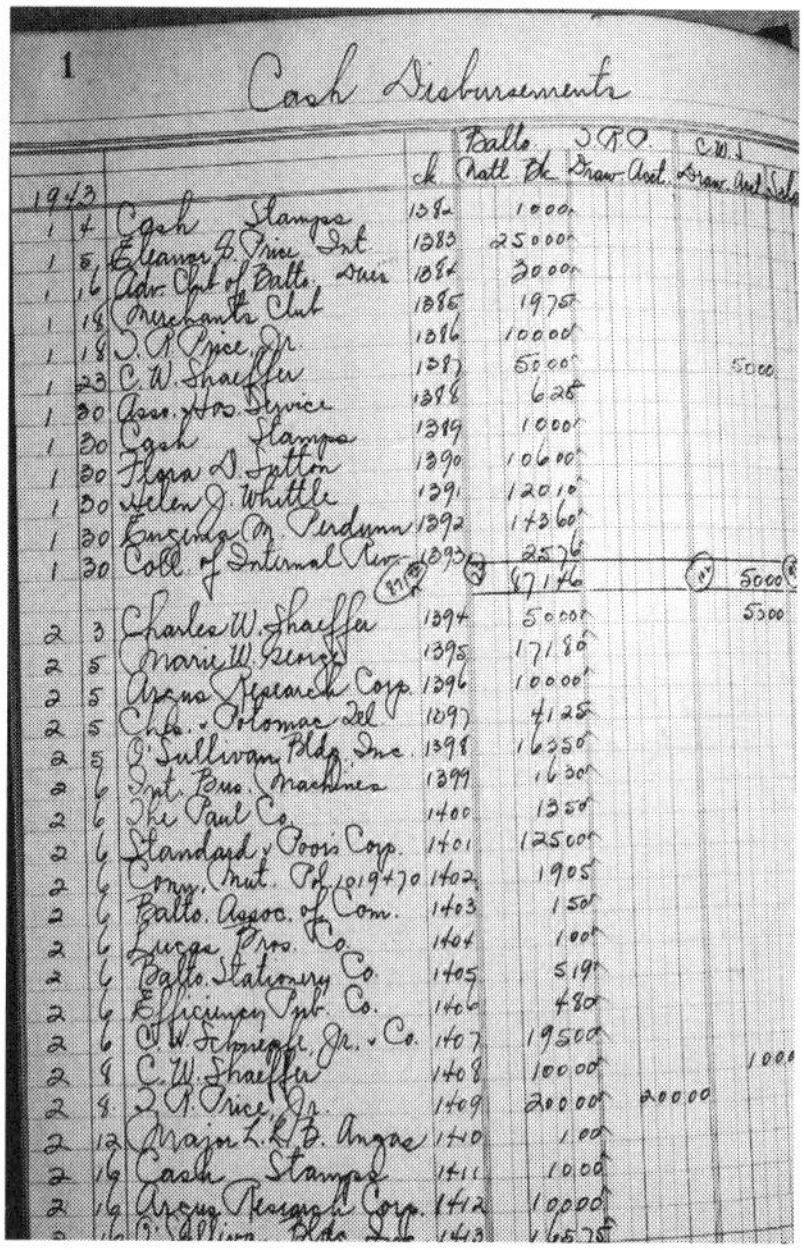

初期のティー・ロウ・プライスの帳簿（TRPアーカイブス）

が議会に支配されることなく資金を調達する権限を与えられ、その半分は財務省への信頼と信用に裏付けされていた。さらに、政府は資本を農家や銀行や鉄道、公共事業、保険、住宅建設などたくさんの業種に積極的に供給した。政府との金銭的なしがらみが、政府の規制と支配を強めた。一九三八年は法律上はニューディール政策の最後の年だったが、このとき蒔かれた種はそのあと何十年も育ち続けた。

　プライスが国家資本主義における二つ目のステップとしてい

たのが、環境保護庁や公益企業委員会や連邦通信委員会といった各州の公益事業委員会や連邦政府機関などによるさまざまな業界の賃金や利益率や価格や労働条件の規制で、これについてはフォーブス誌（一九八一年一一月号）に掲載された記事に詳しく説明されている。そして、プライスが考える真の社会主義への最終ステップは、政府が実際に生産手段を完全に支配することだった。これは今のところ一九三〇年代に設立されたテネシー川流域開発公社（ＴＶＡ）などアメリカの一部の地域にとどまっていた。

プライスは唯一の社主として初年度の収支を合わせるため、すべての経費を賄う必要があり、生命保険を担保に借り入れを行った。一九三八年が終わりに近づき、彼はキッドに二人で業務執行社員になることを提案した。二人ともパートナーとしての給与ではなく、「タイムクレジット」（時間貯蓄）を受け取るのだ。タイムクレジットは個人の給与と同じ価値があり、会社の利益が上がるようになったら、クレジットが支払われるのである。一九三八年末に、プライスは一万二〇〇〇ドルの年俸全額を貯蓄し、キッドも三六〇〇ドル（すでに受け取った三四〇〇ドルを返納して）を貯蓄した。しかし、お金が必要だったシェーファーは、一年目はタイムクレジットを行わなかった。彼は一九四〇年にパートナーになったが、そのときは彼もキッドも教職についており、給与の代わりにタイムクレジットをする余裕ができていた。より多くの生活費を必要としていたシェーファーは、ジョンズ・ホプキンズ大学の教員育成大学（のちのマッコイ大学、現在はジョンズ・ホプキンズ・スクール・オブ・エジュケーション）と、ボルチモア商科大学の二つで教え、キッドは教員育成大学のみで教えていた。

このような試みを行っても、資金繰りは苦しかった。プライスは一九三九年五月一五日の日記に、「賃料と先週にサン紙に掲載した広告費を支払うことができない。借入金を使い切り、それでも毎月の給与と請求書を支払う資金が足りないのは不安だ」と書いている。

それでも、プライスはバロンズ紙の依頼で初めて成長株について書いた五つの記事が、会社の売り上げを多少増加させることを期待していた。彼らはこれらの記事のコピーを重要な販売ツールとして潜在顧客に送った。すると、最初は少しずつ顧客が増え、のちにはかなり増えていった。

プライスは、新しい会社に投資するときは、キッドかシェーファーが必ずその会社の経営陣と会うように求めていた。キッドは、プライスが経営陣に会う目的は二つあったと言っている。一つは、プライスが重視している経営者と実際に話をして会社を評価することで、もう一つはその会社を潜在顧客と見て話をすることだった。あるいは、その両方だっ

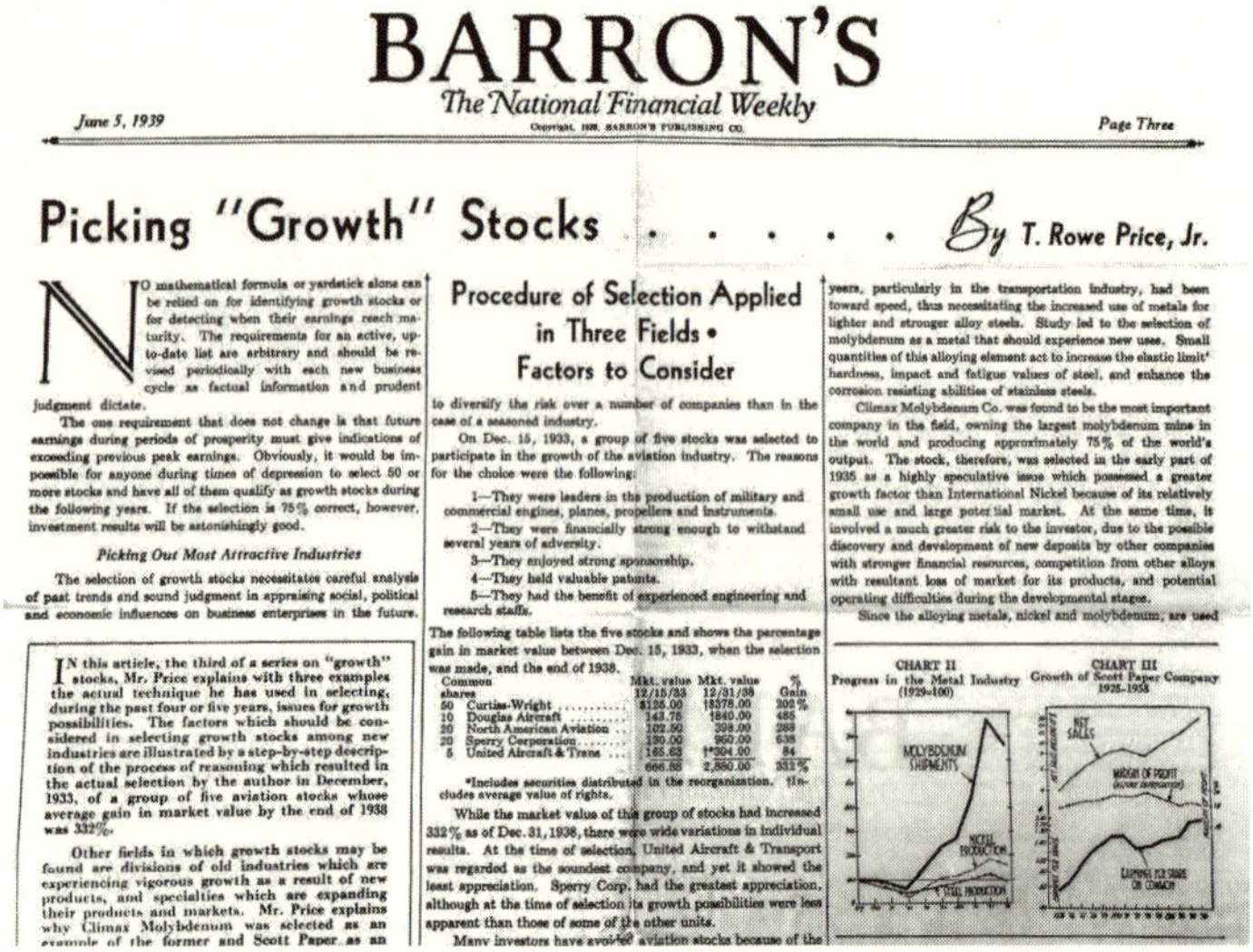

BARRON'S

The National Financial Weekly

June 5, 1939 — Page Three

Picking "Growth" Stocks . . . . . By T. Rowe Price, Jr.

NO mathematical formula or yardstick alone can be relied on for identifying growth stocks or for detecting when their earnings reach maturity. The requirements for an active, up-to-date list are arbitrary and should be revised periodically with each new business cycle as factual information and prudent judgment dictate.

The one requirement that does not change is that future earnings during periods of prosperity must give indications of exceeding previous peak earnings. Obviously, it would be impossible for anyone during times of depression to select 50 or more stocks and have all of them qualify as growth stocks during the following years. If the selection is 75% correct, however, investment results will be astonishingly good.

Picking Out Most Attractive Industries

The selection of growth stocks necessitates careful analysis of past trends and sound judgment in appraising social, political and economic influences on business enterprises in the future.

IN this article, the third of a series on "growth" stocks, Mr. Price explains with three examples the actual technique he has used in selecting, during the past four or five years, issues for growth possibilities. The factors which should be considered in selecting growth stocks among new industries are illustrated by a step-by-step description of the process of reasoning which resulted in the actual selection by the author in December, 1933, of a group of five aviation stocks whose average gain in market value by the end of 1938 was 332%.

Other fields in which growth stocks may be found are divisions of old industries which are experiencing vigorous growth as a result of new products, and specialties which are expanding their products and markets. Mr. Price explains why Climax Molybdenum was selected as an example of the former and Scott Paper as an

Procedure of Selection Applied in Three Fields • Factors to Consider

to diversify the risk over a number of companies than in the case of a seasoned industry.

On Dec. 15, 1933, a group of five stocks was selected to participate in the growth of the aviation industry. The reasons for the choice were the following:

1—They were leaders in the production of military and commercial engines, planes, propellers and instruments.

2—They were financially strong enough to withstand several years of adversity.

3—They enjoyed strong sponsorship.

4—They held valuable patents.

5—They had the benefit of experienced engineering and research staffs.

The following table lists the five stocks and shows the percentage gain in market value between Dec. 15, 1933, when the selection was made, and the end of 1938.

Common shares		Mkt. value 12/15/33	Mkt. value 12/31/38	% Gain
50	Curtiss-Wright	$125.00	†$378.00	202%
10	Douglas Aircraft	143.75	†840.00	485
20	North American Aviation ..	102.50	398.00	288
20	Sperry Corporation	130.00	960.00	638
5	United Aircraft & Trans ...	165.63	†*304.00	84
		666.88	2,880.00	332%

*Includes securities distributed in the reorganization. †Includes average value of rights.

While the market value of this group of stocks had increased 332% as of Dec. 31, 1938, there were wide variations in individual results. At the time of selection, United Aircraft & Transport was regarded as the soundest company, and yet it showed the least appreciation. Sperry Corp. had the greatest appreciation, although at the time of selection its growth possibilities were less apparent than those of some of the other units.

Many investors have avoided aviation stocks because of the

years, particularly in the transportation industry, had been toward speed, thus necessitating the increased use of metals for lighter and stronger alloy steels. Study led to the selection of molybdenum as a metal that should experience new uses. Small quantities of this alloying element act to increase the elastic limit' hardness, impact and fatigue values of steel, and enhance the corrosion resisting abilities of stainless steels.

Climax Molybdenum Co. was found to be the most important company in the field, owning the largest molybdenum mine in the world and producing approximately 75% of the world's output. The stock, therefore, was selected in the early part of 1935 as a highly speculative issue which possessed a greater growth factor than International Nickel because of its relatively small use and large potential market. At the same time, it involved a much greater risk to the investor, due to the possible discovery and development of new deposits by other companies with stronger financial resources, competition from other alloys with resultant loss of market for its products, and potential operating difficulties during the developmental stages.

Since the alloying metals, nickel and molybdenum, are used

CHART II
Progress in the Metal Industry
(1929=100)

CHART III
Growth of Scott Paper Company
1925-1938

プライスが1939年にバロンズ紙に寄稿した成長株に関する一連の記事の１つ

た。バロンズ紙の記事を読んだスペリー・コーポレーションの幹部から連絡を受けると、プライスはキッドと同社を訪れた。この会社は第二次世界大戦を前に、ジャイロスコープ制御の自動操縦システムのメーカーとして急成長していた。キッドは先の五〇周年のインタビューのなかで、実はプライスはすでに顧客口座でこの株を所有していたが、訪問後はスペリーの幹部も、その家族も、同社の年金基金もプライスの顧客になったと話している。

一九三九年になると、新規口座も増え始め、現金収入は約六六％増の一万〇五三八ドルに達した。しかし、それでも損益分岐点はまだ先で、プライスは無給のままだった。

一九三九年九月一日にヒトラーがポーランドに侵攻し、第二次世界大戦が始まった。イギリスとフランスは、その二日後にドイツに宣戦布告した。その二週間後、プライスは「パニックを起こしているときではない」と題した投資速報を書いた。彼は戦争のニュースでプライスが言うところの「戦争銘柄」（鉄鋼やニッケルや航空機関連の株）が買われて市場が大きく上昇したことに驚いていた。また、同じ時期に投資家はプライスが長期的に優れた成長株と考える銘柄を売っていた。彼は先の文章で、戦争銘柄を高値で売って現金を貯え、のちに成長株を買うという賢い提案をしていた。市場は戦況を反映して不規則な経過をたどりながら高値を付けたあと下落し、一九四二年四月二八日に安値を付けた。

彼は一〇月には「現時点で流動性の高い銘柄を推奨する理由」と題した助言をまとめている。非常に不確実な時期に書いたほかの予想と同様に、この文章も驚くほど正確だった。この時期、うわさがその日の基準になり、厳然たる事実を確認するのは難しかった。ヨーロッパだけでなくアメリカでもニュースの検閲が始まり、ニュース放送やニュース映画は正確な事実報道ではなく、プロパガンダのために量産されるようになっていった。そして、経済指数は戦争によって大きく歪められていた。

プライスはこの助言のなかで次のように予想していた。

一．アメリカがヨーロッパの戦争に参加する可能性は、少なくともこの一年は低い。理由は軍事的な準備ができていないことと、多くの国民が中立を望んでいることにある（一一月に一九三九年中立法が議会を通過）。

二．アメリカの再軍備は、戦争の長さに関係なく準備が整うまで続けられる。

三．戦争で企業の売り上げが大きく伸びたとしても、増収のほとんどは人件費と増税で相殺されるため、株主の利益は限定的。

四．イギリスとフランスは衰退しつつあり、両国の指導者はプロパガンダの主張ほど勝利を確信していない。

五．戦争は国家資本主義への移行を速める。

ヒトラーと同盟国のロシアは戦争が一カ月中断すると、すぐにポーランドを分割した。イギリスのメディアは当時の状況を「まやかし戦争」と呼んだ。一九四〇年四月九日、ドイツ軍はノルウェーに侵攻し、デンマークも占領した。五月一〇日、ドイツ軍はベルギー、ルクセンブルグ、オランダを攻略し、マジノ線北部のフランス軍を攻撃した。フランスは六週間で制圧され、一九四〇年六月一四日にドイツ軍はパリに入った。

この悲惨な展開に、ダウ平均は二三％下げて一一四ドルを付けた。一九四〇年五月一五日、プライスは「資本主義の戦いと投資家の生き残りをかけた戦い」という投資速報を発行した。彼はこのなかで「ヒトラーは、アメリカで富の再分配に成功したニューディール政策のあと、資本主義を打倒するためにヨーロッパで戦争を起こした」と書いている。そして、投資家は「生き残るための戦い」をしなければならないと主張し、そのためには強い攻撃力と強い防衛力が必要だとしている。「投資家は、強力な防衛策を講じておく必要があり、それにはアメリカの優れた頭脳と天然資源に関係する株をバランスよく配分したポートフォリオを構築するとよい。投資家は、これらの株と短期国債で資金を保有し、格安で証券を買えるようにしておくべきである」

これは、このような試練の時期の優れた助言であり、将来大きな危機が起こったときにも覚えておくべきことと言える。

ヨーロッパが約二カ月で制圧され、ヒトラーは次にイギリスに目を向けた。攻撃は空から始まり、イギリスの都市は毎日爆撃を受けた。イギリス空軍は戦闘機もパイロットも疲弊していたが、チャーチルはバトル・オブ・ブリテン（英国空中戦）に勝利し、ヒトラーに初めての敗北を与えた。ドイツ軍が大きく後退すると、プライスはアメリカ国民が目覚めると予想した。議会は一九四一年初めに武器貸与法を可決し、イギリスに膨大な軍事支援を行った。

投資家にとって残念なことに、議会はいくつかの超過利潤税も可決した。これらの法律の目的は、非国民的とみなされる戦争関連の利益を制限し、必要な戦費を調達することだった。基準となる期間は戦前に設定され、それを超える利益には高い税率が課された。これは、特に成長株に厄介な影響を及ぼした。これらの成長株企業はそもそもほかよりも成長が速かったからだ。ティー・ロウ・プライスでアナリストをしていたイザベラ・クレイグによると、当時モンサント・ケミカル・カンパニーは優れた成長企業だったが、一九三九年の収益は推定で二二％減少し、株価も超過利潤税の影響で同じくらい下落した。

超過利潤税という概念自体は第一次世界大戦のころからあった。法律は一九一七年に制定され、一九一八年には課税率が八〇％に達した。しかし、継続派の強力な反対があったものの、一九二一年に廃止されていた。第二次世界大戦中には四つの関連法が可決され、超過利潤法は成長株のパフォーマンスを左右する大きな問題になった。一九四〇年に可決されたときの税率は二五～五〇％だったが、一九四三年の最後の法案ではそれが九五％にも上っていた。幸い、これらの法案は終戦直前の一九四五年に廃止され、成長株への影響はその期間だけにとどまった。プライスは顧客口座で保有するすべての株についてこの税法の影響を注意深く観察し、定期的に報告していた。

一九四一年四月にドイツがユーゴスラビアとギリシャに侵攻したあと、プライスは「なぜ今、株を買うべきか」（五月二三日）と題した投資速報を出した。これは、おそらく当時の投資家がまったく考えもしていないことだった。ヒトラーが次々とヨーロッパ各国を制圧していくなかで、市場は四年間下がり続けており、ポートフォリオに含み益が残っている投資家はほとんどいなかった。しかし、プライスは水面下の状況はそう悪くないと指摘した。この時期、収益も配当も一〇年ぶりの高水準で、彼の資本成長型ポートフォリオ（義父の口座）の利回りは初期投資額の八％になっていた。ちなみに、多くの投資家が買っていた債券の利回りは三％強だった。

戦争中の投資はとにかく注意して行う必要があった。最終的に敵に敗れる可能性があるだけでなく、政府が経済をほぼ支配していたからだ。要するに、政府が儲けさせる会社とそうでない会社を決めていた。自由経済は機能しなくなり、「国家資本主義」に置き換わっていたのだ。

六月二二日、ヒトラーはソ連に深く侵攻したが、ドイツは最終的に敗北し、破滅的な動きとなった。一九四一年一二月七日には日本軍が真珠湾を攻撃し、翌日、議会は日本への宣戦布告を決定した。このときの反対票はわずか一票だった。

日本の攻撃は、プライスの若い会社に深刻な影響を及ぼした。真珠湾攻撃のすぐあとにキッドが陸軍航空隊に志願し、中尉としての入隊が決まったのだ。キッドはすぐに招集されるつもりでアパートを引き払い、一九四二年のパートナー契約にも署名しなかったが、陸軍のほうは彼ほど効率的ではなかった。三月末になると、仕事も家もない彼はしばらく会社のプライスの部屋のソファーで寝泊まりしていた。結局、それを憐れんだシェーファーの妻のルースが、ジョッパ・ロードの小さな家に（バスタブに赤ん坊を寝かせて）キッドを泊めることにした。シェーファーの長男のピートは、このときのことを「ウォルターおじさんとの距離がすごく近くて、クローゼットで象を飼っているような感じだった」と語っている。一九四二年五月一日、キッドは入隊し、オハイオ州のライトパターソン基地で完成した軍用機の航空用エンジンを確保しておく任務についた。

シェーファーは腰痛持ちで、妻と子供二人も抱えていたため、兵役を免除されていた。プライスも結婚して子供がいたうえ、もうすぐ四四歳で年をとりすぎていた。イザベラ・クレイグは、戦争中に投資会社で働くのは愛国的ではないと感じ、航空機メーカーのグレン・L・マーティンの統計部門に職を得た。そのため、ティー・ロウ・プライスはこの期間、正式なリサーチ部門がなかった。

一九四一年一二月三日、プライスは日記に会社の銀行預金は残高がわずか一一ドル〇七セントで、マリー・ウォルパーの一一月の給与をまだ支払っていないと書いている。この週、パートナー会議で昼食に出たとき、請求書の三ドルを支払うためにプライスとシェーファーはポケットのコインを集めてそれぞれ一ドルを工面したが、キッドはシェーファーから借りなければならなかった。そして、その月末の経費は、ウォルパーのクリスマス用の積立金を借りて支払った。

戦争中、会社はほとんど休止状態に陥っていた。プライスとシェーファーは、多少の売り込みと宣伝を行ったがほとんど反応はなく、会社を閉鎖する話まで出たが、そうするには多くの人が時間とエネルギーをつぎ込みすぎていた。

社員が減ったことでよかったのは、経費が下がったことだった。市場が深みから上昇を始めた一九四二年、プライスはやっと自らに二七〇〇ドルの給与を支払った。この年、会社の収益は一万九〇〇〇〇ドルに達した。戦争が長引くなかでも、いくつかの新規口座を獲得できたからだ。特に重要だったのは、プライスがボルチモアに本拠を置くデパートチェーンのヘクト・カンパニーで執行副社長を務めるJ・ジェファーソン・ミラー二世（通称、ジェフ）と知り合ったことだった。二人はのちに友人になった。ミラーはプライスの顧客になり、それから何年かの間にヘクト・カンパニーやそのグループ会社も口座を開設した。戦争が終わると、これらの口座が運用資産額を大きく押し上げてくれた。

一九四二年一月六日、プライスはバロンズ紙に「戦時中の市場における成長株」と題した記事を寄稿した。これは、彼が一九三〇年代後半に書いた一連の記事に続くものだった。彼はこのなかで、一九三九年に挙げた一連の成長株が一九二九年から現在までという長期間で見た場合、優れた成長率を上げていることを指摘したが、戦争中の成長率はほかとあまり変わらなかったと認めざるを得なかった。成長株は、超過利潤税と戦争関連企業に報いる経済によってかなり不利な状況に置かれていた。のちにプライスは、成長株が長期的に見て高いパフォーマンスを上げることができるのは、景気循環が一巡するおよそ七〜一〇年の期間だとしている。彼は先の記事のなかで、鉄道や鉄鋼などといった「衰退」業界（古くて、減退しつつあり、ほかの新しい業界や技術に置き換わっている産業）は、現状では実は良い投資かもしれないと認めている。ティー・ロウ・プライスの歴史のなかで、これらの業界の株のパフォーマンスが彼の好む成長株よりも少なくとも短期的には上回る数少ない時期だということを、プライスは認めたのである。これらの業界は、戦争で潤い、業績が急速に上がっていた。成長株は超過利潤税で不利になっていただけでなく、多くの場合（例えば、消費財を扱う会社など）、戦争によって業績が伸び悩んでいた。しかし、常に現実主義を貫くプライスは、最初の提言で主張した「変化——投資家にとって唯一確かなこと」という自説を再び唱えた。

ところが、その二～三日後には考えを変えていた。彼が投資家に送付した「投資家が直面する戦争と平和とインフレ」という助言のなかで、今は「ピークを過ぎたが一時的に活気を取り戻した会社」のパフォーマンスが高いように見えても、実はこれらへの投資は勧めないと明言しているのだ。

そして、戦後のインフレへの懸念を表明した。ちなみに、インフレは彼がのちの一九六〇年代により深く研究することになるテーマである。彼は、インフレをヘッジして成長株を補填するために、不動産や天然資源の会社に控えめに投資することを提案した。また、一九四二年の助言では、インフレの環境下で最も保有すべきではない資産として債券、銀行預金、現金、生命保険を挙げている。このような「実態のない資産」は、ドルの価値が下がると投資家の購買力を守ってくれないからだ。また、成長株の価値が下がっていたとしても、その成長率はインフレや市場の指数を大きく上回っているということを指摘し、配当収入も大きく伸びていると付け加えた。

戦争による長いベア相場は、一九四二年四月二八日に九三ドルで引けて底を打った。そのあと、株式市場は二五年以上、大きく下落することなく上昇していったのである。プライスはこの状況に気づき、戦後の経済環境とその時点で投資すべき業界や会社について考え始めた。一九四二年六月、彼は「戦後の経済を展望する」と題した助言をまとめた。これも驚くほど先見の明にあふれていた。当時、アメリカとその同盟国はヨーロッパやアジアで劣勢に見えており、日本は一九三〇年代のドイツのように太平洋戦線で勝利を重ねていた。実は、同じ月のミッドウェー海戦が対日本のそれまでの戦況を根本的に変えていたにもかかわらず、ほとんどのアメリカ人は株への投資よりも防空壕を作ることを考えていた。

プライスは、この助言のなかで戦後の世界経済をあと押しするいくつかの新しい「流れ」を挙げ、そこに投資するとしている。

一．**科学の発展**　通信と移動力が世界の距離を縮める。新しい化学製品は、経済を押し上げる。

二．**孤立主義が国際主義へと代わる**　アメリカは国際問題でリーダーシップをとる必要がある。

三．**社会化**　新しい世界秩序は、政治的にも経済的にも帝国主義が弱まり、より民主主義に近づく。

これらの予測は、驚くほど正確で、当時の数少ない顧客と彼の家族の口座はその大きな恩恵を受けた。株式市場は一九四二年六月末に一〇三ドルを付け、それから三年弱の一九四六年六月三日には二倍以上の二一一ドルに達した。プライスは、またもや正しいタイミングで株を買ったのである。

第9章 成長株投資の哲学

T・ロウ・プライスは投資業界のなかで「成長株投資の哲学」を開発した人物としてよく知られていた。彼は、一見、単純な哲学を厳守して、当時の金融業界でトップクラスのパフォーマンスを上げていた。成長株投資の理論の基本は、彼が投資マネジャーとして仕事をした四五年間に、言い回しを若干変え、多少付け加えた以外、最初から言っていたこととほとんど変わっていない。彼の理論の最終版は、一九七三年四月に彼の会社が発行した「成長株理論に基づいた成功する投資の哲学」と題するパンフレットに掲載されている。プライスは、成長株の哲学と成長株投資の理論という言葉を合わせて使うことが多く、ここでの理論とはこの哲学全体の背景にある事実を意味していた。このパンフレットには、「成長株は利益が長期的に伸びている会社の株と定義できる。これらの株は、景気循環のピークごとに一株当たりの利益を更新し、そのことが将来の景気循環でも利益を更新するであろうことを示唆している。一株当たりの利益（ＥＰＳ）の上昇率は、生活費の上昇率よりも高く、予想される現金の購買力の劣化を補ってくれる。当社が目指すのは、一〇年間で利益が二倍になる会社を集めたポートフォリオを構築することにある。これらの会社は配当や市場価値も同じように伸びると考えられる」と書かれている。

モデル・インフレーション・ポートフォリオは、プライスがまだマキュベン・レッグで勤務していた一九三四年に運用を開始した。これはすべてが成長株で構成されていた。分かっているかぎりで、プライスが「成長株」という言葉を初めて使ったのは一九三五年一〇月八日の日記のなかで、当時、彼は資産運用部門で運用する投資信託の許可を求めてマキュベン・レッグのパートナーたちを説得しようとしていた。その投資信託の目的は、「質が高く、成長が期待できる」株式を使った資本の構築だった。彼はのちにポートフォリオの名称をモデル・グロース・ストック・ポートフォリオに変更した。彼は一九三九年にバロンズ紙に寄稿した五つの記事のなかで、初めて一般向けに「成長株投資の理論」をきちんと定義し、個人や会社向けの金融資産の管理プログラムについて詳しく書いた。彼はのちに、顧客や新人カウンセラー（クライアントマネジャー）に繰り返し次のように言っていた。「ほとんどの人が家を建てるときには事前に建築家を雇い、注意深くデザインを決めるのに、株や債券のポートフォリオは無計画に時間もかけずに構築してしまう。しかし、計画的に構築しなかったポートフォリオはバランスを欠き、その人の性格や目的に適していない証券が含まれたものになっていることが多い」

彼のポートフォリオ構築法の基本は、「ポートフォリオの一部を『成長株』に充てる」ことだった。バロンズ紙に寄稿した二番目の記事では、成長株を「利益が長期的に増えていく潜在力を持ち、注意深い調査をしたうえで将来も継続的に成長していくと考えられる企業の株」と定義している。

この最初の定義は、一語一語に特別な意味が込められていた。彼の投資先は、株券という紙ではなく会社の一部であり、その会社は経済成長よりも高い「利益の伸び率が期待できる」ところだった。「長期的な成長が続く」というのは、新製品によって短期間成長が加速するとか、景気が良いときに一時的に伸びるということではない。また成長が「注意深い調査」によって「将来的に」続くことを確認する必要があった。成長株投資の理論は、優れた成長が長く続くという希望や信念だけでなく、注意深い調査を重視していた。

成長株投資の理論を最初に発表したときは、かなり急進的なものだと受け止められた。当時の投資家の関心は、資本の保持とそのときの利回りにあった。一九三〇年代末の急激な景気後退のあと、大恐慌の長い暗黒の日々が続いているなかでそうなるのは仕方がない。一九三九年に、手元に残った資本が大きく値上がりすると期待していた投資家はほとんどいなかったのである。

成長株投資の理論の起源は、プライスが若いころ化学者として勤務していたデュポンにある。彼はデュポンと最初に勤めたフォート・ピット・エナメル・アンド・スタンピング・カンパニーが投資家や社員にどのように報いてきたかを比較した。競争の激しい市場で、ピッツバーグの納入業者や顧客に物理的に近いこと以外に特別強みがないフォート・ピットは、やってはいけないことの見本だった。一九一九年にアメリカ全土で起こった鉄鋼業界のストライキが原因で破産しなければ、投資家はそこそこのリターンが上がっていたかもしれないが、いずれにしてもリターンは少なく、それもさほど長続きはしなかっただろう。財務内容が悪く、利益率も限定的なこの会社は、市場のわずかな変化にも弱かった。そのうえ、製造技術に独自性がなく、工場も古かった。投資家にとっての最善策は、競合他社に身売りすることだったのかもしれない。

一九二〇年にプライスがデュポンに入社したとき、この会社はすでに一〇〇周年を超えていたが、最新の効率的な製造工場を備え、急速に新たな市場に進出していた。元々の火薬と爆発物の製造から長い多様化の歴史を経て、当時の主力事業は、テクノロジー主導が進む化学薬品と化学製品の製造だった。デュポンは、化学業界を牽引する改革者の地位を維持するため、研究開発に多くの資力を投資していた。財務的には保守的で、急速な成長を可能にする利益を上げて、株主配当も安定的に増加していた。

プライスは、一九四七年一〇月二五日に「一株の価値を知る」というテーマで講演したとき、「この国の本当の富は、人々が資本を将来性のある会社に投資し、一生懸命働き、さらなる資本を投じ、その株を不況のときもバブルのときも保有し続けることによって蓄えられてきた。投資先としては、フォード、デュポン、ロックフェラー、デューク、カーネギー、ウールワースなどの多くの有名企業がある。これらは偉大な会社だ。富は今でもこのようにして生まれている。そして、これらの株は市場で買うことができるため、あなたも私も成長を続けるこれらの会社の恩恵を受けることができる」と述べている。

また、一九五四年一月の「成長株はアメリカに何をもたらしたか」と題した講演では、若いころ働いていたデュポンでの経験について語り、「優秀で将来を見据えた経営陣は社員に株主になることを勧め、重要な人材にはボーナスを自社株で支払っていたことに感銘を受けた……一九二一年に投資業界に入ると、デュポンの株は常にほかの会社よりも高すぎるように見えたが、よく観察すると、市場価値は上がり、上がり、さらに上がった。観察していてもう一つ大きく印象に残ったのは、自社株で儲けようとした社員のことだった。彼らは高くなったときに売り、安くなると再度買い直していたが、それよりも景気が良いときも悪いときも保有し続けた社員の利益のほうが大きかったのである」と語っている。

一九六五年、プライスは自身が一九三〇年代や一九四〇年代から保有し続けている成長株七銘柄を発表した。これらの株は、すべてが保有期間を通じて成長を続け、素晴らしい投資先だということを証明していた。それがデュポン、ブラック＆デッカー、３Ｍ、スコット・ペーパー、マーク＆カンパニー、ＩＢＭ、そしてファイザーである。これらの株は平均で三六倍に値上がりした。彼は、一〇〇％の確率で優れた成長株を選ぶことはだれにもできないが、七五％の精度でも「目を見張るほど」の成果を上げることができると考えていた。ちなみに、彼のモデル口座の記録によると、彼の投資期間を通じた成長株を選ぶ精度は八〇％を超えていた。彼は、長年をかけて、適切な価格だと思うところで少しずつ株を買ったり売ったりしていた。そして、投資先の会社が成長株ではなくなったと確信したときのみ、その会社の株をすべて売却した。彼の保有期間は一〇年単位で、売買はタイミングではなく、正しい価格になったところで少しずつ行っていった。

成長株投資の理論の基となる最も重要な哲学は、業界と個別企業の会社のライフサイクルを研究し、理解することである。プライスは、成長株投資の理論を考え始めたばかりのころは「投資のライフサイクル理論」と呼んでいたと、一九三九年五月一五日のバロンズ紙の記事で明かしている。会社にも人間と同じようにライフサイクルがあり、どちらにも成長、成熟、そして彼が「衰退」と呼ぶ三つの重要な段階があるというのだ。一九三九年五月二二日の記事には、人は成熟期から健康が悪化するリスクが高くなり、晩年にはさらに高くなることがよく知られていると書いている。保険会社もそれが分かっているため、生命保険料は二五歳よりも五〇歳のほうが高く、七五歳ならばさらに上がる。それと同様に、投資も常識的に考えれば、利益が大きく伸びているときのほうが、成熟期や衰退期よりも利益が大きくリスクが少ない。しかし、衰退期が景気循環の上昇期に重なると分かりにくくなる。

また、一九三九年六月五日のバロンズ紙には、「肥沃な土地ならば、トウモロコシでも会社でも簡単に育つ。一方、雑草がトウモロコシの成長を妨げるように、競争は会社の成長を妨げる」と書いている。肥沃な土地には激しい競争も政府の介入もない。「優秀な農家が懸命に働いても、やせた岩だらけの土地ならば収穫も利益も限られている」

また、個別の会社の業績だけでなく、その土地全体がどれくらい肥沃かをずっとよく観察していくことも重要である。早期の警告サインは、例えば業界全体の売り上げの伸びの鈍化かもしれない。特に、販売個数の伸びが続いていれば、単位価格が下がっているということなので、その業界全体の利益率が下がっているのかもしれない。

経営陣を重視するプライスは、ティー・ロウ・プライス・アンド・アソシエーツの経営にかかわっていた期間を通して、投資をする前にアナリストが最低一回は実際にその会社を訪れ、投資を始めてからも少なくとも年に一回は訪れることとしていた。この慣行は今日も引き継がれている。アナリストは投資候補の会社を訪れると、できればCEO（最高経営責任者）を含めた数人の経営陣と会い、会社の展望について聞いたり、経営陣を評価したりする。

ただ、経営陣の評価は簡単ではない。これは、たくさんの経営者と会い、さまざまな経営スタイルを知るなど、かなりの経験が必要となる。また、株のアナリストには聞く力も必要だ。注意すべき点をいくつか挙げておこう。アナリストの質問にどのように答えたか。答えに見識や理解力が感じられたか、それともありきたりなものだったか。CEOは会社の成長見通しについて、製品のライフサイクル、財務、人材、物的資源などを含めてよく考えているか。二回目以降の訪問では、新製品やその売り上げ（量や金額）について以前の予想をどこまで達成したか。その会社の地位を脅かす可能性がある競合他社の動向と、それに対してどのような対策をとっているかなどといったことである。

成長企業は、新しくて勢いのある業界で生まれることもあれば、古い会社が有望な新製品を出したり、経営陣が変わったりすることで生まれることもある。また、一つの業界にとどまらない特殊な会社もあり、例えば３Ｍは数多くの市場にさまざまな独自性と革新性を備えた製品を送り出している。

売り上げが伸びた会社が良い投資先かどうかを判断する二つ目の重要な条件は、投下資本利益率（ＲＯＩＣ）である。この概念を生み出した先駆者はデュポンで、これが同社の成功の主な要因でもある。一九三〇年代の（そして今日でさえ）企業の多くは、一ドル当たりの経費差し引き後の売り上げに対する利ザヤか利益を使って利益率を計算している。これは、同じ業界の会社を比較するには良い方法だが、これで企業の本当の収益や成長の速さやどれくらい生き延びられるかを判断することはできない。

例えば、同じ財務力の銀行のなかで普通預金を開設する銀行を選ぶならば、利率が選択の最大の要素となる。同じ条件ならば、年利率が四％の銀行のほうが三％よりも良いということだ。同様に、デュポンの経営陣は新しいプロジェクトを始めるとき、利益率が必要と思われる資本の二〇％以上のものしか許可しない。そうすることで、会社は高い基準を満たすプロジェクトに絞り込み、新しいプロジェクトに内在する何百万ドルもの初期費用や販売経費というリスクを適切に調整しているのである。

二〇％のリターンを規定する理由はもう一つある。もしデュポンが投下資本の二〇％（税引き後）の利益を上げることができれば、工場や機器を二〇％増やすことができ、それが売り上げを二〇％増やすことになる。それができれば、十分な配当を支払っても、借り入れをしなくても売り上げを簡単に一五％増やすことができるのだ。これは、プライスが成長株のポートフォリオに組み込む株として期待する成長率の二倍である。急成長をした会社の多くが破産しているのは、この重要な基準に注意を払っていないからだ。せっかく販売目標を達成しても、不適切なＲＯＣ（資本利益率）によって、債務で首が回らなくなってしまうのである。

最後に、デュポンは二〇％のリターンに集中することで、将来も売り上げや利益の急成長を続けるための利益率の高い新製品や事業を探し続けている。この会社の研究開発部門は、古くて成熟した事業や製品を常に刺激的な新製品や事業と入れ替えている。若い化学者の目には、一九二〇年に一二二周年を迎えたデュポンのほうが八〇周年のフォート・ピットよりもはるかに活力のある会社に見えたに違いない。

典型的な成長企業のほかの特徴は、彼が一九五四年一一月にジョンズ・ホプキンズ大学で行った成長株に関する講演にまとめられている。

●優れたリサーチ力　新製品や既存の製品の新市場を探すための優れたリサーチは、急速に変化している世界で事業を進めていくために欠かせない。会社にとっては、競争がある古い製品よりも新製品のほうが利益を上げやすい。

●強い財務力　強い財務力があれば、経営陣は好調なときに拡大するチャンスを生かすことができ、不調なときは破産や資金難を避けることができる。

●高い利益率　税引き前で妥当な利益率を達成している必要がある。ただし、その割合は業界によって違う。回転率の高い消費財（食品、衣料品、低価格の雑貨など）ならば、利益率六％は妥当な水準。その一方で、回転率が低い高価格の製品ならば、少なくとも一〇～一五％は必要。

●良好な労使関係　社員には十分な給与を支払いつつ、給与総額は比較的低く、売り上げの変化に応じて簡単に調整が効くようになっているのが望ましい。

プライスが強調しているように、会社がいつ成長期から成熟期や衰退期に移行していくのかを見極めるのは難しい。株の最高の売り時は、成長が最終的に衰え始める直前であることが多い。ただ、問題は景気循環による自然な停滞や製品の移行期、原材料の不足、さまざまな一時的要因などによる短期的な減退によって、本当の状況が見えないこともあることだ。一九三九年五月一五日のバロンズ紙の記事で、プライスは成熟期に達した業界の例として鉄道を挙げている。この業界は、第一次世界大戦が始まる前は大きく成長していた。トンマイル（一トンの貨物を一マイル運んだことを示す単位）は、戦前の一〇年間と比べて二倍になっていたが、トラックやパイプラインと競合して戦後は下がり、大恐慌で大幅に下がると利益はそれ以上に急落した。

成熟期を迎えた業界の最近の例は、パソコン市場である。統計会社のスタティスタ社によれば、パソコンは一九八〇年代から一九九〇年代にかけて販売台数も売上金額も五年で倍増するなど大きく伸び、二〇〇八年の大不況を経た二〇一一～二〇一六年にも販売台数の伸びは三〇％を超えていた。ただ、世界のパソコンの出荷台数は二〇一二年に減り始め、調査会社のガートナー社によれば、二〇一八年第１四半期には一・四％下がった。

　ただ、これはパソコン業界のすべての会社の成長が止まったということでも、利益がなくなったということでもない。なかには別の事業に転換したり、競争の少ないニッチ分野に特化したりした会社もある。アップルは二〇〇七年にｉＰｈｏｎｅを発売し、これは巨大事業に発展した。また、アップルのパソコンと独自のソフトウェアには根強いファンがいるため価格力を保持しており、売り上げも利益も伸び続けている。フォーチュン誌（二〇一三年四月号）によると、「アップルの売り上げは市場のわずか五％だが、四五％の利益を取っている」。この利益が残りの九五％を売り上げたほかのパソコンメーカーの利益を侵食しているのは明らかだ。

　残りの九五％のなかでもＨＰ（ヒューレット・パッカード）は利益率が非常に高いプリンターのインク事業のおかげで成長を続けているが、それによってパソコン事業の初期の問題が隠れていた。デルは、独自の低コスト販売モデルによって利益率を維持しているが、それ以外の会社は赤字に転じている。ちなみに、デルは急速に成長している低コストサーバー事業にも参入し、一九九八年以降に短期的に利益が急増したが、二〇〇二年にはパソコン以外の事業への多角化を迫られた。利ザヤは二〇〇四年から縮小し始め、二〇〇五年からは株価が長期的な下落に転じた。結局、デルは二〇一三年に非上場化し、そのときの株価は一九九五年の約三分の一にまで下がっていた。

その間に、ゲートウェイやIBM、アクト、パッカード・ベルを含む多くの会社は、倒産するか合併した。パソコンは成熟事業で、成長株投資に必要な肥沃な土地ではなくなっていたのである。

一九六〇年代後半にプライスが好んで使っていた言葉の一つが、「手のなかの一羽は藪のなかの二羽に匹敵する」という古いことわざで、「将来の利益と時価総額の伸びに投資する」（一九七八年八月九日）と題した投資速報でも用いている。彼は、利益は手のなかにある鳥と同じで、使うことができるお金だが、資本の増加は藪のなかにいる二羽のようなもので、株を売るまで手に入らないと書いている。彼は、値上がりを期待して株を買い、ポートフォリオの配当の重要性を忘れている人が社内に多すぎると感じていた。

成長株の多くは、株主資本を投資するチャンスがたくさんあるため、配当が低い。しかし、利益が急成長すれば、配当も利益ほどではなくても増えていく。典型的な成長株で、買ったときに二％だった利回りが一〇％に増えれば、七年強保有すると最初の投資額に対する利回りは四％になる。そして、一五年保有すれば投下資本の一〇％になる。プライスのモデル・グロース・ポートフォリオは、設定した一九三四年から一九五〇年までの配当収入が二二二％増え、最初の投資額に対する配当収入は二〇％に達していた。しかし、一般投資家は、低配当で高成長の株の配当が債券や高利回りの成熟企業からの収入をはるかに上回ることをよく理解していなかった。彼は、次のように書いている。「成長株を合理的に売買するためには、『一株の価値』を判断する必要がある。一株の市場価格と会社の一部としての価値は、たいていかなりの開きがある。しかし、その価値を判断するための魔法の公式はなく、経験に頼るところが大きい」

とはいえ、プライスは長年の投資経験に基づいて、株の価値に関するいくつかの指針を作っていた。彼は、株の評価は銀行預金の金利や米国債や社債などと直接的な関連があると考えていた。中期国債の利回りが五％ならば、S＆P五〇〇に組み込まれている平均的な会社の妥当な株の株価は一二カ月後に利益の一〇倍程度になると考えられる。もし金利が三％に下がれば、平均的な株の価値は一二カ月後に利益の一二倍程度になる。債券の利回りが下がれば、投資家は利益成長率が同じ企業を買おうとするのである。

プライスは、金利が三～五％ならば、成長企業は一二カ月後に利益の二〇～二五倍程度になると考えていた。彼は、成長株は基本的に平均的な会社の二倍の価値があると考えていたのだ。このことについては、第16章で詳しく書く。

株価は常に動いており、実際の価値よりも高くなったり安くなったりするし、時には過小評価や過大評価の状態が長く続く。プライスは常に忍耐強く待つよう助言していた。時間をかけて妥当だと思える価格で売買し、チャンスが来たときに増し玉できるよう常に注意を払っておくのだ。ちなみに、ニュースになるような出来事は、素晴らしい買いのチャンスをもたらすことが多い。

ポジションを保有したあとは、もし株価が本来の価値よりも大きく値上がりしたら、ポジションのコストとキャピタルゲイン税をカバーできる分だけ売るよう勧めた。そして、その利益は安全で金利収入が得られる長期国債か質の高い社債に再投資すべきだと考えていた。ポートフォリオの残りの株の含み益は、対象の会社が成熟して成長企業でなくなるまで上がり続けるはずなので、そのままにしておく。この残りの株は、実質的にコストがかかっていない投資になっている。

この単純だが大事な資産管理のルールは、素晴らしい結果を生んだ。プライスは、「パフォーマンス――ティー・ロウ・プライス・グロース・ストック・ファンドとポートフォリオモデルを比較する」（一九六九年四月一五日）と題した文章で、彼のポートフォリオモデルに組み込んだいくつかの会社の利益は、一九三九年に初めて買った3Mが一九六八年までに一万%、一九四一年に買い始めたメルクがほぼ一万二〇〇〇%、一九四九年に買ったIBMが五〇〇〇%以上、一九五五年に買ったエイボンがほぼ七〇〇〇%、一九六〇年に買ったゼロックスが約四〇〇〇%などとなっていた。もちろん、そんなにうまくいかなかった会社もあるが、よく手入れされた庭のように、強い会社はそのまま伸ばし、弱い会社を減らしていけば、いずれ強い会社が中心のポートフォリオになっていく。

それぞれの投資家に合わせて注意深く計画した特注の投資プログラムは、成長株投資の哲学における重要な部分と言える。プライスは、顧客にいつも「だれでも元本の安全性を確保しながら資金を最大限に増やし、高い収入を得たいと思っている」と言っていた。しかし、そんなことは明らかに無理なので、社内の顧客アドバイザーにはポートフォリオの一部は元本を守るための短期国債に配分し、一部を収入目的で非課税債券や社債に割り当てるように伝えていた。ちなみに、これらの債券は、金利の変動によって価格が変化する。残りは適切な分散を考慮して成長株を三〇～四〇銘柄組み込むとしていた。

彼は、個人のポートフォリオは現在と将来の現金需要を反映していることと、緊急事態に備えてある程度の流動性を維持しておくことが重要だと考えていた。若い人ならば、昇給によって必要な資金が確保できるため、元本を速く増やすことを重視するかもしれない。また、結婚や子供、教育費、そして引退などによって望ましい株と債券の割合は変わっていくし、年を重ねて引退に近づくと、流動性がより必要になっていく。

現代の市場理論家の多くは、株価の変動をリスクの基準としている。株価が大きく変動するほどリスクが高いというのだ。しかし、プライスは、リスクは財務的にその会社が破産するときだけだと考えていた。彼にとって、フォート・ピットは明らかにリスクが高く、デュポンは違った。これは現代の理論家とは正反対の考え方だ。フォート・ピットの株はほとんどトレードされていなかったため、ボラティリティが非常に低く、それによって「リスク」が低いとみなされていた。一方、デュポンは一般市場で活発にトレードされていたため、時にはボラティリティが高くなることもあった。常識に反して、デュポンは現代の理論家たちにはリスクが高いとみなされていたのである。

企業の真のリスクを見極めるため、プライスはバランスシートを注意深く分析し、ROCや経営陣の質を調べるべきだと考えていた。成長企業の株価の変動は、単純に歓迎すべき投資チャンスだったのである。もし投機家の売りによって株価が適正価格と思われる水準を大きく下回れば、割安で買って利益率を上げることができる。一方、もし株価が適正価値を大きく超えたら、一部を売ってコストをカバーすればよい。もしプライスがまだ生きていれば、短期トレードが中心の今日の市場は、成長株の哲学に基づいて長期的に投資するには良い環境だと思うかもしれない。多くの投資家が目先の動きに注目することで、株価は大きくスイングする。例えば、ある四半期利益がアナリストの期待を大きく下回ると、株価は五～一〇年先を見据えた適正価値を大きく割り込んで、長期投資家に素晴らしい買いのチャンスを提供してくれるということだ。

プライスは、彼の成長株のポートフォリオモデルで一九三四年の初めから一九七二年末まで配当をすべて再投資に回していたら、その価値は二六〇〇％以上上がっていたと報告している。一方、ダウ平均の上昇率は同じ期間に六〇〇％だった。また、配当部分も六〇〇％上昇していた。そして、これはＣＰＩ（消費者物価指数）の上昇率の二〇五％も大きく上回っている。この期間は、株式市場が大恐慌や第二次世界大戦だけでなく、戦後のアメリカの産業が武器から消費財の生産に切り替わるなど経済的に厳しい時期だったことを考えれば、なおさら素晴らしい結果と言える。

これから見ていくように、プライスの成長株投資の哲学はその優れたパフォーマンスによって、第二次世界大戦後の一〇年間で世界的に知られるようになった。

第10章 戦後の時代（一九四五～一九五〇年）

一九四五年四月三〇日、ヒトラーはベルリンの地下壕に籠り、ワルサー銃で自殺した。それから間もなくドイツは降伏し、ヨーロッパの戦争は終わった。五月八日、トルーマン大統領と同盟国はヨーロッパ戦勝記念日を宣言した。八月六日には世界初の原子爆弾が広島に投下され、八月九日には二発目が長崎に投下された。また、同じ日にはロシア軍が満州に侵攻した。八月一四日（日本時間八月一五日）、昭和天皇はラジオで国民に「国民を救うため」に軍に代わって降伏したことを告げた。翌日、トルーマンはアメリカ国民に同盟国の勝利を宣言し、九月二日に正式な降伏文書が調印された。

T・ロウ・プライスはこれらのことが起こる前に顧客向けの投資速報を準備していたが、一連の出来事を受けて考えられる影響について書き足した。この追加情報も、いつものように控えめな表現で始まっている。「一九四五年二月に送付した前回の速報以来、いくつか重要な出来事が起こった」

投資の観点で言うと、戦争が早く終わったことで軍需物資の生産も終わり、アメリカのGDP（国内総生産）が下がっただけでなく、工場が戦時から平時の生産に切り替わったことで経済は混乱した。戦争が終わったことは、不況の原因になる。戦争中は政府が経済を制御し、規制と分配と税金で価格を歪めていた。しかし、平時になると再び消費者が経済における最も重要な要素になり、自由市場がいつもの不可解な方法で価格を設定し、需要が決まるようになった。この二つの経済状況のはざまにあったのが、プライスが「再転換」と呼ぶ状況で、このときは強い流れが交差して、株式市場も経済も激しく変動する可能性がある。

プライスは、第一次世界大戦のあとで起こったことをよく覚えていた。まず、たくさんの兵士たちが帰還して一斉に仕事を探し始めたこともあり、一九一九年三月に小さな不況が始まった。しかし、組合がこれに強く抵抗して破壊的なストライキを起こした。一九二〇年、保守的な政権が誕生した。ハーディング大統領はＦＲＢ（連邦準備制度理事会）に金利を大幅に上げるよう促してマネーサプライを制御し、インフレ率を下げた。また、戦時中に企業に課されていた超過利潤税は据え置かれた。これらの政策によって経済は急速に収縮し、一九二〇年には不況に突入した。

この不況のときにデュポンを解雇されたプライスは、「再転換」の影響を痛いほど分かっていた。彼は、同じようなことがさらに大きい第二次世界大戦のあとにも起こる可能性は高いと思っていた。当時、こう考えたのは彼だけでなく、多くの経済学者もこのような移行期は厳しい状況になることを認識していた。そして、一部の会社（例えば、モンゴメリー・ワード）は経済的な懸念から戦後に予定していた拡大計画を延期したが、それによって競合するシアーズ・ローバックに大きく後れを取ることになった。

全体として、戦争中の企業の税引き後利益は、超過利潤税や価格統制や材料不足によって下がっていた。一九四六年の企業の収益は、プライスの予想どおり戦時から平時への移行という代償によって急落していた。一九四六年のＧＤＰは大幅に下がり、一年の不況としてはアメリカ史上最悪を記録した。

それでも、株式市場は彼が予想したほどは下げなかった。ダウ平均は戦争が終わると上昇し、一九四六年五月に高値を付けた。プライスは、六月に「チャンスと成果」と題した投資速報のなかで、プロとして謝罪をした。「あとから見てこうすればよかったというのは簡単だ。今考えると、用心しすぎていなければ、もっと高い利益を上げることができていたはずだ」

しかし、彼はこの速報の発行を少し待つべきだった。それからわずか三カ月で市場は崩壊し、高値から二〇％以上下落したのだ。この下落は彼にちょっとした説明の機会を与え、彼は顧客に保有している資金をすべて成長株に投資するよう勧めた。

あとから考えれば、プライスは、経済や株式市場の短期的なスイングを推測せずに、自ら繰り返していた助言に従うべきだった。しかし、彼も人間だった。激しく変化する戦後経済の短期的な急変にのみ込まれてしまったのだ。もし彼の投資家としての仕事において最大の失敗は何かと質問したら、「早く売りすぎること」と答えたかもしれない。それに加えて、市場や経済に対する鋭い洞察力ゆえに、ほとんどの投資家よりも先を見すぎたこともあるかもしれないが、控えめな彼はそうは言わないだろう。この洞察力によって、彼はたいてい売るのも買うのも早すぎた。

素晴らしい長期リターンを生み出したプライスとほかの投資マネジャーの違いは、体系的な調査によって第一級の成長株を探し、その株を保有し続けたことにある。前の第9章で書いたように、これらの会社の売り上げと収益が大きく伸びれば、株価は長期的に市場の平均を上回ることになる。彼は「成長株が教えてくれたこと」（一九五四年一月）のなかで、デュポンで引退資金を最も増やすことができた社員は、「自社株が高くなったときに売り、安くなると買い直して利益を上げようとした社員ではなく……景気が良いときも悪いときも保有し続けた社員のほうだった」と書いている。

アメリカにとって、第一次世界大戦よりも第二次世界大戦のほうが痛手が大きかったにもかかわらず、最初の戦争では困難だった戦後経済の移行が繰り返されることはなかった。これにはいくつか理由があった。戦争初期は国土が爆撃され、将来の展望は暗かったが、それでもアメリカは一丸となり、巨大な生産力によって第二次世界大戦の勝利に貢献した。このことが自国の力と将来についての楽観ムードをもたらした。これは第一次世界大戦のときはなかったことだ。

トルーマン大統領率いる連邦政府は、ハーディング大統領よりも経済の健全化を重視し、税金や高金利によって財政収支を無理に合わせようとはしなかった。超過利潤税も、終戦を待たずに廃止された。ＦＲＢは協力的で、価格統制もなくなった。ＣＰＩ（消費者物価指数）が急騰して、議会が価格統制を復活させたが、トルーマンは拒否権を行使した。そして何よりも、長く続いた不況と戦争によって、消費者の抑圧された需要はたまりにたまっていた。国民が長年貯蓄を強いられてきたことと、ＦＲＢが進めてきた信用拡大が消費財ブームをあと押しした。

とはいえ、第一次世界大戦後と同じ問題がまったくなかったわけではない。一九四五年八月から一九四七年七月には、二〇〇〇万人以上の兵士と軍用機器の製造に携わっていた人たちが失職していた（ウォルター・キッドも一時期その一人だった）。また、軍事支出も一九四四年のピーク時の一〇〇〇億ドル（ＧＤＰの四五％）から一九四六年には二四〇億ドル（ＧＤＰの九％）に急落した。

失業者は、戦後経済の明るい先行きを期待する楽観的な会社に採用されていった。一九四六年末の失業率は約四％で、これはインフレなき景気拡大のなかでは低い数字だった。

自由市場は戦後目覚ましく進展し、プライスや多くの経済学者を驚かせた。例えば、自動車メーカーは戦車や戦闘機を製造していた工場を素早く自動車の生産ラインに戻し、一九四六年と一九四七年は一九四一年から倉庫に保管していた金型や部品を使って自動車を製造した。財政支出が減ると、防衛産業の業者は打撃を受けたが、市場に出回るようになった資源が戦後の消費財のブームをあと押しした。個人消費の伸びによって、アメリカのＧＤＰは戦後から二〇年間、力強く上昇していった。

プライスは「一九四五年二月以降の予測」（一九四五年二月）のなかで、アメリカが孤立主義を続けることはもうできないと書いている。「世界情勢の長期的な動向は国際化である。現代の通信と航空輸送によって、すべての国が社会や政治や経済の意識を共有するコミュニティーの隣人とならざるを得なくなる。国策としての孤立主義は非現実的である。……他国はアメリカの動きを見ている。そして、アメリカ政府が世界のリーダーとしての責任を自覚し、復興に尽力する準備ができたと納得するまでは経済の国際化に協力する可能性は低い」。そして、転換期の初期は他国に資本を提供してアメリカ製品を買えるようにすべきだと書いている。

一九四八年、まるでプライスの提言に従ったかのように、トルーマン大統領はマーシャルプランに署名した。これは第二次世界大戦で被災したヨーロッパの復興を援助する計画で、提案者で当時の陸軍参謀総長だったジョージ・C・マーシャルの名前が付けられた。アメリカは一九四八年から一九五二年にかけて総額で一二〇億ドルを供与した。これはアメリカの一九四八年のGDPがわずか一五八〇億ドルだったことを考えると大金だった。一九四七年六月五日にハーバード大学の卒業式で講演したマーシャルは、「アメリカが健全な世界経済を復活させるためにできるかぎり援助することは理にかなっている。それをしなければ、政治を安定させることも平和を保障することもできない」と述べた。プライスも心から同意したに違いない。

マーシャルプランは実際に、ヨーロッパ復興の触媒の役割を果たしただけでなく、アメリカ経済もその恩恵を受けた。主要国のなかで唯一、生産施設の損傷を免れたアメリカは、マーシャルプランに必要な製品の生産力と天然資源を持っていた。マーシャルは、歴史的にヨーロッパ経済の牽引役だったドイツに、大きな政治的制限を付けつつも、資金を供給する必要性を認識していた。一九四八年までにドイツが受け取った援助額はごくわずかで、国民は飢えていた。ルーズベルト政権のヘンリー・モーゲンソウ財務長官など一部の有力者は、ドイツを農業国に戻すことまで主張した。この理由は理解されたものの、結局、ドイツもマーシャルプランの援助を受けることになった。

このプランは、人工的な貿易障壁を減らしてヨーロッパを活気づけ、協力を促すもので、それがのちのEU（欧州連合）の設立につながった。このような経済的にも政治的にも大きな力が働いていたこの時期は、投資家が株に投資するには非常に良い時期だった。戦争初期には閉鎖の淵にあったプライスの会社も、好調だった。市場が上昇していたことと、いくつか新規口座が増えたことで、収益は一九四一年の一万六四四九ドルから一九四五年には四万八〇〇〇ドルに増えたと、キッドが五〇周年のインタビューで語っている。

この時期、プライスと妻のエレノアが情熱を注いでいた出来事があった。一九四五年一二月、一家はそれまで住んでいた家からほんの何ブロックか離れたウエンドーバーロード二一九番地の家に引っ越したのである。三七〇平米の新居はさらに立派で庭も大きく、子供たちが遊ぶにも、プライスが大事なバラを育てるにも、エレノアがガーデニングをするにも十分な広さがあった。

戦後にティー・ロウ・プライス・アンド・アソシエーツに新たに加わったのが、一九四五年末に入社したジョン・ラムジー・ジュニアだった。彼は、戦争中は海軍情報部に所属して太平洋上で複数の空母に搭乗していたが、日本が降伏した直後に名誉除隊になっていた。戦前はボルチモアで複数の小規模で質の高いブローカー会社で働いた経験があり、まさにプライスが求めていた人材だった。当時、ティー・ロウ・プライスの創業者にボルチモア社交界の上層部とのつながりはなかったが、ラムジーはその有力なメンバーとして、ボルチモアの多くの高名な企業幹部と面識があった。彼の父親のジョン・ラムジー・シニアは長年、ナショナル・メカニクス銀行の頭取を務め、マーチャント・ナショナル銀行と合併後は副頭取兼取締役会議長を務めた。ラムジー本人は私立のギルマン・スクールを出て

1945年に副社長として入社したジョン・B・ラムジー（TRPアーカイブス）

プリンストン大学ではフットボール選手として活躍し、ルームメートだったボルチモア出身の数人は、のちに同市の有力なビジネスマンになった。彼は活発で、ボルチモアのバチェラース・コティリオンにも積極的に参加していた。この団体は毎年市の社交界に正式にデビューする娘たちのための舞踏会を開催していた。彼は、キッドやシェーファーよりも年上だったが、三人の創業者をうまく補う存在となり、地元で会社のイメージと名声を高めることに大きく貢献した。また、彼自身の要望で、給与は歩合制になっていた。彼は地元で数人の優秀な若者の採用にもかかわり、彼らはのちに社内で重要な地位を占めるようになった。

ウォルター・キッドは一九四六年の初めに四年間の兵役期間を過ごしたライトパターソン空軍基地から戻った。そして、その数カ月後に、初期の幹部の最後の一人であるローリング・コバーが入社した。彼は、リサーチアナリスト兼カウンセラー（クライアントマネジャー）として加わり、何人かの投資家を連れてきた。コバーもプリンストン大学出身で、戦争中はボルチモアのベンディックスで働いていた。彼も初期の給与は、ラムジーと同様に彼が取ってきた口座の手数料に基づいていた。

一九四六年三月、三人の創業者は新しいパートナー契約を結んだ。キッドは戦争中に不在で、その間シェーファーとプライスが会社を運営していたため、パートナーシップの持ち分を調整する必要があった（五〇周年インタビューより）。最初、キッドは五％を提示されたが、彼が猛反対したのは想像に難くない。結局、プライスもシェーファーもキッドが会社にとってとてつもなく重要だということを認め、リサーチ部門の大部分をローリングの助けを借りて任せることになった。また、財務部門と事務部門も彼が統括することになり（マリー・ウォルパーが喜んで明け渡した）、結局、彼はまた三つの帽子を被ることになった。プライスとシェーファーにとって、キッドは戦争前に七年以上も苦労をともにした仲間であり、最終的には八〇・一〇・一〇の持ち分で合意した。

会社は一九四七年一月二日に法人化された。最初の取締役会の議事録によると、取締役会はライト・ストリートの本社で行われ、取締役には三人の創業者とともにエレノアも名を連ねていた。会社が苦しかったときにエレノアが会社に一万ドルを貸し、まだ返済されていなかったのだ。夫婦で五〇％の決議権を持っているためプライスの地位は安定しており、彼自身も引き続きこの会社を率いていくつもりでいた。シェーファーは新会社の九九株を受け取り、キッドは九〇〇株を得た。新会社の所有割合の交渉は、最後までもつれたに違いない。年収は、プライスが一万二〇〇〇ドル、副社長になったキッドとシェーファーは六〇〇〇ドルに決まった。ラムジーとコバーも副社長に就任し、三六〇〇ドルと担当顧客の手数料の五〇％を受け取ることになった。

株を受け取った社員はあと三人いた。マリー・ウォルパーとイザベラ・クレイグ、そしてシェーファーの下でアシスタントカウンセラーをしていたドロシー・クラッグである。クラッグは一九四三年にクレイグが戦争支援でグレン・L・マーティンに移ったときに入社した。プライスは、経営陣が株主と同じ目標を持つために、相当数の株を保有すべきだという強い考えを持っていた。一九七四年一二月に社員向けに発行された「ティー・ロウ・プライス・ストーリー」にも書いてあるように、彼は「ティー・ロウ・プライス・アンド・アソシエーツのようにサービスを提供する人の知識と判断力と誠実さが頼りのサービス業では、そこに携わる人たちに会社の持ち分を提供する」ことが大事だと考えていた。そのため、一九四七年に法人化してからは、年末のボーナスとして株が渡されるようになった。

株主となった社員たちは、真のチームメンバーとして会社の利益や成長に関心を持つようになった。

プライスの言葉を借りると、「事業で成功するためには、誠実さとプロ意識と革新的な考え方という評価を得ることがカギとなる」。彼は、最高の品格を持った会社を作るという信念の下、社員は「誠実さと公正さと忠実さ」を基準に採用した。そして、「わが社のような会社の成功は人材にかかっている。私たちが持てる最も重要な資産は信用である。ただ、これは構築するのは大変だが、なくすのは簡単だ。また、人柄と気配りと顧客を喜ばせたいという思いも欠かせない。……社員はそれぞれ自分の役割をきちんと果たすだけでなく、チームワークを通じて成功を目指してほしい。同僚を犠牲にして自己の利益を追求してはならない。……チームのメンバーは、良い結果を上げて社会の信用を得ることを心から願って仕事をしてほしい」と書いている。彼は平均的な給与しか約束していなかったが、仕事がうまくいけば年末にボーナスを支払った。つまり、個人の収入は会社の成長とともに増えていき、持ち株の価値が上がればさらに増えるようになっていった。

プライスが顧客の満足と良好な意思疎通と優れた長期パフォーマンスに注力する姿勢は、戦後少しずつ潜在顧客に知られるようになっていった。今日でも、知識のある投資家にティー・ロウ・プライスを一言で表現してほしいと問えば、おそらく「誠実さ」という答えが返ってくるだろう。

一九四九年、会社は大きなハードルを越えた。初めて黒字に転換し、すべての経費と給与を支払ったうえで一〇〇〇ドルの利益を計上したのだ。これは、それまでの四年間、ほとんど動きがなかった株式市場が上がったおかげでもあった。これは小さな会社にとって、その後の成否を分ける大きな出来事だった。赤字が続いていれば将来はどうなるか分からないが、黒字になれば会社を存続し、成長させることができるからだ。

プライスは、一九四一年七月にボルチモア郡の小さな農場を買った。戦後、このことについて聞かれた彼は、インフレを恐れて資産の一部を土地で所有することにしたと答えている。しかし、私がティー・ロウ・プライスで働いていたときにシェーファーから聞いたところでは、本当の理由は世界大戦に急進していくなかで枢軸国が勝利するかもしれないという懸念を持っていたからだった。一九四〇年にフランスを初めとするヨーロッパの多くの国が敗れていくなかでは、多くの人が起こり得ることだと思っていた。シェーファーによると、「プライスは、もし戦争に負けたら、投資顧問の仕事は不要になると思っていた。そのときは家族と田舎に移ってそこで暮らしていくつもりだった」。農場で育ったシェーファーをパートナーとして、彼の家族の力も借りれば「野菜を育て、牛を飼って小さな事業ができる」と考えていたのだ。

農場は市内から北に約三〇キロ行ったところにある三二ヘクタールの木が多い土地で、敷地内には小川があった。プライスは納屋に横引きのこを保管していた。シェーファーの長男のピートによると、戦争中、シェーファーとプライスは仕事の手が空く水曜日や金曜日の午後によく農場に出かけ、たいていは大昔からあるピアスズ・プランテーションに寄ってサンドイッチを食べた。シェーファーによれば、彼らの「目的はビジネス上の話をすることで、牧場用の柵の支柱を切り出すなどしながら」遠出を楽しんだ。ただ、プライスはのこがどうしてもうまく使えず支柱作りはあまりはかどらなかったようだが、それでも農場にかかわるいくつかの問題を片づけていった。実はキッドも一度だけ農場を訪れたことがあるが、車がぬかるみにはまり、そのあと二度と来

農場の「特注」の切り株に腰かけるプライス（チャーリー・シェーファー撮影。TRP アーカイブス）

ることはなかった。

ときどき行われたこの午後の話し合いが、のちに年に一度の計画会議につながった。一回目の会議は会社がまだ小さかった一九五八年末に、ペンシルベニア州の山沿いにあるイーグルスメアに夏用の家を借りて行われた。この集まりは、みんなで景色を楽しみ、おいしいものを食べる以外にこれと言ってすることはなかった。しかし、一九六〇年代半ばになると会議はより正式なものになり、議題が準備され、課題が割り当てられるようになった。会社の利益が増えてくると、会議はベッドフォードスプリングスやニュージャージー州沿岸のシービュー・カントリークラブや、バージニア州ホットスプリングスのホームステッド（高級リゾート）などで行われるようになった。これには専門職員全員が招待され、イベントごとに相当数の若手社員がプロジェクトや会社の将来について討論した。これは、幹部やベテランと若手が大いに交流できる場でもあった。幹部として出席したプライス、シエーファー、キッド、ラムジー、そしてのちにはエドワード・カークブライド・ミラー（通称、カーク）は、全員後ろに座って発表や資料を見ていた。それ以外の参加者は若手で、彼らがイベントから話し合いの準備まですべてを企画した。ここではビジネス以外に、テニスやゴルフの試合も行われ、そのときは部門が違う人たちを注意深く組み合わせていた。ま

1960年代初めにシービュー・カントリークラブで行われた計画会議（TRPアーカイブス）

た、全員相部屋で、そこでの交流が素晴らしい創造力を生み出した。

夕食が終わると、たいていは卓球の試合が行われ、これも盛り上がった。大勢の集まりではいつも静かなプライスも、このときだけは遅くまでくつろいでよく笑っていた。彼はみんなで過ごして、若い人たちから知的刺激を受けることをいつも楽しんでいた。

話はそれるが、当時、社内で石油アナリストをしていたロバート・E・ホール（通称、ボブ、のちのニュー・エラ・ファンドの投資委員会会長で、その後はグロース・ストック・ファンドの社長兼会長）が、数人の若手社員とともにプライスのウエンドーバーロードの自宅に夕食に招かれたときのことを話してくれた。食事のあと、若手社員たちはプライスの書斎に集まり、エレノアは妻たちと居間ですごした。プライスは書斎のドアを閉めると、「君たちに三つのアドバイスをしたい。賢い女性と結婚すること、これはもうできていることが今日分かった。若い人とかかわり続けること、彼らが付き合ってくれるかぎりだが。そして、健康管理に多少のお金をかけることだ」。このアドバイスは、考えれば考えるほど核心を突いているとホールは思ったという。

卓球の白熱した試合のあとは、ジョン・ラムジーが素晴らしいバリトンでみんなをリードして、一九二〇年代の歌やプリンストン大学時代の歌を歌った。私を含む数人は、最近のプリンストンの歌を歌うこともあったが、ラムジーはあくまで自分の時代の歌を歌い、最後には喝采を浴びた。そして、最高のアイデアは、いつも夕食後のこの時間に生まれた。歌が各々の遠慮を解き放つと、最も若い社員でも自由に考えを述べてよいという気分になった。会社が大きくなると社員も増え、このような集まりはチームワークとコミュニケーションを深めるためにますます重要になっていった。会議では、入社したばかりの人でもプライスやほかの幹部と自由に話すことができた。そうすることで、彼らは会社の特徴や考え方や会社の歴史や社員や会社を成功に導いた出来事について知ることができた。仲間意識はモラル形成に良い影響を及ぼし、みんなが会社の事業に参加している感覚を持ち、会社の方向性について、たとえ小さなことでも発言できる気持ちにした。

また男女平等が古くからの会社の方針だったので、このような社外でのイベントには男女に関係なく、すべての専門職の社員が招かれた。プライスは、職場での男女平等を早くから支持していた。この会社は、今でも性別に関係なく、個人の成果に基づいて評価し、競争力のある報酬を提示して高い能力を持つ人材を引き付け、積極的にあらゆる人を歓迎し、評価する多様で開放的な職場作りを進めている。

第3部

ボルチモアの賢人

第11章　新しいチャンス――投資信託、年金制度、そしてグロース・ストック・ファンドの発足（一九五〇～一九六〇年）

ほとんど偶然か、もしかしたら努力と忍耐を続けたことでなせる業かは分からないが、ティー・ロウ・プライス・アンド・アソシエーツは一九五〇年代初めに投資信託と年金制度という二つの大きな成長市場にかかわることになった。これらは会社の将来を牽引する主要な動力になっていく。

タイミングは完璧だった。グロース・ストック・ファンドの輝かしいパフォーマンスは、会社にとって最高の宣伝になった。もちろん、T・ロウ・プライスは投資信託のビジネスについて知っていたし、マキュベン・レッグで勤務していた一五年前には会社にすでに提案していた。しかし、その彼でさえ、それから一五年で政治と経済の大きな潮流がこの二つの業界の発展をあと押しし、彼の会社もその波に乗って大きく成長することになること

は想像していなかった

当時、ティー・ロウ・プライスのような会社がこれらの事業を行おうとすると、かなりの経費がかかった。リサーチ部門では、積極的に約二〇〇社の状況を把握しておくために、少なくとも五～六人のアナリストが必要だった。バックオフィスでは、必要な事務処理を行い、当局への必要書類を準備し、会計処理を行い、顧客とファンドのポートフォリオを記録していくための有能な担当者が欠かせなかった。顧客と直接話をするカウンセラー（クライアントマネジャー）のチームには、十分な訓練と経験を積んだアシスタントカウンセラーの強力な支援が必要だった。数人いる上席カウンセラーは、投資判断を下し、重要な顧客に直接対応するので手いっぱいだったからだ。

リサーチ部門は、ティー・ロウ・プライスの投資の基本であるダイナミックで経営のしっかりした成長企業を提案し、その企業を注意深く観察して、適切な売りや買いの提案をしていた。カウンセラーは、この推奨銘柄をポートフォリオや顧客の需要に合わせ、必要なときには調整していた。このような作業には経費がかかる反面、利益は非常に少なかったが、それが変わろうとしていた。

ティー・ロウ・プライスには、今日でも多くの金融機関に君臨しているような「スター」

はおらず、みんながチームの一員として協力していた。給与についても同じで、職種によっての大きな違いはなかった。ただし、優れた成績を上げた者には、少し多めのボーナスと、多めの自社株を買うチャンスが与えられた。アナリストやカウンセラーは経験を積み、より大きなポートフォリオを管理できるようになるほど価値が上がるため、給与は年功序列になっていた。職種による給与の違いは当然あったが、関心や能力に応じて昇進を目指すチャンスがすべての社員に与えられていた。カウンセラーの報酬がアナリストや事務職員よりも高いことについては、キッドがいつもアナリスト候補の社員たちに、「どこの会社でも、一番給与が高いのはだいたい営業マンだ」と言っていた。

大恐慌で退職基金が破綻した記憶が強く残っていた一九五〇年以前までは、多くの会社が保険会社の年金保険を社員の退職金に充てていた。これならば、社員への支払いは保険会社によって保証されているため、保守的で安全だった。一部の会社は、年金制度を銀行や信託銀行に託し、安全性の高い国債や質の高い社債と、高配当の会社に投資していた。この分野は大手銀行と信託銀行が独占していた。

一九五〇年には、銀行と信託銀行が管理していた年金額を合わせると簿価で六五億ドルに上り、その市場価格は推定で八一億ドルになっていた。しかし、当時は含み益であるキャピタルゲインはすぐに消滅するかもしれないため、それを当てにするのは賢明ではないと考えられていた。そのため、会計処理には時価ではなく、簿価か原価が使われていた。

一九五〇年当時、年金制度で株式に投資していた会社は非常に少なかった。しかしこの年、GM（ゼネラルモーターズ）のチャールズ・E・ウイルソン社長がこの慣習を変える先陣を切った。年金基金の相当の割合を株式に投資することを提案したのだ。彼は、活気ある戦後経済のなかで、株式の優れた長期リターンを得られれば、会社は少ない資金で社員により高い退職金を支払えると考えた。ウイルソンの幅広くアメリカ経済に投資するという考えは当時としては革命的だったため急速に普及せず、最初に導入されたのは企業年金制度で、かなりあとになってから公務員の年金制度にも広がった。

著名な経営コンサルタントのピーター・ドラッカーは著書の『見えざる革命』（ダイヤモンド社）のなかで、この新しい方針は全体として非常に社員のためになったが、最初は年配の社員と若い社員の考え方にズレがあったと書いている。近いうちに年金を受け取る年配者は、債券や年金保険などのより安全で変動の少ない投資先を残すことを望んでいた。一方、若者は、ずっと先の受け取りまでに株価が大きく上昇するほうに賭けたいと思っていた。幸い、経済も株価も大きく落ち込むことなく二〇年以上上がり続けたため、結局、この方法はどちらの世代にとってもうまくいった。

ドラッカーによると、このプログラムは「会社の利益のなかの労働者の持ち分を可視化し、会社の株価が上がれば年金が増えるという事実を教えた」ことで労働者の会社や経営陣への闘争心が下がり、労働組合の幹部を落胆させた。長いブル相場のなかで株式市場が上昇していくと、多くの会社が年金保険をやめて、年金制度のかなりの割合を株式投資に回すようになった。年金制度はティー・ロウ・プライスのような投資顧問にとって急速に収益の柱になり、年金基金はそれから一〇年間で五倍以上の三三〇億ドルに拡大した。

プライスが亡くなる三年前の一九八〇年までに、年金の積立金は五〇〇〇億ドルを超え、そのうちの半分以上が株式に投資されていた。プライスが初めて企業年金ファンドを売り出したときのを比較すると、預かり資産は複利で一五％超という驚くべき成長率を記録していた。

トーマス・L・パーキンスは広い人脈を持つニューヨーク州の企業弁護士で、デューク基金の受託会社の会長や、デューク・パワー・カンパニーの取締役会会長、モルガン・ギャランティー・トラスト・カンパニーとJ・P・モルガン＆カンパニーのディレクター兼執行委員などを歴任した人物である。彼が、プライスのことを知り、その投資実績に感銘を受けた。当時、アメリカン・サイアナミッドの取締役で金融委員会のメンバーでもあった彼は、この会社にプライスを紹介した。アメリカン・サイアナミッドは、化学製品やプラスチック、医薬品などの大手メーカーで、当時は全額年金保険に投じていた年金基金の新しい投資運用方法を模索していた。結局、取締役会はGMに倣って相当額を株式に移行することに決め、一九五一年一〇月にティー・ロウ・プライスのみと契約を結んだ。ティー・ロウ・プライスにとっては、初めての大手企業の年金口座となった。

アメリカン・サイアナミッドの年金基金はその年末までに二二六〇万ドルに達し、その一・五％を株に投資していた。プライスは、彼が妥当な水準と考える株価で株を大量に買っていった。この基金は一九五四年一二月には、値上がりと現金収入で四〇〇〇万ドルに達した。会社の運用資産が四〇〇〇万ドルになるまでには一五年かかったが、この一つの口座がわずか五年後にはその四倍になった。

パーキンスの父親のウィリアム・R・パーキンス判事は、ジェームス・ブキャナン・デューークの弁護士で、遺言執行人も務めていた。デュークは、タバコ事業や水力発電で、アメリカで最も大きな資産を成した一人だった。デュークが亡くなるとパーキンス判事は遺産の受託者になり、その後は息子のトーマス・パーキンスがその地位を引き継いだ。このなかには、デューク基金とデューク大学基金の評議員会長職や、デューク電力の取締役会会長職などが含まれていた。これらの基金は、アメリカン・サイアナミッドの年金口座の高いパフォーマンスを見て、一九六〇年代にティー・ロウ・プライスに口座を開設した。そのあと、デュークの一人娘で、当時、世界一の金持ち女性と言われていたドリス・デュークも顧客になった。株式市場が上昇して、成長株が市場を上回るパフォーマンスを上げているタイミングでこれらの大口口座が加わったことは、会社がボルチモア以外にも拡大する大きなきっかけとなった。

ティー・ロウ・プライスの投資信託事業を大きく発展させたグロース・ストック・ファンドを作るというアイデアは、もしかしたら次のようにして生まれたのかもしれない。私はボブ・ホールと秋の晴れた日にピアスズ・レストランとプライスの農場に出かけ、小川のほとりに座って想像してみた。

一九四九年一〇月の晴れたある日、シェーファーはプライスの部屋の外で陣取るマリー・ウォルパーの席に歩いていった。

「彼はいるかい」と聞くと、ウォルパーは「いますよ。六時ごろ出社して、顧客向けの新しい投資速報を書いています」と答えた。

シェーファーは大きなオーク材のドアを軽くノックすると、なかから「入って」という声が聞こえた。シェーファーはドアを開けて薄暗い部屋をのぞいて言った。「ロウ、水曜日ですよ」（古くからの友人で幹部でもあるシェーファーは、プライスをファーストネームで呼ぶ数少ない一人だった）。「農場に行って柵の支柱を何本か切ってきましょう」

プライスは、「いいね。脳細胞を活性化するには、たぶんそれが一番だ」と答えた。二人は、プライスが買ったばかりの水色のビュイック（前の車は終戦時に壊れた）でチャールズ・ストリートを北上してボルチモア郡に向かった。「ピアスズで腹ごしらえをしたほうがいいかな」とプライスが聞いた。

一時間後、市内の渋滞を抜けてボルチモア郡の晩秋の景色を眺めながら、二人はピアスズ・レストランの砂利を敷いた車寄せに入っていった。プライスは、ロックレーベン貯水池が見えるデッキ席に座った。木々はすでに赤や黄色に紅葉し始めており、それが水面に映っていた。芝に残った水滴は太陽光で温められ、心地良い新鮮な空気を送り出していた。シェーファーが、ライ麦パンとローストビーフのサンドイッチを運んできた。マスタードともぎたてトマトとレタスも添えてある。

シェーファーが、「わざわざキッチンを開けてくれたレークさん（オーナー）に支払いをしないと。ロビーで二〇ドルの小切手を現金化してきたから、お金は持っています」

「支払うお金があるのはいいことだ。前にウォルターが昼食代を持っていなかったときのことを覚えているかい。あのときは、三人でお金をかき集めてやっと三ドルの請求書を支払うことができた」

プライスは真面目な顔をして、「チャーリー、昨年黒字になって、みんなに給与を全額支払うことができたことは本当にうれしいよ。会社はもう大丈夫だ。あとは前進するのみだ」

ピアスズを出てさらに進むと、道が細くなり、路上の穴が増えてきた。戦争中にできた穴を全部修理できていないのだ。プライスは、新しい車が大きな穴にかかって車が跳ねるたびにうめき声をあげた。二人はキャロル・マナー・ロード脇の空き地に車を止め、歩いて林に入っていった。古い葉と湿った地面の匂いがした。そこからすぐのところに、雨風にさらされた納屋があり、そこからシェーファーが十分に油をさした横引きのこを出してきた。

プライスはあまりやる気がなさそうにのこのハンドルを持った。「ロウ、あなたは金融の

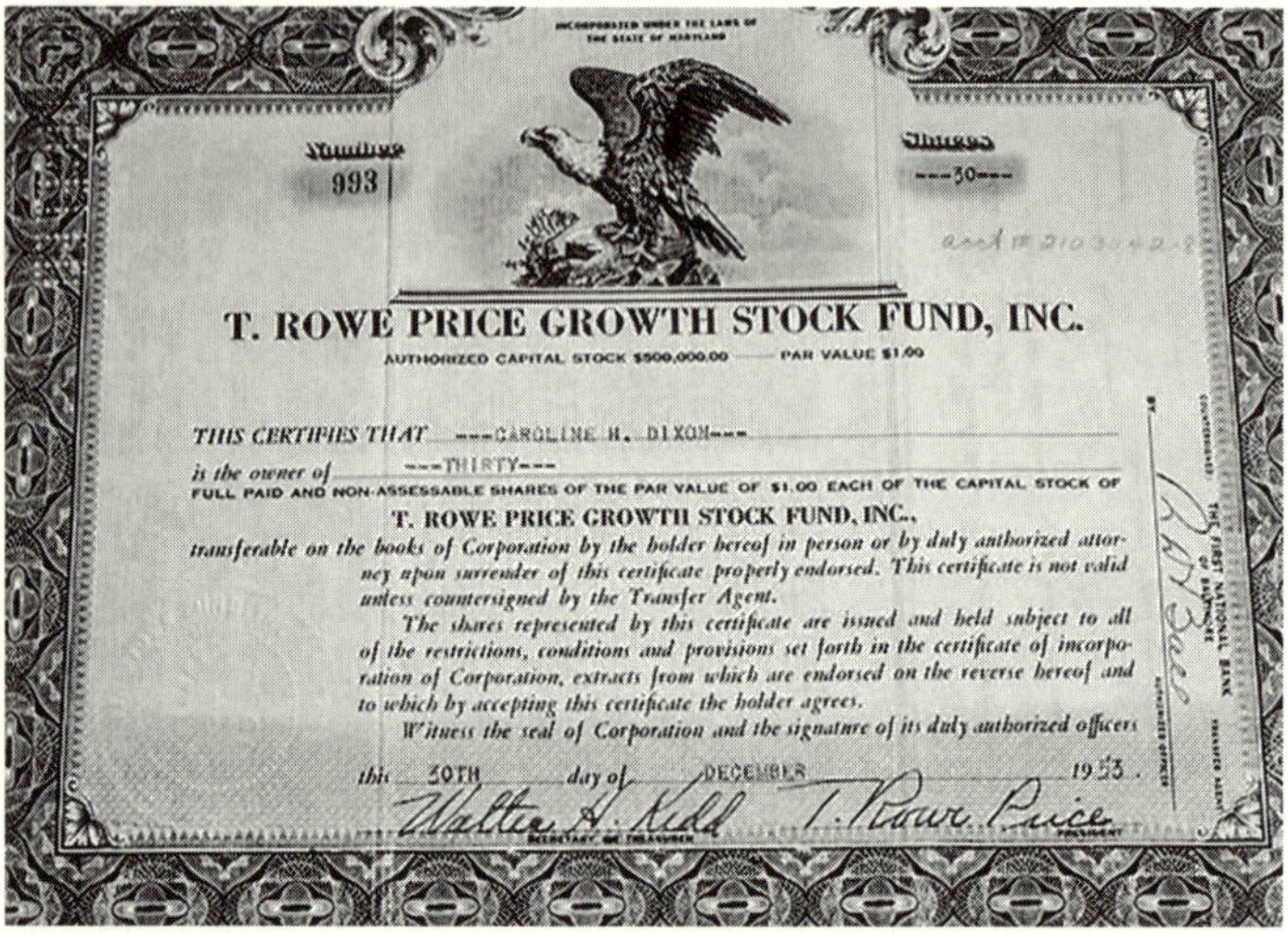
INCORPORATED UNDER THE LAWS OF THE STATE OF MARYLAND
Number 993
Shares ---30---
T. ROWE PRICE GROWTH STOCK FUND, INC.
AUTHORIZED CAPITAL STOCK $500,000.00 —— PAR VALUE $1.00
THIS CERTIFIES THAT ---CAROLINE H. DIXON---
is the owner of ---THIRTY---
FULL PAID AND NON-ASSESSABLE SHARES OF THE PAR VALUE OF $1.00 EACH OF THE CAPITAL STOCK OF
T. ROWE PRICE GROWTH STOCK FUND, INC.,
transferable on the books of Corporation by the holder hereof in person or by duly authorized attorney upon surrender of this certificate properly endorsed. This certificate is not valid unless countersigned by the Transfer Agent.
The shares represented by this certificate are issued and held subject to all of the restrictions, conditions and provisions set forth in the certificate of incorporation of Corporation, extracts from which are endorsed on the reverse hereof and to which by accepting this certificate the holder agrees.
Witness the seal of Corporation and the signature of its duly authorized officers
this 30TH day of DECEMBER 1953.
SECRETARY OR TREASURER PRESIDENT
COUNTERSIGNED: THE FIRST NATIONAL BANK OF BALTIMORE TRANSFER AGENT
BY AUTHORIZED OFFICER

初めて販売した成長株ファンドの証書（TRPアーカイブス）

世界では天才かもしれないけれど、ここは農場育ちの私に任せてください。大変かもしれませんが、私の言うとおりにしてください」

「分かったよ。操縦席をしばらく君に明け渡そう」とプライスは笑顔で言った。

二人は牧場用の柵の支柱を新たに七本切り出し、柵の近くに積み重ねた。それから二人はそれぞれの身長に合わせて切り出した切り株に腰をかけた。プライスは、「ウォルター（キッド）が言っていた顧客の子供向けのユニット型投資信託というアイデアについてどう思うかい」と尋ねた。

シェーファーは、「彼は、このプロジェ

クトを提案する前から徹底的に調べていましたよ。ただ、当局の監視下で行うには少し複雑な商品なのと、会社としてスキルが少し足りないように思います」

「そのとおりだ、チャーリー。ＳＥＣ（証券取引委員会）の新しい規則や規制を考えると、今までとは少し話が違う。ただ、何とかしなければならない問題でもある。ＵＧＭＡ（未成年者への贈与に関する統一州法）ができて以来、顧客からは子供のお金を扱ってくれという要望が多くなっている。今朝はジェフ・ミラーから電話があって、クリスマスに息子に大学の学費として贈与した五〇〇ドルを運用してくれと言われたよ。でも、このような少額の資金をほかと同じように運用したら損失が出てしまうから、何か仕組みを考える必要がある。それに、もう何年も前の話で君が覚えているかどうかは分からないけれど、レッグで私自身もファンドを提案したことがあるんだ。もちろん、レッグにもほかのパートナーたちにも却下されたけどね」

「覚えてますよ。ロウ。ウォルターにやらせてみるべきかもしれません。うまくいかなければ、いつでもやめられますから」

「よし決まった」とプライスは言った。

こうして新しいティー・ロウ・プライス・グロース・ストック・ファンドが生まれた。キッドはすぐに複雑な書類の準備に入り、自ら記入して直接SECと交渉した。プライスはすぐにやっかいなお役所仕事にイライラしていたが、キッドは彼らしい几帳面さで問題を一つずつ完璧に解決し、すべての問題を片づけていった。彼は、投資信託を設定するのに通常かかる膨大な弁護士費用を節約するため、すべての法的規則や規制を自分で勉強し、わずか六〇〇〇ドルの費用でグロース・ストック・ファンドを立ち上げた。

プライスの「失われた」日記によると、ファンドが発足して最初の取締役会が一九五〇年四月一三日に開かれた。公開目論見書によって、取締役は全員、ファンドの株を所有することになっていた。ファンドは、これが適していると思われる顧客への勧誘活動を行った結果、翌日の業務終了時までに二一人の顧客が購入を決めた。ただ、弁護士費用を節約したため、キッドはファンドの組成時には二五人までしか勧誘できないという点を見過ごしていた。それ以上の人数に勧誘していたのだ。幸い、キッドとプライスは、最初にファンドを登録したときに、SEC会長を表敬訪問していた。これが功を奏して、会長が再び面会してくれることになり、事情をすべて話すと会長は予定どおりの日程でファンドの登録を許可してくれた。

グロース・ストック・ファンドの運用は、設立当初から投資委員会制を採っていた。プライスは、委員会の初代会長になり、シェーファーとキッドとジョン・ラムジーが初代メンバーとなった。彼らは毎週金曜日の午後に、市内のマーチャント・クラブの個室で昼食をとりながら投資先の会社について議論し、売買の判断を下していた。注文は、委員（のちにはトレード責任者のオースティン・ジョージ）が黄色いメモ帳に記録していき、その日の午後に地元のブローカー数社に出された。委員会はほぼこのスケジュールを守り、週に一回以上集まることはほとんどなかった。

成長株投資の理論は、もともと長期運用を想定している。注意深く選んだ成長企業には、長い成長サイクルがある。プライスのポートフォリオモデルに三〇年以上組み込まれている株式と同様に、メルク、３Ｍ、ＩＢＭ、アボット・ラボラトリーなどは新しいファンドで長く運用された。これらの株は、トレードによって株式市場を出し抜くために常に観察しておく必要のない株だった。ただ、このなかのどれかが委員会が適正価格と考える水準を下回れば、指値で買い注文が出され、株価が適正価値を大幅に上回れば（この決定過程については第９章参照）、事前に決めた水準で売却した。グロース・ストック・ファンドの回転率（ポートフォリオ内で一年間に売買した株の価値をその年のポートフォリオの平均価値で割って算出）は低く保たれていた。ちなみに、多くの投資信託の回転率は多くが一〇〇％を超えており、これは一年以内にポートフォリオ全体が入れ替わっていることを意味している。この方法で成功しようと思うと、各銘柄を毎回正しいタイミングで売買しなければならないだけでなく、株式市場全体の方向性も正しく推測する必要がある。しかし、この競争の激しい世界で常にうまくタイミングを合わせていくのは極めて難しい。

プライスは若いころ大恐慌の初めに投資で大金を失ったとき、株式市場の方向性を推測するのはやめたと言っている。また、長い間、さまざまな試みが行われてきたが、株のトレードで長期間成功した人を知らないとも言っている。さらには、短期間に売買を繰り返すと取引手数料だけでなく、長期と短期の課税額も増えてしまう。これらのコストはファンドのパフォーマンスには反映されないが、顧客の資産には大きく影響する。ただ、彼は常に市場の短期スイングを予想しないよう助言する一方で、自身の口座の運用ではこのルールを守らないことも多かった。しかし、彼の日記を見ると、このような短期トレードの結果は自分の助言が正しいことを証明しただけだったと書いている。

投資信託（例えば、企業年金ファンド）は大きな収益が見込める分野で、長期的かつ大きなビジネスチャンスだった。毎年発行されるインベストメント・カンパニー・ファクトブックによると、グロース・ストック・ファンドが発売された一九五〇年からプライスが引退した前年の一九七〇年までの二〇年間で、投資信託業界の規模は二五億ドルから四七五億ドルへと二〇倍近く拡大した。そして、彼が亡くなった一九八三年には、株式の投資信託市場は二九三〇億ドルに達し、一九五〇～一九八三年の成長率は、年金基金よりも若干高い一六％（複利）に上った。

さらに、債券ファンドは株式ファンドや投資信託全体をはるかに上回る伸びを見せ、一九七〇～一九八三年で二一六〇億ドルという驚くべき水準に達した。プライスが債券部門を作るようにシェーファーに提案したことは正しかったのだ。このころのティー・ロウ・プライスは、一九八六年の目論見書に書かれていたとおり、株式だけでなく債券投資信託においても大きな存在になっていた。

グロース・ストック・ファンドは、最初は既存の顧客に向けたサービスとして始めたため、販売手数料は取っていなかった。そして、投資信託用の営業マンもいなかった。そのため、ティー・ロウ・プライスのファンドはノーロードファンドと呼ばれていた。ちなみに、営業マンが販売するいわゆるロードファンドの販売手数料は五％を超えていた。この手数料はたいてい最初に徴収されるため、顧客口座の実際の投資額を大きく減らしていた。

年金も投資信託も、資産の上昇とキャッシュフローで成長していく。投資信託のキャッシュフローは、新規顧客や既存顧客の加入と、配当とキャピタルゲインで、それはたいてい再投資に回された。今日、投資信託はたくさんある個人向け退職金制度の重要な部分を占めている。また、企業の社員が退職金を積み立てる主な手段は、大口の年金基金から個人の退職金口座に置き換わっている。

年金基金には、確定給付型と確定拠出型がある。確定給付型は、年金支給額が最初から決まっており、企業や政府機関は年金資産が事前に設定したレートで増えることを想定して、必要な退職金になるよう計算して積み立てている。ただ、残念ながら今日では多くの場合、この想定レートが過去一〇年の実際の金利よりもかなり高めになっている。多くの年金制度（特に州や地方自治体）で、積立額が支払額に満たないのである。もし目標リターンに達しなくて年金を支払うことができないと制度は破綻し、その自治体も二〇一三年七月のデトロイト市のように財政破綻することになる。また、民間の年金制度やそれを保証している企業が破産すると、年金給付保障公庫（特定の年金給付を行う連邦機関）が債務を引き継ぐが、給付額はたいていの年金制度よりも低くなる。

投資が目標額に達しないリスクがあり、その結果として多額の金銭的な義務が生じるため、多くの企業は確定拠出型年金制度に切り替えた。これは、企業や政府、そしてたいていは社員も「確定」金額を毎年拠出していく方法で、退職金の支払い額は決まっていない。これは、社員が雇用主の助けを借りて自らの年金を運用する責任を負う制度で、年金制度の「民主化」と呼ばれている。このような年金制度では、社員に投資先としていくつかの投資信託の選択肢が提示される。しかし、何千人もの社員の口座をそれぞれの目的や投資先に応じて管理するのは大変で、高額の洗練されたシステムを持つ大手の運用会社しかこのようなサービスを社内で提供することはできなかった。一部の地方自治体も、この民主化の波に乗ったが、民間ファンドに大きく後れをとっていた。しかし、一九七四年にまずＩＲＡ（個人退職勘定）が制定され、一九七八年には一九七八年内国歳入法によって四〇一ｋが制定された結果、個人の年金口座がＩＲＡに移行し、投資信託の売り上げを大きく押し上げた。一九五〇年を過ぎて投資信託と年金基金が大きく成長するという突然の幸運は、プライスの当初の計画にはなかったし、ある意味、急速な成長は歓迎していなかった。新規口座が急激に増え、大量の資金が流入するなかで、質の高いサービスと株式市場でのパフォーマンスを維持するのは非常に難しいからだ。

繰り返しになるが、プライスは長期の運用を目指していた。彼は、社内報（一九五一年九月二日）に次のように書いている。

「わが社の目的は、最高の人格と最も堅実な投資哲学という評価を得る中規模の投資顧問会社であることだ。社員も顧客も量ではなく質で選ぶことにしている。会社が生き残り、成長していくためには利益率の高い運営が不可欠だが、利益は、きちんとした仕事をして投資家からの信用を得ることができれば、自然についてくる」

このような目標には称賛を送るしかない。そして、プライスを知る人はみんな、彼が心からこう言っていることを理解している。

ウォルター・キッドによると、プライスは大学教授のように「論文を書かなければ成功はない」と考えていた。このような考え方は、会社を作ってすぐのころに注意深く執筆した投資速報を使って定期的に顧客と話をしていたころにさかのぼる。ちなみに、この習慣は彼の死の直前まで続いた。プライスがボルチモア以外でも認められたいと思っていることは、社員みんなが知っていた。彼は、全国規模で仕事をしたかったのだ。そんなとき、バロンズ紙が一九三〇年代に書いた記事の続編として、成長株に関する一連の記事の執筆を依頼してきたことは渡りに船だった。最初の記事は、一九五〇年二月六日に「一九五〇年代の成長株を選ぶ」と題して掲載された。この記事も、まずは彼が定義する成長企業を紹介したが、それは前の記事から一一年間でさまざまなことが起こったにもかかわらず、変わっていなかった。次に、彼は一九三九年に発表した成長企業のリストを自己評価した。まず、「プレミア」クラスの四三社のうち、戦後の復興期に新高値を付けなかったのはわずか一社で、次のランクの絶対とは言えなかった二四社のなかでは三社がこの基準に達しなかった。一九三九年の成長株のポートフォリオモデルのうち、基準に達しなかった会社はわずか六％しかなかったのだ。また、このリストの会社の収益が三六五％上昇したのに対し、ダウ平均の構成企業の上昇率は一二九％だった。これは、一九三九年に顧客に約束した七五％の精度をはるかに上回っていた。ただ、戦後の記事では、次の一〇年間の打率は七五％近くになると予想していた。ただし、これも彼のいつものスタイルで、大げさではなく控えめな想定だった。

　彼が先の見通しとして重視していたことは、多少の変化はあったとしても、一九三九年から大きくは変わっていないと言っている。ただ、アメリカ企業の活動が世界中で展開するなかで、選択したアメリカ株のなかでも国際的な企業により注目していた。また、一九三〇年代に導入された社会主義的な政策や社会福祉制度が拡大するなかでは、ドルの購買力が下がり続け、インフレの影響を考慮すべきだとも予測していた。そこで、選んだのが価格を上げる力を持った成長企業だった。また、戦後の株式の選択においては、戦争中に研究開発が目覚ましく進んだ点も重視していた。

バロンズ紙の次の記事は同じ題で一九五〇年二月二〇日に掲載され、プライスは成長株の元々の定義を初めて修正した。彼はインフレについてますます懸念を深め、成長株の利益成長率について「景気循環のたびに最高利益が更新されるだけでなく」、利益成長率が「生活費の上昇率よりも高い」ことを追加した。

一九五一年一二月三一日、プライスはいい気分で日記に次のように書いている。

今年は、あらゆる点においてこれまでの仕事人生で最も成功した年だった。私の税引き前収入は、配当を含めて二万三〇〇〇ドルを超える見通しで、これは一九四九年の収入の二倍に近い。次は思い切って事務所を拡大しよう。チャーリー（シェーファー）の部門を二七階に移して社員を増やし、これまで以上の昇給を実現して、古い社員の給与が新人とほとんど変わらないという状況を脱したい。

ただ、一九五〇年代は、会社にとっては予想よりも厳しい時期となった。朝鮮戦争のさなかに超過利潤税が再び可決され、二つの世界大戦のときと同様、成長企業の利益に影響が及んだからだ。しかも、朝鮮戦争の影響で、景気も企業収益も伸びているのに株価の多くが低迷していた。年次報告書を見ると、彼が作ったファンドはどれも最初のうちは市場を下回っていた。彼はイラついて「もしファンドの資産が一〇〇〇万ドルに達したらクローズ型にする」と日記に書いたり、顧問委員会のメンバーに語ったりしたと言われている。これは、グロース・ストック・ファンドをクローズドエンドにする（新規資金を受け入れない）という意味である。そうすれば、SECの管轄下で一般的にトレードされている投資会社として組織され、ティー・ロウ・プライスが引き続き運用はしていくが、証券取引所に上場されてトレードされることになる。しかし、これは成長株で構成する主要な投資信託を構築するというプライスの夢をあきらめることでもある。幸い、市場は上昇に転じ、彼の脅しが実現することはなかった。

顧客であるアメリカン・サイアナミッドの年金口座を獲得すると、シニアカウンセラーが必要になり、一九五二年にカーク・ミラーが入社した。ミラーは、いわゆる「シニア」

カーク・ミラー（左）とジョン・ハノン（TRPアーカイブス）

としてプライスが雇った最後の人物だった。ただ、シニアと言っても彼はまだ三四歳だった。ミラーはボルチモアで生まれで、一九四一年にMIT（マサチューセッツ工科大学）を卒業すると、第二次世界大戦では海軍で士官として軍艦建造を監督し、一九五〇年にハーバード・ビジネス・スクールを卒業していた。

シニアと呼ばれる社員にはそれぞれ、会社が長年重視し、顧客にとって重要な収入源となってきた成長株のなかでお気に入りがあった。プライスの場合はそれがデュポンやメルクだった。シエーファーはIBMの支持者で、CE

〇のトーマス・ワトソンと一時間の約束で訪問したのに、結局、一日中話し込んで長年の友人になった。キッドは一九三〇年代末に3Mの社長のウィリアム・L・マクナイトを訪問して、この会社にほれ込んだ。彼曰く、3Mはボルチモアのオフィスに戻る前に推奨を出した唯一の会社だった。

ミラーにとってはそれがエイボン・プロダクツで、これはインターナショナル・ペーパー紙と合併したばかりのボルチモア・プレス紙の幹部だった顧客を通じて知った会社だった。この顧客はミラーに、エイボンの段ボール紙の使用量が急速に増えているから「調べてみるべき」だと教えてくれた。そこで、キッドの下で分析を始め、一九五五年に顧客口座でこの株を買った。彼が入社して間もないころだった。一九六〇年一二月三一日付のグロース・ストック・ファンドの報告書を見ると、エイボンは一一万八〇〇〇ドルのコストで価値がすでに一二〇万ドルになっていた。この株はその後も力強く上昇し、次の一二年間で一〇倍になった。

ミラーの最初の仕事は、プライスとともにアメリカン・サイアナミッドとデュークを担当し、あといくつかの小口口座をカウンセラーとして担当することだった。彼とプライスは良いコンビだった。彼は頭脳明晰で、控えめで、テニスがうまく（プライスも相変わらずテニスを続けていた）、何よりも新しい刺激のある投資分野に強い関心を持っていた。そして、シェーファーと同様に、プライスと競うのではなく、常に補完し合っていた。

「ザ・ヒストリー・オブ・ティー・ロウ・プライス・アソシエーツ・インク」によると、一九五四年末には運用資産額が一億五二〇〇万ドルに達し、そのうちの四〇〇万ドルがグロース・ストック・ファンドに投資されていた。そして、一九五五年に会社はプライスの当初の目標を達成した。一九七四年一二月に書かれた「ザ・ティー・ロウ・プライス・ストーリー」には、専門社員が二八人、口座口数は三九九で、年間の手数料収入は三一万ドルと記されている。市場は力強く上昇し、成長株とグロース・ストック・ファンドはその先頭に立っていた。プライスが執筆したバロンズ紙の記事と、グロース・ストック・ファンドの価格が毎日新聞に掲載されて高いパフォーマンスが知られるようになったことで、ティー・ロウ・プライスは全国的に評価されるようになっていた。

一九五六年、会社は次世代の幹部の採用を始め、その一人目がカウンセラーとして入社したドナルド・E・ボウマンだった。彼は、ウィスコンシン大学を卒業したエコノミストで、海軍での勤務ののちも週末の予備役将校としての任務を続けていた。彼は海軍士官としての立場を真摯に受け止め、会社のなかでも常に礼儀正しく、みんなと簡単には打ち解けなかった。ただ、シェーファーとは馬が合い、のちにはプライスとシェーファーのあとを継いで三代目の社長として四年間務めた。

そして、この時期最も重要な新人が、一九五八年に入社したジョン・ハノンだった。彼はジョージア州にあるシーダータウンという小さな町の出身で、ワシントン・アンド・リー大学を優秀な成績で卒業したが、ビジネススクールには進まなかった。彼はアナリストというよりもアーティストで、数字の分析よりも直感で判断を下していた。彼は、新しい製品や技術によって、それまでとは違うやり方で世の中を変えていく小企業に魅了されていた。そして、これらの企業は、その過程で急成長していた。なかでも彼のお気に入りはハロイド・フォトグラフィック・カンパニー（一九五八年にハロイド・ゼロックス、一九六一年にゼロックス・コーポレーションに名称変更）と、独自のフィルム技術を確立したポラロイド・コーポレーションだった。一九六〇年一二月三一日までに、グロース・ストック・ファンドのハロイド・ゼロックスへの投資額は三〇〇万ドルを超えていたが、すでにコストの四倍を超えていた。顧客もさらに数百万ドルの利益を上げて喜んだ。ポラロイドもすぐにそれに続いて同様の結果を上げた。ハノンは文章もうまかった。会社が大きくなると、口頭での説明よりも報告書での分析のほうがより重要になっていった。

「ザ・ヒストリー・オブ・ティー・ロウ・プライス・アソシエーツ・インク」によると、一九六五年には運用資産額の合計が一〇億ドルを突破した。また、グロース・ストック・ファンドの顧問委員会への報告書（一九六六年八月五日付）には、この年、グロース・ストック・ファンドの資産額は一億九七〇〇万ドル、合計収益は一九〇万ドルに達したと記されている。そして、一九六六年の社員名簿を見ると、社員数は八九人になっていた。

一九七七年、フォーブス誌がプライスを「ボルチモアの賢人」と紹介した。今や、アメリカ人だけでなく世界中が彼の話に耳を傾け、信奉するようになっていた。

第12章 変遷期（一九六〇～一九六八年）

T・ロウ・プライスが次に小規模の成長株投資に注目したのは、防衛関連の研究開発に対する財政支出が加速度的に増えていたことが理由だった。特に、有人宇宙探査への支出は大きかった。一九五〇年代の消費者主導の景気によって、成長企業ファンドに組み込んだ大手の成長企業が業績を伸ばしていったように、防衛支出と新しい宇宙計画が小規模のテクノロジー企業をあと押ししていた。

一九六〇年は、プライスにとっても、会社にとっても、アメリカ人の多くにとっても良い年だった。初期のベビーブーム世代の人たちはすでに子供時代を過ぎており、ティーンエージャーになりつつあった。彼らは大恐慌や世界大戦を生き抜いた上の世代に問いかけたり、疑問を呈したりして答えを模索していた。

プライスが引退する何年か前から、アイゼンハワー大統領が優しくなったと感じる人たちがいた。共産主義の脅威が現実となりつつあり、冷戦はテクノロジーの戦いでもあった。一九四五年には、アメリカが世界で唯一の原子爆弾保有国だったが、ソ連も原子爆弾の製造ができるようになったころ、アメリカは一九五二年一一月一日に水爆実験を行い、エニウェトク環礁の一部を消失させた。この新兵器の出力は一〇メガトンを超え、長崎に投下された原子爆弾の五〇〇倍近い威力があった。そして、アメリカは一九七〇年代までにこの巨大爆弾を小型化して大陸間ミサイルの弾頭に装備できるようにした。一方のソ連も、一〇年ほどで大量破壊兵器の開発を進め、アメリカとの差はほんの二〜三年にまで迫っていた。

一九五七年、ソ連はある分野の技術開発でアメリカを出し抜いた。それがスプートニクの打ち上げである。直系五八センチの光る球体は地球の周りを楕円軌道で周回し、不吉な電波を発信した。これをラジオで聞いた世界中の人たちは、嫌な気分で空を眺めた。

アメリカは、突如として技術で世界をリードする存在ではなくなった。冷戦の最大の敵が、一つ上の科学的水準に到達したのである。スプートニクが頭上で電波を発信する技術の軍事利用の可能性はいくらでも想像できた。昔から、戦争では丘の上にいるほうがいつも優位に立ってきた。これに対抗してアメリカが行ったロケット打ち上げは、最初の二回が完全な失敗で、新大統領を祝うべく行った打ち上げも失敗に終わった。ジョン・F・ケネディが大統領選挙に勝利したすぐあとの一九六〇年一一月二一日に、一九五八年に設立されたNASA（アメリカ航空宇宙局）が若く国民に希望を持たせた新政権を祝おうと、人工衛星の打ち上げを報道陣に公開した。しかし、ロケットの燃料が燃え尽きると衛星は不自然な形で発射台に残っており、気の抜けた物体の周りには救済用のパラシュートが無様に広がっていた。そのあとも、新大統領は家族とホワイトハウスに引っ越した数カ月後の一九六一年四月一二日に、ソ連が初めての有人宇宙船を軌道に乗せた様子を目にすることになった。

その一カ月後、アメリカは宇宙飛行士のアラン・シェパードをカプセル型の宇宙船フリーダム7で宇宙に送り、ソ連に追いついたように見えた。これはソ連のロケットと比べてはるかに小さく単純なものだったが、アメリカは新大統領の下で宇宙開発競争に復帰した気分になった。一九五〇年代は両国が月を目指して技術開発にしのぎを削り、一九六一年にはケネディが「アメリカが最初に月に人間を到達させる」と宣言したことでさらに過熱した。

それでも一九六二年の経済の中心はまだ消費財の生産だったが、防衛支出は続いており、宇宙開発費の急増によって、今後数十年で相当額の科学技術の支出が経済に影響を及ぼすことは間違いなかった。アメリカのＧＤＰ（国内総生産）は、財政支出の増加によって一九五〇年代に五一％上昇し、一九六〇年代にはさらに加速して五六％増となった。

ティー・ロウ・プライス・アソシエーツの宣伝は、パフォーマンスの高さに感銘を受けた経済専門の新聞や雑誌が実質的に請け負っていた。ワイゼンバーガーがアメリカの株式投資信託で最高のパフォーマンスを上げた（資本成長率だけでなく最初の一〇年間の収入も）と評価したことが大いに報道され、ティー・ロウ・プライスもグロース・ストック・ファンドも大きな注目を集めた。一九五〇年代にまったく注目されていなかったのとは大違いだった。

こうなると、プライスがバロンズ紙でモデル口座のパフォーマンスを宣伝する必要はなくなった。高いパフォーマンスについては、他人が紹介したほうがむしろ信用された。家族口座で外部の監査を受けながら高いパフォーマンスを上げることも大事だが、この記録が毎日、新聞の金融面に載るほうが効果は絶大だった。グロース・ストック・ファンドは、顧客の子供の口座を管理するための方法として始めたものだったが、その素晴らしいパフォーマンスが広まると、ファンドを買いたい人と助言を求める新規顧客を呼び込むという大きな効果も生まれた。

一九六一年の初めに、六二歳のプライスは人生の目標を達成した。二四年間、金銭的に苦労したり、時には落ち込んだりしながらも、ついにアメリカで最高の投資家として認められるようになったのだ。このような尊敬を勝ち得ることは、彼にとって非常に重要なことだった。一九三九年に初めて成長株投資の理論をバロンズ紙で紹介したときの彼はほぼ無名だったが、一九六一年には投資にかかわっている人で彼を知らない人はいなくなっていた。

しかし、彼はまだ比較的若く、ほかにも実践してみたい理論があった。彼は、次のプロジェクトを考え始めた。ただ、会社が大きくなりすぎて、寂しさも感じていた。ウォルター・キッドは、「プライスは妻のエレノアを喜ばすためにパーティーを開いていたが、それでも付き合いを維持できる最低限の回数に抑えていた」と回想している。彼は世間話が得意でないし、バカ騒ぎは嫌いだった。私の経験では、彼が人との交流で最も楽しんでいたのは、刺激的な投資アイデアについて意見を交わすときで、特に若い人たちの発言に大きな興味を示していたように思う。

プライスは根っからの昔ながらの紳士で、常に背広とネクタイを着用し、たいていはにこやかにしていたが、不用意なウエーターがミスを犯せば三〇秒以内にそれを注意した。彼は、仕事に全力を注ぎ、みんなにも、どんな仕事でも同じことを求めたのだ。似たようなことは、軽率に人の悪口を言った社員の身にも起こることがあった。「みんな彼が少し怖かった」とキッドは言う。

一九六〇年、プライスはロウ・プライス・マネジメント・カンパニーを設立した。当初、これは彼の退職金を運用する小さな投資信託の管理会社になる計画だった。顧客の個人口座の管理は、彼にとってあまり面白みがなくなっていた。景気は循環的に上昇したり、下落したりするが、下落したときに顧客対応が多くなってストレスが高まるからだ。また、会社が急成長したことで、会社をうまく統制できていないと感じるようにもなっていた。彼は、ロウ・プライス・マネジメントに関するファイルを数個の大きな革製のブリーフケースに入れていつも持ち歩いていた。彼の執務室は、冬の六カ月間はフロリダ州のヒルスボロー・クラブになったり、夏の間はペンシルベニア州の山のなかのイーグルスメアになったり、クルーズ船や自宅の庭になったりした。ロウ・プライス・マネジメントのリサーチについては、当初は株のトレード手数料目当てのウォール街のアナリストの情報を使うつもりだった。また、自社の特定のアナリストによるリサーチや分析の報告書や情報も引き続き使うつもりだった。

一九六〇年、プライスは新会社の最初のファンドとして、正式にニュー・ホライズン・ファンドを発足させた。このファンドも成長株投資の理論に基づいて投資を行うが、小型株を投資対象としていた。投資の世界では、企業の規模は売り上げか時価総額（発行株数と現在の株価を掛け合わせた数字）で表されることが多い。小企業は、たいていはライフサイクルにおいて成長の初期段階にあるため、成長率が高いことが多い。売り上げが一〇〇〇万ドルの会社が新製品で売り上げを二〇〇〇万ドル伸ばして二〇％の増益を達成するほうが、売り上げが五〇〇〇万ドルの会社が一〇〇〇万ドル伸ばして二〇％の増益を達成するよりもはるかに簡単なのである。それに、人間は生まれた直後と高齢に達してからの死のリスクが高いが、それは企業も同じだ。ベンチャーキャピタル業界がまだなかった当時、ライフサイクル初期の小企業は、訓練も受けていなければ経験もない経営者が運営していることが多く、資本調達も難しかった。そのため、バランスシートも脆弱だった。

グロース・ストック・ファンドのよく知られたパフォーマンスにつられて、新しいファンドにも資金が集まり始めた。そして、その年末には資産価値が六〇〇万ドルを超えた。ニユー・ホライズン・ファンドが、プライスが書類を持ち歩いて運用するような小さなファンドでなくなることは明らかだった。それに、これらの企業についてウォール街から彼が必要とする質の高いリサーチを期待することはできないことも分かった。小型株は出来高が少なく、手数料も少ないため、ウォール街のアナリストの関心はさらに低かったのである。

私は一九六〇年一〇月に、二七歳のテクノロジーアナリストとしてこの会社に入社した。生まれはボルチモアだが、育ったのはテネシー州東部で、プリンストン大学では電気工学を学んで一九五六年に卒業した。ウェスティングハウスのいくつかの部署でエンジニアとして働いたのち、フレンドシップ・ナショナル空港（現在のボルチモア・ワシントン・インターナショナル・サーグッド・マーシャル空港）の空軍部門の製造工学研究所のマネジャーになった。ウェスティングハウスは、航空機用の高度な電子機器を製造していた。当時、私はジョンズ・ホプキンズ大学の夜学に通って経営管理を学んでいた（当時の定時制や夜学のプログラムはマッコイ大学で行われていた）。私が受けたコーポレートファイナンスのクラスを教えていたのがウォルター・キッドだった。

プライスがデュポンで感じていたように、私も企業投資への関心が電子工学や製造への興味よりもはるかに大きくなっていった。ちなみに、私の父も祖父も実物製品の製造で成功し、金融の仕事はあまり評価していなかった。私は授業のあと、キッドとよく投資ビジネスについて長いこと語り合った。彼の控えめな勧誘に、私のなかでウェスティングハウスを辞めてティー・ロウ・プライスで働くことへの興味がふくらんでいった。ただ、根っから慎重なキッドは、期末試験の採点を終えてから仕事をオファーした。私もプライスと同じように、自分の気持ちに従って選んだほうが最も満足のいく仕事ができるということを学んだ。ただ、楽しみと仕事を組み合わせたければ、チャンスが訪れたときにそこに飛び込まなければならない。私はあれ以来、後ろを振り返ったことはない。

一九六一年末に、私はカラン・W・ハービー・ジュニア（通称、カブ）を、ロウ・プライス・マネジメントで初めてのフルタイムのアナリスト候補としてプライスに紹介した。ハービーはボルチモア生まれの三二歳で、エール大学で工学を学んだあとは、小規模の技術系の会社で販売や販売管理の仕事をしていた。彼の話では、採用面接の前半はプライスの態度が固く、距離を感じたようだ。もしかしたらそれは前年のニュー・ホライズン・ファンドのパフォーマンスが低かったことを考えていたのかもしれない。ハービーがそれまでの仕事と将来への展望などについてありきたりな会話をしたあと、プライスは長いこと沈黙していた。ハービーは、意を決して「ミスター・プライス、あなたはどのような仕事をされているのですか」と聞くと、ハービー曰くプライスは凍り付いた。それからハービーを見て小さな笑みを浮かべると、二人は率直に話し合い、採用が決まった。

ニュー・ホライズン・ファンドの投資委員会の会合には、プライスとハービーのほかに、ジョン・ハノンを含む何人かのティー・ロウ・プライス・アンド・アソシエーツのアナリストも参加していた。光栄なことに、私も一九六一年後半から会合に参加させてもらうことになり、のちにロウ・プライス・マネジメントの副社長に就任した。ハービーはすぐにファンドの運用管理者兼主席アナリストとなり、のちには社長に就任した。その年の冬は、プライスがヒルスボロー・クラブに出発してもファンドはボルチモアに残った。ただし、書類を詰めたブリーフケースは速達郵便で何回も行き来していた。

今日、NASD（全米証券業協会）が運営し、ナスダックの名称で知られるコンピューター化された取引所は、何千銘柄もの株を扱うマーケットメーカーの気配値を提供している。そして、トレードのほとんどは人間を介することなく、コンピューター間で直接行われている。しかし、一九六〇年当時、小型株のトレードは、ほとんどが上場されている大型株のトレードよりもはるかに大変だった。小企業のトレードに関する主な情報源はいわゆる「ピンクシート」で、これはマーケットメーカーごとの買いと売りの気配値を銘柄ごとにピンク色の紙に記したリストだった。ただ、このシートは登録ブローカーのところにあり、顧客の手元にはなかった。小口投資家はブローカーを通じて売買しており、このシステムならば少数の株でも比較的簡単にトレードできたが、大手機関投資家にはそれができなかった。大口のトレードは、注意深く行わなければ、薄商いの市場を大きく歪ませることになるからだ。小型株の大口のトレードは、市場をよく知っていなければ執行することはできなかったのである。

小型株のトレードにおいて、優れたリサーチはさらに不可欠だった。もし小企業に大きな問題が生じると、薄商いの市場で大きな損失を避けるのは難しかったからだ。しかし、この投資はプライスが事前に決めた価格で、長期間かけてゆっくりと買い、同じように長期間かけてゆっくりと利食っていく手法にはぴったりと合っていた。ちなみに、一九六〇年代初めのティー・ロウ・プライスでうまくいっていたのは、グロース・ストック・ファンドとニュー・ホライズン・ファンドだけではなく、カウンセリング口座も高いパフォーマンスを上げていた。そうなると、アメリカ中の大手年金基金の運用責任者がボルチモアを訪れるようになった。

ティー・ロウ・プライスにおける次世代のプロの採用は、カウンセリング部門とリサーチ部門に一九六〇年から三年間で入社した六人から始まった。会社は、ニューヨークの新規顧客と既存顧客へのサービス向上のため、一九六二年にマンハッタンの中心部にあるロックフェラーセンターに事務所を構えた。これは、会社がボルチモアの会社から、全国的、のちには国際的な会社に変わっていく最初のステップだった。

また、本拠地のライト・ストリート一〇番地の事務所も手狭になっていた。一九三七年に創業したときはフロアの一部だったが、一九六二年には三つの階全部と、二つの階の一部を占めるようになっていた。そうなると、みんなが「縦の連絡」のためにかなりの時間をエレベーターのなかで過ごすことになり、効率的とは言えない状態だった。そこで、一九六三年に会社はワン・チャールズ・センターに移転し、全員が再び一つの階で仕事ができるようになったが、それも最初のうちだけだった。この移転で、プライスは二六年を過ごした自分の大きな部屋とボルチモアの歴史あるハーバー地区の景色と寒い冬の日に仕事をした暖炉前のスペースを手放した。

ワン・チャールズ・センターの建物は前のビルとは正反対だった。この一九六二年に建設された二三階建ての建物は、ルートヴィヒ・ミース・ファン・デル・ローエが設計したボルチモアで戦後初のモダンなオフィスビルで、外観はアルミとガラスで覆われていた。ここは、国内的にも評価された市中心部の再開発地区にあり、その再開発計画を指揮していたのはプライスの長年の友人で、グロース・ストック・ファンドの取締役やグレイター・ボルチモア・コミティーのメンバーでもあったジェフ・ミラーだった。

株式市場は不規則ながらも上昇を続けていた。一九六一年一二月、NYSE（ニューヨーク証券取引所）でダウ平均が史上最高値の七三五ドルを付けた。会社も順調で、プライスは景気についても前向きだったが、株価が収益と比較して高めになっていることが気になっていた。株価が上がると、成長株の配当率は長期債の利息を大きく下回るからで、それが歴史的に買われすぎの基準になっていた。しかし、一九六二年五月、株式市場が五〇％近く下落したことで、買われすぎの状況は急速に改善した。

ティー・ロウ・プライスが２番目に本社を置いたワン・チャールズ・センター（著者撮影）

このような下落は、チャート上は大

したことはないように見えるかもしれない（特にスイングが縮小されがちな対数チャートでは）。しかし、戦後最大の下落の厳しさに、私を含む若い経験不足の社員は不意を突かれた。しかも、社員の多くがレバレッジを掛けていたため、その分損失がふくらんだ。大恐慌の記憶が残っている銀行は、担保が貸した金額を十分に上回っていないときは容赦しなかった。多くの投資家が、銀行に担保を底値近くで清算されて資本の大部分を失った。

プライスが一九三九年に経験したように、私もこのベア相場で家を失いかけた。私は住宅ローンの高い金利を支払う代わりに、株を担保に入れていたのだ。幸いにも、私を将来の潜在顧客とみなしてくれた別の銀行によって救われ、流動性のない家も良い担保となった。この件は、私にとって忘れられない教訓になった。下落相場は間もなく終わったが、プライスは買ってから後悔している客のように、毎日廊下をうろうろして、私や入社したばかりの社員の部屋の前で神経質に立ち止まってはまた歩くということを繰り返していた。

ソ連のニキータ・フルシチョフ共産党第一書記は、ソ連のすぐ足元のトルコとイタリアにアメリカが弾道ミサイルを配備したことに危機感を抱き、核弾頭を搭載できる準中距離や中距離の弾道ミサイルを秘密裏にキューバに輸送しようとしていた。ここからであれば、近距離のアメリカ東海岸に向けてアメリカにさとられることなくミサイルを発射できる。一九六二年一〇月一六日にこれを察知したケネディ大統領は、一〇月二二日に海上封鎖を命令し、国民に向けた演説で「キューバから西半球に向けて発射された核ミサイルは、アメリカに対する攻撃とみなし、ソ連に対して報復措置を講じる」という方針を示した。在欧米陸軍を除いてアメリカ軍にデフコン3（デフコンは戦争への準備態勢のレベル）が発令された。一〇月二四日には戦略空軍（ＳＡＣ）にデフコン2が発令され、核攻撃直前までいった。マーティン・ウォーカー著『ザ・コールド・ウォー――ア・ヒストリー』（The Cold War：A History）には、当時、ロバート・マクナマラ国防長官の「これが私の最後の土曜日だと思った」という言葉が引用されている。このような破滅感は、両国の指導者たちが抱いていた。結局、フルシチョフが土壇場で譲歩して、ソ連のキューバへのミサイル配備とアメリカのトルコへのミサイル配備が撤回されると、市場は力強く上昇し、出来高も増えてベア相場が終わった。

のちにキューバ危機と呼ばれるようになったこの出来事から一年後、プライスは六五歳になり、健康に問題が出てきた。会社は拡大を続け、会社の幹部と意見が合わないことも出てきた。彼は、会社が小さかったころと同じような運営を続けたいと思っていたが、彼の日記を見ると、自分が「六〇～六五週間続けて働くことはもうできない」ことも分かっていた。会社が導入していく投資プロセスの変更には懸念を持ちつつも、自分に会社全体を運営していくエネルギーがもはやないことも自覚していたのだ。権限の一部をだれかに譲る時期が近づいていた。

というよりも、それはすでに起こりつつあった。会社が大きくなるにつれ、顧客口座の管理と同じように会社の経営も委員会による運営形態になっていたのだ。ウォルター・キッドは長年勤めたリサーチ部門を若い社員に任せて、会社全体の管理に専念するようになった。一九六三年の半ばには、専門職の社員が一五〇人を超え、プライスは名前が分からない社員が多くいることに動揺した。

ロウ・プライス・マネジメントを設立後、彼は次の段階への移行を決意した。一九六三年三月二九日、彼はティー・ロウ・プライスの取締役会で社長を辞任し、ロウ・プライス・マネジメントに集中することにした。社長を引き継ぐことになったチャーリー・シェーファーは、在職期間からも、自社株保有数からも、顧客対応の観点からも納得の選択だった。彼の外向的で親しみやすい性格は、大きい会社でも働きやすさを生み出していた。キッドは経営には興味がなく、ミラーは経営よりも投資への関心が強かった。

社長交代の主な理由は、プライスがニュー・ホライズン・ファンドにずっと満足していないことだった。株式市場は全体に上昇していたのに、ニュー・ホライズン・ファンドは違っていたのだ。彼は、このファンドにすべての時間を注ぎたいと思った。ティー・ロウ・プライスのなかで、このファンドは「ニュー・ホリゾンタル（水平）・ファンド」と呼ばれていた。グロース・ストック・ファンドも最初の三年間はほとんど上がらなかったが、ニュー・ホライズン・ファンドはそれよりも動きが悪かった。一九六二年のダウ平均は一％下げたが、一九六二年の年次報告書によると、ニュー・ホライズン・ファンドは二九％も下落していた。一九六二年半ばのプライスの日記には、ある重要な顧客がこのファンドばかりかカウンセリングサービスまで辞めそうなので、それを阻止するために全力を尽くしていることが一〇〇〇語以上を費やして書かれている。結局、この顧客は解約を思いとどまり、投資カウンセリングのサービスも続けることになったが、かなり危ないところだった。

一九六四年の初めになっても、ファンドのパフォーマンスは上がっておらず、プライスは本気で心配するようになった。彼の三月三一日の日記には、「ニュー・ホライズン・ファンドには大いに失望している。すべてが裏目に出ているように思える。科学系の株や自動販売機株はいまだに下げているし、スペシャルシチュエーションズのいくつかも下げ続けていて動きがとれない。……リサーチ部門は創造性が欠けていて、メンバーの多くを信頼できない。ただ、社員に対する悲観主義と酷評のどれくらいが高齢と不満によるもので、どれくらいが正当なものなのか判断がつかない。ただ、一つ明らかなのは、すべきことが多すぎる」。日記にはほかにも、昔、グロース・ストック・ファンドについて言っていたように、パフォーマンスが上がらなければ、一億ドルに達したところでクローズドエンド型に変えるなどとも書いてある。

プライスの正当性は一九六五年になってやっと証明された。ニュー・ホライズン・ファンドは急速に上昇し始め、この年はダウ平均の一〇％に対して四四％という爆発的な伸びを見せた。突如として高パフォーマンスのファンドになったのだ。新興のテクノロジー系の株の多くが高い伸びを見せ、一部の小売り系やサービス系の会社はそれをさらに上回った。例えば、新規株式公開直後に安く買ったウォルマート・インクは、その後の株式分割を含めると一株当たりのコストは八・六セントだった。そして、この株はわずか二年で一二倍以上に値上がりし、その後も何十年とさらに大きく上昇した。結局、ティー・ロウ・プライスはウォルトン家以外で最大株主の一社になった。ほかにも、初期に買ったオプティカル・スキャニング・コーポレーション、ミリポア・コーポレーション、H&R・ブロック・インク、エカード・コーポレーションなどがファンドのパフォーマンスの上昇に貢献した。大型の成長株も順調で、会社には再び大量の資金が流入し始めた。一九六五年、運用資産額はロウ・プライス・マネジメントを含めると一〇億ドルを超えていた。

しかし、新興株の市場が過熱しすぎたため、ニュー・ホライズン・ファンドは一九六七年一〇月一七日に販売を一時停止して、新規資金の受け入れを約三年間停止した。妥当な価格で投資できる株が見つからなくなっていたからだ。ちなみに、ファンドをクローズ型にすることは、当時の投資信託業界では前代未聞のことだった。投資信託会社が受け取る手数料は、資産運用額に基づいており、新規資金を受け入れなければファンドマネジャーの収入が伸びなくなるからだ。しかし、この措置は「顧客にとって最善なことに注力し続ければ、最後には報われる」というプライスの信念を実践しただけのことだった。

一九六〇年代に入って回復した景気は相変わらず順調だった。ケネディ大統領は、その言葉とは裏腹に実際の政策は保守的で、所得税の最高税率を九一％から六五％に引き下げるなどという提案もしていた。多くの人が、ケネディ大統領は世界に対してアメリカのイメージを上げようとしていると感じていた。一九五〇年代の好景気が広がるなかで、国民全体の収入が上がって黄金時代に発展していくと予想する人も出てきた。

しかし、すべてはダラスでケネディ大統領が暗殺されて終わりを告げた。後任のリンドン・B・ジョンソン大統領は、偉大な社会政策を掲げて左に大きく舵を切った。この政策の目玉の一つは、教育、福祉、高齢者対策、住宅、都市再生などの社会問題にかかわる財政支出を大幅に増やすことだった。プライスは、これを「ニューディール政策の延長」と呼んでいた。ジョンソン大統領は、NASAの宇宙計画も加速させ、すでに巨額になっていた政府の支出をさらに増加させた。

一九六四年の大統領選挙で勝利したジョンソンは、ベトナムのトンキン湾に二隻の駆逐艦を送り込んだ。駆逐艦マドックスは三隻の北ベトナム魚雷艇に攻撃された。マドックスに被害はなかったが、反撃してベトナムの駆逐艦一隻を撃破した。次に問題となった攻撃は八月四日で、この日はアメリカの二隻の駆逐艦が同時に発砲した。それでも、議会は「トンキン湾決議」を可決し、これは正式な宣戦布告をしなくても、実質的にジョンソン大統領が東南アジアで軍事力を行使できる権限を与えることになった。アメリカの軍事支出はそれから三年間で加速し、二一〇〇億ドル（二〇一八年の価値で一兆五七〇〇億ドル）に達した。当時の言い方で「大砲とバター」の両方に巨額を支出した結果、一九六八年度の財政赤字は平時としては史上最高の二五〇億ドル（二〇一八年の価値で一八一〇億ドル）に上った。

第13章 アメリカの新時代（一九六五～一九七一年）

　ベトナム戦争は国民から支持を得られず、支出は増え続け、制御不能になっていき、偉大な社会政策にも莫大な費用がかかるなかで、巨額の財政赤字が続いていた。T・ロウ・プライスの敏感なアンテナは、国の将来と株式市場の先行きに懸念を抱き、それがふくらんでいった。彼は、人間の性質が変わらないかぎり、人間が動かしている経済の歴史は繰り返すと考えていた。彼が一九三七年に書いたパンフレット「変化――投資家にとって唯一確かなこと」には、「社会と経済と政治は、人々の統制がとれていれば基本的にうまく流れていく」と書かれている。

　プライスは、戦後経済の好景気は、第一次世界大戦後の一九二〇年代と似ていると思っていた。今の好景気もいずれ終わるということだ。一九四七年に最大に達した金の備蓄量は、一九六六年までにほぼ消滅した。プライスは、「変化――投資家にとって唯一確かなことは、一九六六年版」（一九六六年六月一〇日）に、金の準備高は「第二次世界大戦前以降で最低水準になっている」と記している。

一九二九年に株式市場の暴落で不況に転じたのは、ウォール街や企業や個人や銀行がレバレッジをかけて株をトレードしていたからだと多くの人が思っていた。しかし、一九六〇年代半ばのケースについては、プライスは個人のメモに、第二次世界大戦が終わり、「消費者が、銀行やその他の金融機関が簡単に貸してくれる大量の資金で、株ではなく、家や自動車を購入したから」だとしている。消費者は大量のモノと大量の借金を抱え、それ以上買うことができなくなっていたのである。

プライスは、ヨーロッパの経済成長も鈍化していると指摘した。戦後、すべての先進工業国の景気は長い間拡大してきたが、行きすぎになっていることは明らかだった。これは、アメリカ史上最長の景気拡大だったにもかかわらず、インフレ率は低く抑えられている驚くべき状況だった。そして、一九四六～一九六六年の国民一人当たりの所得は、インフレ調整後で六〇％も上昇した。これは究極の資本主義であり、産業界では政府の介入がほとんどないときにのみ実現可能なことだった。

プライスが顧客宛てに書いた「懸念分野、一九六〇年一月二七日」では、一九六〇年のほかの変化は大したことはないとしている。「アメリカは、敵味方にかかわらず、各国の首都の再建に出資した。また、ノウハウと能力を提供して、効率的に大量生産ができる現代的な工場の建設も支援した。アメリカの企業は何十億ドルも支出して、世界の主要国に工場を建設したのだ。しかし、今では助けた相手と競合している」

彼は、多額の財政赤字と長い景気拡大後のインフレを心配し始めた。「長期展望」（一九六四年二月）と題した投資戦略の変更を告げる重要な文章のなかで、彼は「不景気になる前後にインフレがさらに進むことは避けられないと確信している……インフレの問題がなかった過去一〇年間にあまり注目されてこなかった石油や金属や木材などの天然資源の会社をより重視すべきだ」と書いている。そして、「懸念分野、一九六五年二月」には次のように書いている。「世界中の『持たざる人』を支援したり、共産主義の脅威から共産主義国でない人たちを守ったりすることができるほど強力な軍隊を持っている国は、アメリカを含めてない……ジョンソン大統領の偉大な社会政策は、私たちを社会主義にさらに近づけていく。これはより手厚い福祉だけでなく、業界へのさらなる規制と、政府によるさらなるお金の管理と、ドルの購買力のさらなる低下を意味している」

プライスは、相当な保守派だった。ニューディール政策に反対し、政府の規制に反発し、アメリカの力とリーダーシップを熱烈に支持していた。ただ、彼は現実主義者でもあり、政党に関係なく強硬派の方針が間違っていると思えば、非難した。

プライスは、自由世界での「ドル外交」でアメリカがリーダーシップをとれなかったことも非難した。彼は、「長期展望」（一九六四年二月）のなかで、「人でも国でも、友人を買うことはできない。友人ならば、相手（人でも国でも）の考えを理解し、互いに尊重し合わなければならない」。また、彼はアメリカがますますベトナムに深入りしていることを非常に懸念していた。人手と資源が大量に投入されて、費用も莫大になりかねないからだ。これは、まだこの戦争についてあまり知られていない時期のコメントである。彼は、規模も長さも予測できないベア相場が起こりつつあり、それは「第二次世界大戦後の下げを上回る厳しいものになる」可能性が高いと感じていた。

プライスは、国と経済と株式市場への懸念から、この先の荒波に備えて自身の口座の保有銘柄を大幅に入れ替えた。彼の最大の資産は自身と家族が保有している自社株だったが、これは流動性が低いだけでなく、彼の予想が正しければティー・ロウ・プライス・アンド・アソシエーツの利益はこの先大きく下がることになる。一九六五年、彼は自分の持ち株すべてをほかの創業者や社員に売ることにした。これは非常に難しい決断だったに違いないが、これには会社が大きく複雑になり、思うように運営できなくなってきたことも少なからずあったのかもしれない。プライスはレッグを辞めたとき、自分で運営できない組織にとどまっているつもりはないということをすでに行動で示していた。それに、彼の健康も悪化していた。

シェーファーとプライスは、株の売却とその適正価格についての話し合いを始めた。ただ、プライスの株は当然ながら、会社の支配権を伴う数字であり、シェーファーはなかなか動こうとはしなかった。この株を買い取るだけの資金を調達するめどがまったく立っていなかったのだ。結局、プライスはマーチャント・クラブにシェーファーと、ティー・ロウ・プライスの株を買ってくれる可能性があるボルチモアの著名な弁護士や裕福な顧客を招いて昼食会を開いた。会が終わりに近づいたころ、プライスは弁護士に自分の持ち株を買うつもりがないかと切り出した。シェーファーは、これが売却の話を進めるための見え透いた戦略だということは分かっていたが、プライスが真剣に売却しようとしていることも理解した。この昼食会のあと、シェーファーはその足でファースト・ナショナル・バンク・オブ・ボルチモアを訪れて、株を買い取るための借り入れについて直接交渉し、その日の午後遅くまでには概要をまとめた。しかし、プライスが求める売却額が、多くの社員が考えている株の価値よりもはるかに高いことが分かった。しかもその金額は、ファースト・ナショナルからの借り入れ資金と合わせてもとても足りる額ではなかったのだ。

重要な転換点となったのは、一九六五年四月一二日だった。プライスが腸閉塞で病院に運ばれ、さらに潰瘍も見つかったのだ。彼は五日間を集中治療室で点滴のみで過ごし、仕事に復帰するまでには二カ月を要した。この死を意識した経験を経て、プライスは価格を下げてでも株を売却すべきだという思いを強くした。このころの日記には、「病気は、自分の心の状態がもたらした部分もあると思う。株の売却について合意できないことを何カ月も何カ月も心配していたからだ」と記している。

健康を回復した彼の行動は素早く、一九六五年六月二八日には大株主であるシェーファーとキッドとミラーをはじめとする数人の幹部と契約を交わした。ところが、この契約は実行されなかった。一九六五年一〇月五日に、当時、最大の上場投資信託だったドライファス・ファンド創業者のジャック・ドライファスが、偶然似たようなタイミングでファンドの運用会社の支配株数を売却する登録届出書を提出したのだ。この件を調査したSEC（証券取引委員会）は、投資信託の運用会社の所有権に大きな変更があると何百万人もの株主に深刻な影響を及ぼすにもかかわらず、一九四〇年投資会社法に何の取り決めもないことに気づいた。そして、ドライファスの調査が終わるまで、ほかの管理会社の支配株数の売却を禁止した。プライスの株の売却も、当然その対象に含まれていた。シェーファーはSECの担当者に、ティー・ロウ・プライスは「バドミントンの試合に紛れ込んだ小鳥のようだ」と言われた。

プライスの体調は改善し、市場も少し上がってきた。グロース・ストック・ファンドのパフォーマンスも改善し、株主も戻り始めた。そして、顧客口座のパフォーマンスもかなり改善していた。幹部と交わした契約期間の一年が終了したが、SECの差し止めで投資信託の管理会社が株を売却できない状況がまだ続いているなか、プライスは株の売値を上げることにした。しかし、この件に関するシェーファーや買うつもりの社員との交渉はうまくいかなかった。みんな「約束は約束だ」と思っていた。

ただ、ジョン・ハノンは違う見方をしていた。ゼロックスやポラロイドへの投資で顧客を大いに儲けさせ、困難な時期には独自の立場をとるなどして高く評価されていた彼は、プライスの持ち株の購入について、以前よりも高くても、長い目で見れば良い取引だと熱烈かつ明快に主張したのだ。

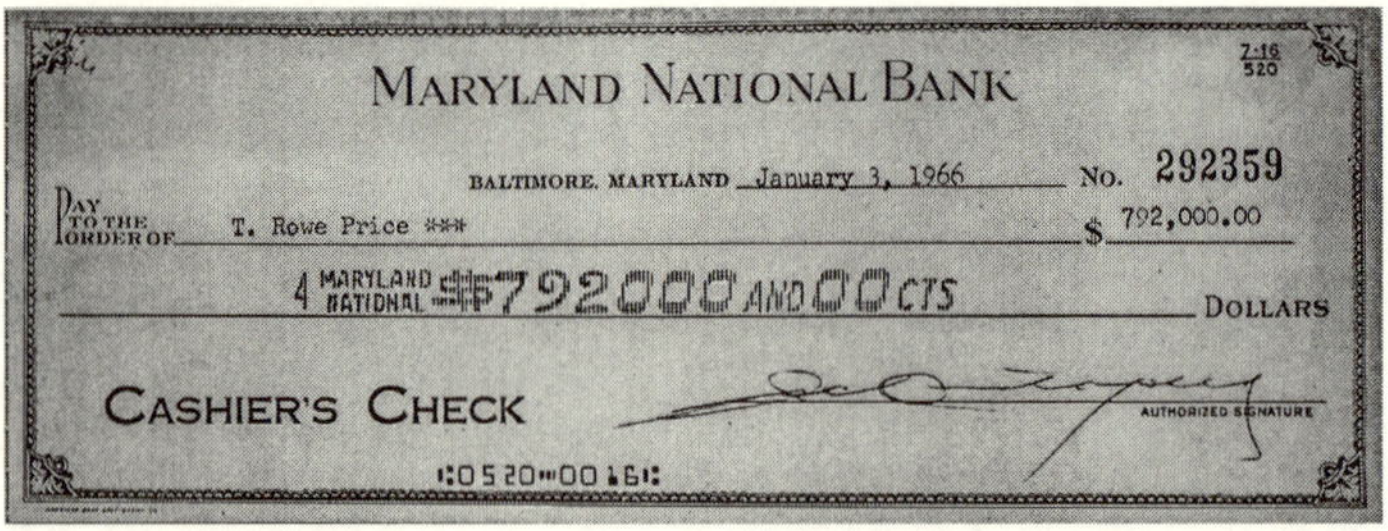

プライスが所蔵していたティー・ロウ・プライスの支配株を売却して受け取った小切手

さまざまな不満や議論はあったが、一九六六年六月二八日にようやく新しい契約が整った。会社はプライスに七九万二〇〇〇ドル、エレノアに五万ドル（設立当初の出資分かもしれない）、プライスの子供たちにも五万ドルの合わせて八九万二〇〇〇ドルを支配株式の代金として支払った。このなかには、カウンセリング会社やグロース・ストック・ファンドの株も含まれていた。そして、結局、ハノンは正しかった。会社にとっても株を買った社員にとっても、これは素晴らしい取引となった。受け渡しの翌年、ブル相場が花開いたのだ。グロース・ストック・ファンドには大量の資金が流入し、新規顧客が殺到した。ニュー・ホライズン・ファンドも素晴らしいパフォーマンスが続いたと年次報告書に書かれている。プライスは持ち株の売却について、最初は高く売れたと思っていたが、だんだん安く売りすぎたと考えるようになっていった。ただ、彼が会社を作った目的はお金儲けではなかった。彼はどんなときも挑戦者だったのである。「ザ・ヒストリー・オブ・ティー・ロウ・プライス・アソシエーツ・インク」には、プライスの「遅すぎるよりも早すぎるほうがよい」という言葉が引用されている。

彼が持ち株を売却してすぐ、ティー・ロウ・プライスは、ティー・ロウ・プライス・アソシエーツに社名変更した。そして、プライスは一九六六年に取締役会会長を辞任し、すでに社長だったシェーファーが会長を兼任することになった。また、プライスは顧客の担当も離れた。ただ、ロウ・プライス・マネジメントのほうは支配株数を持ち続け、会長と社長も続投し、当時はこの会社の唯一の顧客だったニュー・ホライズン・ファンドの社長も続けていた。成長株投資の理論は、またもや勝利の戦略であることが証明された。ただ、その成功がのちに新たな問題を生み出した。

成長株投資の哲学が世界で証明されると、彼の挑戦の内容が変わった。彼と競う人がいなくなったからだ。そこで、彼は新しい戦略として、成長株投資の理論の修正に本気で取り組み始めた。これは、彼がこれから予想している高インフレ環境に適した投資の哲学だった。

持ち株を会社に売却する契約を結んだあと、彼は「変化――投資家にとって唯一確かなこと、一九六六年版」を執筆した。一九三七年に会社を設立する直前に書いた文章を初めて更新したのだ。今回、彼は「わが国のリーダーシップは低下し、ドル外交は失敗し、民主主義のブランドは世界の恵まれない人たちに受け入れられていない。今日の通貨は、金による裏付けを失っただけでなく、紙幣はいくらでも印刷して供給を増やすことができるし、銀貨は銀含有率を減らして増産できる。アメリカの紙幣の発行は加速し、金の供給は減り続けている」と書いている。

彼は、まだ担当していた少数の顧客に向けて、一九六六年三月に「私の準備プログラムは完成した」と題する書簡を送り、彼が自分の口座で保有する株のうち、割高のものや、彼が予想する次の一〇年間の世界には適していないものを減らしたことを報告した。また、その売却代金をドル建て債券に投資した理由を次のように説明した。

一．元本がより安全
二．手取り収入が増える
三．州税への準備
四．将来、普通株を買うための準備

五．予想外の経費が生じたときの準備
六．純粋な楽しみと浪費のための準備

　また、予想される厳しい時期に、新規資金の投資先として適したいくつかの分野も紹介した。

一．ビジネスサービス
二．科学技術
三．天然資源――土地、金、銀、木材、石油、ガス

　これらの分野には大小の成長株が含まれており、その多くがすでにニュー・ホライズン・ファンドとグロース・ストック・ファンドの対象銘柄になっていた。天然資源は新しい分野で、これらは成長株ではなかったが、彼はインフレの環境下では非常に高いパフォーマンスが期待できると考えていた。

　突然の投資戦略の変更は、プライスが真の天才であることを示している。彼は、世界の

社会と政治と経済の大きな変化に、ほかの投資家よりもはるかに早く気づく能力を持っていたのである。ただ、この能力は魔法ではなく、これまで紹介してきたとおり、長い経験と大きな潮流を注意深く研究してきた成果である。また、彼が人間の基本的な性質を理解していたことも重要な要素となっている。彼は、私たちに「農場で育った人の経験は大いに役に立つ」と言っていた。

新たに天然資源に注目した理由は、投資家が高インフレ環境では歴史的に有形資産を重視し、実態のない資産を拒否してきたことにある。インフレが加速するなかで、これらの会社が生産する素材の価格も上がり、利益とともに収益と価値も急速に上がっていく。資源は長期間かけて安く仕入れたものだが、価格はインフレによってほかのものと一緒に急上昇するからだ。

一九六六年当時、会社のリサーチアナリストは成長株のみを担当していた。そのため、天然資源という三つ目の分野を分析するための新しいチームが必要になり、プライスはハワード・P・コルホーン（通称、ピート）という三一歳のエンジニアを採用した。彼はプリンストン大学とハーバード・ビジネス・スクールを卒業し、経営コンサルタント会社のアーサー・D・リトルでさまざまな業界のコンサルタントとして働いていた。プライスは、まず彼に原子力業界を調べるように命じた。コルホーンは、ロウ・プライス・マネジメントにできたプライス直属の新しい「インフレ」チームの最初のメンバーになった。

　プライスが成長株の哲学を自分のモデル口座で発展させていったように、今回も持ち株の売却代金でモデル口座を作って、先の分野に投資を始めた。ただ、インフレが高まる前に市場が大きく下げることを懸念していたため、ポートフォリオモデルの五〇％は短期国債に投資していた。

　この哲学を二年間試したあと、彼は新たにニュー・エラ・ファンドと名付けた投資信託を発足させることにした。面白いことに、このファンドの運用開始まであと一年もない時期に、ニューヨーク・タイムズ紙（一九六八年二月二日付け）に「『インフレ心理』が高まっているが、深刻なインフレは起こり得ない」と題した記事が掲載された。プライスは今回も、経済学者や市場の予想よりもはるか先を行っていたのである。この記事で名前が挙がった専門家たちは、起こりつつあることについてまったく分かっていなかったのである。

　プライスは、新しいファンドの名称をインフレ・ファンドとしたかったが、ＳＥＣが許可しなかった。また、土地や商品（銅、金、銀）を買って金庫や倉庫に保管したかったが、これもＳＥＣに却下された。これらの素材の正確な価値を判断してファンドの日々の価格を算出するには問題があったからだ。

ニュー・エラ・ファンドは、一九六九年に運用を再開した。その前年、ジョージ・A・ロッシュがロウ・プライス・マネジメントで二人目のフルタイムのアナリストとして採用され、天然資源を担当することになった。彼は、ジョージタウン大学とハーバード・ビジネス・スクールを卒業し、プロクター・アンド・ギャンブルで働いていた。ロッシュは、プライスが採用した最も優れた社員の一人だった。彼は、主に画期的なニュー・エラ・ファンドで働き、金属、鉱業、林産物、貴金属などを担当したあとニュー・エラ・ファンドの投資顧問委員会の会長とファンドの社長になった。一九八四年にはティー・ロウ・プライス・アソシエーツのＣＦＯ（最高財務責任者）に就任すると、その注意深く保守的な管理手法が経営陣の信頼を得て、一九九七年には社長に就任した。

ニュー・エラ・ファンドの主な投資先は科学技術銘柄だったことから、この分野の経歴を持つ私もこのファンドの投資委員会の初代メンバーと副社長を務めていた。ニュー・エラ・ファンドは、最初から急速に資産を増やしていき、運用開始からわずか四年で総資産が二億ドルに達した。グロース・ストック・ファンドとニュー・ホライズン・ファンドの実績も公開されており、一九六六年の年次報告書には、グロース・ストック・ファンドが同じ資産額に達するまでに一五年を要したと記されている。

一九六八年、プライスはロウ・プライス・マネジメントの支配株式の売却を幹部に提案した。これは新たなファンドを出していくという会社の将来の計画に見合ったことに見えた。ティー・ロウ・プライス・アソシエーツにとって、社名にプライスの名前を残すことは必須だった。このときも、価格についての交渉には時間がかかった。特に、前回の売値は明らかに割安だったことが分かっていたからなおさらだ。プライスが買い手としてリーマン・ブラザーズ・ホールディングスを出して脅すと、もともと少ないロウ・プライス・マネジメントの社員は全員辞めると反撃した。そうなれば、元も子もなくなる。結局、ウォルター・キッドが親会社のティー・ロウ・プライスはロウ・プライス・マネジメントの売却を拒否する権利を有していることをプライスに指摘して、この交渉はやっと終わった。

会社は最終的にプライスに一五〇万ドルを支払ってロウ・プライス・マネジメントの過半数を買い取ることで一九六八年に合意した。この契約は、一九六八年と一九六九年に二回に分けて実行され、その後、プライスはニュー・ホライズン・ファンドの社長と会長を辞任した。そして、経営を単純化するため、ロウ・プライス・マネジメントは一九七三年に親会社に吸収された。プライスは、売却代金から一〇〇万ドルをエクイタブル信託銀行に預金し、五〇〇〇ドルの信用枠を設定した。これは、当時の若い会社にとっては非常に重要なことだった。残りの代金は、新しいモデル口座の「インフレ」ファンドに投資した。この口座は、まだ五〇％は国債を保有し、残りは天然資源とビジネスサービスと科学技術の分野に投資していた。

プライスの懸念は、インフレとそれによる株式市場への影響だけでなく、経済や社会そのものについても高まっていった。そのため、自らマーカンタイル銀行やトラスト・カンパニーやメリーランド・ナショナル銀行の金庫に足を運び、債券や株券を預けるにはどこが最も安全かを調べていた。

一九七〇年四月、プライスは「投資家にとっての新時代（ニュー・エラ）」と題した重要な文章を書き、のちにこれは顧客向けパンフレットになった。彼はこのなかで次のように書いている。「わが国の貿易収支は悪化し、金準備高は他国の要求に応える水準に達していない。国民や企業を含めたアメリカの債務の合計は、第二次世界大戦終結時から三倍以上の一兆七〇〇〇億ドルに上っている。金利は過去一〇〇年で最高になり、企業や銀行の流動資産は危険なほど低い」

そしてさらに、「最大の問題は、インフレが加速していることである。一九四六年の雇用法は、インフレの継続を保証している。インフレがなければ完全雇用はできないからだ。最低賃金は、何度も修正されており、人件費が上がることは間違いない」と書いている。

そして、お気に入りのテーマである「世界で最も裕福な国でも、収入を超える支出を続けていれば破産するのは時間の問題だ」と強調している。彼は、来るべき黙示録をはっきりと警告していた。「制御できないインフレは、これまで以上のバブルと崩壊を生み出す。そして、一度社会に定着したら、あと戻りはできない。いずれは非常に深刻な不況に陥り、社会的な革命や、持たざる者が持てる者から資産を没収するといったことが起こるだろう。持てる者は、課税や通貨の引き下げや資産の没収によって富を奪われることになる」。彼は、一九三〇年代の状況かそれより悪くなると予想していた。そして、自分が考える将来について、ティー・ロウ・プライスの社員や顧客にももちろん警告した。

プライスは、インフレの最高の指標は労働省が発表しているＣＰＩ（消費者物価指数）だと考えていた。ＣＰＩの年間上昇率は、一九六九年には一九六五年の三倍の六・二％になっていた。プライスは、このインフレを抑えようとする政権が将来選ばれることはないと感じていた。先の文章では、最後に次のように強調している。「インフレの抑制は、財政が均衡し貯蓄が増えなければ達成できない。このような嫌われることは景気を低迷させ、失業率を高めることになる」

プライスは、ほとんどの会社の利益が低迷することになると予想していた。人件費や原材料費のほうが、売り上げよりも大きく上がるからだ。さらに、政府は税金を上げて行政サービスの経費の増加を賄おうとするが、それが企業の利益をさらに悪化させることになる。ほとんどの消費関連株が、投資家を十分インフレから守ってくれるとは思えなかった。

プライスが予想するますます「暗い新時代」に対処するため、彼はポートフォリオのなかの天然資源会社の割合を三〇％以上に上げるよう提案した。これらは、明らかに成長企業ではなく、成熟し、なかには優れた経営者すらいない会社もあった。ただ、これらの会社が保有している木材や土地や石油や金や銀などは、インフレの大きな恩恵を受けると考えられた。プライスは、一九七〇年代が進むにつれて特に金と銀を好むようになっていった。

彼は、インフレが加速する環境に適した株を厳選していた。基準は、インフレ下のＲＯＩ（投下資本利益率）が、以前の低インフレ時代の多くの成長株をかなり上回っていることである。インフレが一〇％を超える世界で本当の利益を上げるためには、ＲＯＩも一〇％を超えなければならないということだ。つまり、ニュー・ホライズン・ファンドに組み込んでいるような、ライフサイクルの初期にあって急成長している会社である。彼が一九七〇年代の環境を考慮して構築したポートフォリオモデルは、ティー・ロウ・プライスのグロース・ストック・ファンドとも、ほとんどの顧客のポートフォリオともかなり違う構造になっていた。プライスは、新しい時代に高ＲＯＩの成長企業が減っていくと、その少ない会社に投資家の需要が集中すると感じていた。しかし、これらの会社の価値が上がったときに、高く買いすぎないためには引き続き注意を払っていかなければならなかった。

そして、天然資源株は上がり始めた。理由はプライスが予想したとおり、現在の利益ではなく、会社の資産価値にあった。実際、これらの会社は状況によっては利益がまったくないこともあったが、それでも非常に価値のある商品を持っていた。先述の一九七〇年四月の覚書には、「歴史を通じて、金や銀などの貴金属はインフレによる資産の目減りや通貨の切り下げから富を守りたい人たちの避難先になってきた」と書かれている。長年、スイスの銀行家は顧客に資産の五％は金地金で保有するように勧めてきた。しかし、第二次世界大戦後はインフレ率が比較的低かったため、これはあまり儲かる戦略ではなかった。ところが、一九六八年を過ぎてインフレ率が上がり始めると貴金属の利益が上がり始めた。ちなみに、金の価格が上がった理由は、プライスの予想どおり最初にドルの価値が下がり、次にインフレが加速したからだった。

ニュー・エラ・ファンドが軌道に乗り、新しい経営陣が就任し、ピート・コルホーンがニュー・エラ・ファンドの社長に就任した。プライスとマリー・ウォルパーは、一九七一年四月三〇日にそろってティー・ロウ・プライス・アソシエーツを退職した。同じころに、イザベラ・クレイグも退職した。しかし、プライスは『不思議の国のアリス』のチェシャ猫のごとく、姿を消したと思うと再び現れて、哲学的なことや不可解なことを言い出しては、最後は笑顔を残して去っていった。

第14章 暗黒の新時代（一九七一～一九八二年）

ニュー・エラ・ファンドを引退したT・ロウ・プライスは金融の表舞台から去り、庭の美しいバラの手入れに精を出し、仕事に束縛されない自由を楽しみ、エレノアと多くの国を旅行した。しかし、彼の悲観的な予想はどうなったのだろうか。

彼が引退した一九七一年四月三〇日の日記には、ダウ平均が九四二ドルと記してある。ダウ平均は、一九七三年一月一一日まで上げたり下げたりしながら上昇し、一〇五二ドルの高値で引けた。ちなみに、次の一〇年間にこの水準を超えることはなく、ほとんどの時期で七〇〇ドルを下回って第二次世界大戦後の最悪のベア相場となった。この水準は一九六二年一〇月からあまり変わっていない。五〇％を流動性の高い短期と中期の国債で保有するというプライスの保守的なポジションは、結局は正しかった。国債は、この期間を通して八％を超える利回りをもたらしたのである。

プライスの戦後の長い好景気が終わったという予想も正しかった。彼が引退してから一〇年間で、景気も市場も少しずつ下げていったのである。一九七〇年代には、政府が認めた景気後退が二回あった。住宅建設と膨大な数のベビーブーマーの育成のための大きな支出はすでに過去のもので、第二次世界大戦から帰還した大勢の若者たちの支出が景気をあと押しすることはもうなかった。プライスは一九六四年九月にすでに「経済トレンドと投資方針」に関する覚書のなかで、「負債の増加、特に消費者の負債が危険な水準に達している」と指摘していた。しかも、利上げによって痛みはさらに大きくなっていた。「建設、自動車をはじめとする耐久消費財の業界の多くは、需要に追いついた」。ヨーロッパのメーカーは、戦後落ちていた生産力が完全に回復した。しかし、アメリカの貿易収支は大幅な赤字となり、経済成長の足を引っ張っていた。プライスが指摘したとおり、アメリカは自ら競争相手を育ててしまったのだ。財務省によると、一九七一年に貿易赤字は二〇億ドルになり、一九七八年一月にはそれが二七〇億ドルに達した。

一九六八年、リチャード・M・ニクソンが大統領に選出された。現職のジョンソン大統領は、ベトナム戦争の拡大路線による不人気から、大統領選への出馬を取りやめた。残念ながら、リベラルな民主党から保守的な共和党に変わっても財政赤字は改善されず、一九七〇年の三〇億ドルから一九七八年には七〇〇億ドルに増えて平時での最高を更新した。アメリカ人は引き続き「バター」を謳歌する一方で、ベトナム戦争のための「大砲」や兵器を購入し、貧困層には生活保護手当の小切手を支給していた。プライスは、前出の一九六四年九月の覚書で、ベトナム戦争や防衛全般への財政支出が「ピークに達して下がり始めても」、貿易赤字と財政赤字を埋めるためには財務省がさらに多くの紙幣を印刷する必要があると指摘していた。一九七一年、アメリカのマネーサプライ（M2）は一〇％上昇した（M2はアメリカでは現金、当座預金、定期預金の合計。M2の伸びが景気よりも速いと、余剰紙幣が印刷され、ドルの価値が下がり、インフレのリスクが出てくる）。

アメリカ経済における金の簡単な歴史は、一九七〇年代における役割を理解する役に立つと思う。一九三三年、フランクリン・ルーズベルト大統領は、国民が所有する金や金証券を財務省に一トロイオンス当たり二〇・六七ドルで売却するよう提案した。アメリカは正式に金本位制を停止したのだ。ルーズベルト大統領の補佐官たちは、これは必須だと考えていた。国民も企業も銀行の破綻でパニックに陥り、ドルを金に変えようとしたため、金の供給が減ってデフレの原因になっていたからだ。金本位制による制約をなくすことで、政府は紙幣の供給を自由に増やすことができるようになり、それがインフレを生み出したが、国民が金に殺到するのは止まった。イギリスはその二年前に同じことをして成功していた。アメリカ政府が金に対して支払う金額は一九三四年には一トロイオンス当たり三五ドルに上がった。

一九四四年七月、太平洋戦争の終結がまだ見えないなか、ニューハンプシャー州ブレトンウッズのマウント・ワシントン・ホテルに四四カ国の代表が集まり、より良い金融体制について話し合った。このブレトンウッズ協定によって、調印国は国際収支をドルで決済し、金の価格を一オンス当たり三五米ドルとすることを定めた。アメリカは、ドルの供給量を調整して金が三五ドルになるよう制御することになり、ドルは実質的に世界通貨になった。

一九六〇年代末にアメリカの負債が増え始め、ドルの供給も同時に増えると、プライスが一九六六年に予想したとおりブレトンウッズ協定の調印国は、ドルが金に対してますます過大評価されていると感じるようになっていった。プライスは、アメリカは一四〇億ドル相当の金を保有していることになっているが、国際的な債務に充てられるのはそのうちのわずか三〇億ドルしかないと指摘していた。各国の銀行が紙幣で保有していた一四〇億ドルは、金と交換できることになっていたため、状況を察知した数カ国がドルではなく金による支払いを求め始めた。この要求が高まると、アメリカは実質的にドルを増刷する圧力にさらされた。しかし、財務省がこの要求に応えるだけの十分な金を保有していないことは明らかだった。

一九七一年八月一五日、ニクソン大統領はテレビ演説でアメリカはドルと金の交換を一時的に停止すると発表した。これを聞いたプライスは、ジョージ・ロッシ（当時はニュー・エラ・ファンドのアナリスト兼ニュー・エラ・ファンドの副社長、のちの一九九七年にはティー・ロウ・プライス・アソシエーツの社長兼会長に就任）に「この夜、ニクソンは実質的に国が破産したことを宣言した」と語った。翌日、実物資産（例えば、黒字会社の株）は、突然安くなったドルで換算すると価値が高くなり、ダウ平均は三〇ポイント以上上げた。特に、ＲＯＣ（資本利益率）が高い国際的な成長企業（例えば、ＩＢＭ）の上がり方は大きかった。一九七一年末、ドルは金に対して八％下落した。一九七三年には金の価格が三倍以上の一二六ドルに上がり、急速にドルよりも金のほうが支持されるようになっていった。

一九七〇年、世界のほとんどの国がＯＰＥＣ（石油輸出国機構）から一バレル一・二一ドルの安い原油を買っていた。しかし、一九七一年になるとＯＰＥＣは金に対するドルの下落分を補うため、原油価格を一・七〇ドルに値上げした。一九七三年、エジプトとシリアがイスラエルに侵攻して第四次中東戦争が始まると、アメリカなど数カ国がイスラエルを支援した。この戦争が終結した一〇月二六日の少し前に、ＯＰＥＣは原油価格をそれまでよりも七〇％以上高い一バレル五ドル強に値上げして、イスラエル側についたアメリカなどの国への禁輸も宣言した。また、原油の産出量を一カ月に五％減らし、イスラエルが新たな占領地域から撤退しなければ、この措置を続けると脅した。一九七三年末、原油の名目価格は一バレル一五ドルになっていた。

インフレが進み、景気が急激に悪化すると、市場は安値を更新し、ドルの価値も下落するなどして社会は動揺し、暗い時代に入った。ただ、ティー・ロウ・プライスはこの暗黒の新時代の初期、同業他社が株価の低迷で苦しむなかでも非常に好調だった。多くの投資信託では株主の売りが買いを上回ったり、運用資産額が減ったりするなかで、合併したり消滅する投資信託も出てきた。しかし、ティー・ロウ・プライスの三つの株式投資信託は、一九七一年の業界のネット資金流入額のなんと五四％を占めていた。ちなみに、資産額は業界全体の三％にも満たなかった。会社の利益は、フォーチュン誌（一九七二年四月号）

によると、この年、それまでで最高の一八〇万ドルを記録した。プライスは、いつものように売るのが早すぎたが、顧客への手紙に書いているとおり、「このようなときは、遅すぎるよりも早すぎるほうがよい」。

ガソリンスタンドには行列ができるようになった。それまで一〇分で給油できていたのが、一時間もかかるようになった。多くのガソリンスタンドで売るガソリンがなくなり、州や地域によるガソリンの配給制度が始まった。原油価格の高騰は経済全体に影響を及ぼし、ドルの下落によるインフレをさらにあと押しした。ＣＰＩ（消費者物価指数）は一九七二年六月に七％上がり、翌年にはさらに一一％も上がった。先進工業国のインフレ率はのきなみ二桁に突入した。今回も、プライスの予想どおりだったが、その彼もインフレがＯＰＥＣの「助け」によってさらに進むことまでは予見できていなかった。

急激な価格の上昇は、消費者にとっては実質的な増税につながった。これが一九七三年一一月から一九七五年三月までのもう一つの不況を生み出した。工業生産高は一三％落ち、失業率は九％と、大恐慌以来、最高になった。この環境下で、消費者は最悪の経済状況に苦しんでいた。持続的なインフレと高い失業率によって需要が停滞するなかで、モノやサービスの価格は急速に上がっていった。この状況を、マスコミは「スタフグレーション」

と呼んだ。

ティー・ロウ・プライスが一九七三年四月に発行した成長株投資の哲学のパンフレットの改訂版には、基本的な定義は同じだが、「予想されるドルの購買力の低下を相殺するため、生活費よりも高く上昇する株」という文が付け加えられた。つまり、株価がインフレ調整後でも成長していることが重要で、そのためには売り上げの伸びとROI（投下資本利益率）が、インフレ率をはるかに上回っている必要があった。

一九七三年には、「長期的な成長」という言葉も明確に付け加えられた。通常の景気循環は企業の成長を変化させる。利ザヤを増やせば一時的に成長株に見えることもある。そのため、売り上げの伸びのほうが、EPS（一株当たり利益）の伸びよりも長期的な成長のより良い指標と言えるのである。

プライスが最初に成長株の定義を公表したのは一九三九年だったが、当時、彼は特定の期待成長率を挙げることには消極的だった。そのような数字を決めるには、たくさんの内部的・外部的な要素を考慮する必要があったからだ。一九三〇年代の期待値は低く、相当控えめな成長率でも楽観的すぎるように見えた。しかし、一九七三年には彼自身のモデル口座で長く経験を積み、グロース・ストック・ファンドでも素晴らしいパフォーマンスを上げ、楽観的な若い社員たちの精神的なあと押しもあって（私もその一人）、彼はついに数値目標を掲げることにした。そしてパンフレットに、「成長株のポートフォリオは、一〇年間で利益が二倍になることを目指している。そうなれば、市場価値もやはり一〇年間で二倍になると考えられる」と記し、「注意深いリサーチによってのみ、景気循環と企業自体の成長を区別することができる」という警告を繰り返した。

新しい社員が入り、多くの社員が成長株投資の哲学を経験するなかで、会社は優れた投資のプロ集団になっていた。実際、ティー・ロウ・プライス・アソシエーツは「ワンマン企業」でなくなって久しかった。プライスが引退したとき、すでにグロース・ストック・ファンドの投資委員会に出席しなくなってから八年がたっていたし、ニュー・ホライズン・ファンドのほうも三年間出席していなかった。引退前の彼の関心は、ニュー・エラ・ファンドと彼のモデル口座と数少ない長年来の顧客のみに向けられていたのだ。

会社はすでに一〇年以上、委員会制で運営しており、合議制で判断を下していた。ファンドの投資委員会も同じだ。委員会は、カウンセラー（クライアントマネジャー）部門とリサーチ部門の投票権を持った三～五人で構成されている。委員会は毎週開かれ、リサーチアナリスト数人が参加して、特定の売買の判断について議論する。ただ、三つのファンドの回転率はどれも低かった。

五年以上の期間を見据えて投資判断を下すという点も変わっていなかった。フォーチュン誌（一九七二年四月号）に掲載された「ティー・ロウ・プライスはどうしてそんなことができるのか」という記事のなかで、一九六九年からニュー・ホライズン・ファンドの社長を務めていたカラン・W・ハービー・ジュニアは、「価格は同じフロアのトレード部門に行って聞くこともできるが、翌朝の新聞で見ても同じことだ」と語っている。一九七二年に、いわゆるパフォーマンス系のファンドでこのようにゆったりと運用されていたものはなかったか、あっても非常に少なかった。ほとんどのファンドは、スーパースターが一人でトレーディングルームにこもって弱含みそうなときに売ったり、上昇トレンドになりそうに見えるところで買ったりしていたのだ。

会社の創設者の一人で、長くリサーチ部門の責任者を務めたウォルター・キッドは、一九七二年に退職した。彼は、それまでにティー・ロウ・プライス式のリサーチ方法をすべてのアナリストに徹底的に仕込んでいた。このなかには、担当する二〇～三〇社について、年に最低一回は実際に訪れて最高幹部と話をすることや、重要な変化や四半期報告書については電話で確認すること、業界紙やブローカーのリポートなどで継続的に観察を続けることなどが含まれていた。また、アナリストは競合他社も訪問することになっていた。会社訪問はアトランタやサンフランシスコなどといった魅力的な場所にあることのほかに、キッドの指揮の下での企業訪問は非常に楽しかったことをよく覚えている。企業を訪問するときは、会社ごとに革のストラップが付いた重いブリーフケースを持って行った。このなかには、前回の訪問以降のすべての年間と四半期の報告書や、ＳＥＣ（証券取引委員会）への報告書、統計係がまとめた重要な財務データ、新聞や業界誌の切り抜き、ウォール街のアナリストリポートなどが入っていた。さらにキッドは、一〇〇ワットの電球も持っていくよう主張した。アナリストが宿泊を許可されている安いホテルにはたいてい二〇ワットの電球しかついていないため、翌日の面会に備えて一〇〇ワットに付け替えて情報を読み込み、書面での質問表を作成するためだ。

一日に訪問するのは二社までとされていた。そして、訪問前の夜は早めに夕食をすませ、夜中すぎまで一〇〇ワットの電球の下で準備をした。多くのアナリストにとって、これは大学の難しい授業の期末試験の勉強をするような感じだった。質問を注意深く書き出し、戦略的に並べることで、重要な点については話のなかで複数回、違う角度から聞くことができるようにしておくのだ。注目するのは、財務的な展望だけでなく、製品や販売についての詳しい内容、経営陣の重要な変化、ＣＥＯ（最高経営責任者）が夜中の三時に目が覚めたときにまず何を思うかなどといったことも聞く。最近引退した社長兼ＣＥＯのジェームス・Ａ・Ｃ・ケネディ（通称、ジム）によると、最後の質問は今でもみんなのお気に入りらしい。

会社を訪問したときに、最初に会うのはアナリストが普段に連絡を取っている相手（例えば、財務責任者）かもしれないが、会社の最高幹部と会うことは重要である。また、多くの場合、重要な幹部として販売部門の責任者の話も聞く。主な意思決定者やＣＥＯに少なくとも年一回会って話を聞くことは、相手の多忙さを考えると難しいが（ＣＥＯはたいてい時の人になっている）、それでもプライスはこれを最重要事項としていた。幸い、ティー・ロウ・プライス・アソシエーツは拡大を続け、徹底した調査を行う重要な株主として知られるようになると、リサーチアナリストは最高幹部と面会しやすくなった。そして、良い会社ならば、顧客とファンドのポジションがその会社の総資本の一〇％を超えることもあった。特に、小企業に投資しているニュー・ホライズン・ファンドではこのような大きなポジションが珍しくなかった。

企業幹部との面会の内容は、詳細な報告書にまとめられ、社内で共有された。このなかには特許に関する記述もよく見られ、図を描いて説明しているものもあった。報告書の最後の段落は、慎重に判断した買いや売りや保有維持の推奨とその詳しい理由が記されていた。ここでももちろん重要視するのは長期的な展望で、短期的な見通しが悪いときには価格が下げたところで買い推奨になることが多かった。これらの推奨は、ボーナスの時期には重要な検討事項だった。

この掘り下げたリサーチは、プライスやキッドの引退後も変わらなかったが、会社にとって一九七〇年代初期の大きな問題は、妥当な価格の良い成長企業がなかなか見つからないことだった。先述のとおり、ニュー・ホライズン・ファンドは適正価格の小企業の投資先が見つからないため、ほぼ三年間、新規顧客の受け付けを停止した。カラン・ハービーは前出のフォーチュン誌（一九七二年四月号）で「株式市場が急落したら、わが社は調子が上がる」と語っている。チャーリー・シェーファーは、一九七〇年の夏に「レーザービーム効果」と題した講演で、成長株の大幅な値上がりを予想していた。原子が強力な磁場のなかに圧縮されてより高いエネルギーを発するように、成長株の供給があまりないと、年金基金の需要の急増で巨額の資金がそれらの株に集中して過大評価に至るというのだ。

一九七三～一九七五年の深刻な不況は、一時的にインフレの勢いを止めた。一九七六年のCPI（消費者物価指数）は「わずか」五％しか上がらなかったが、それでも一九六〇年代と比べるとかなり高かった。一九七六年、経済が弱含むなか、ウォーターゲート事件が起こり、インフレが再燃し、大統領選挙ではジミー・カーターが現職のジェラルド・フォードを破って当選した。一九七九年七月、イラン革命でイスラム教シーア派のアヤトラ・ホメイニ師とその支援者が、パーレビ国王をエジプトに追放した。その後、カーター大統領がガン治療の目的でパーレビ元国王のアメリカ入国を認めたことなどへの報復として、一九七九年一一月にホメイニ師の支持者がイランのアメリカ大使館を占拠し、五〇人以上のアメリカ人を人質にとった。それに対して、カーター政権はイラン原油の輸入を停止した。この措置によるアメリカの原油供給量への影響は約四％にすぎなかったが、原油価格は次の一二カ月で一バレル九〇ドルに上昇した。一九七三年のオイルショックの記憶が残る消費者が、再びガソリンスタンドに列をなし、ガソリンをタンクで買い溜めしようとしたからだ。

これらのことすべてが、先進工業国が弱いドルに注目する原因となった。この状況を見守ってきたプライスは、記事や覚書で金を強く推奨し、金はその予想どおり急騰して一九八〇年一月二一日に一オンス八五〇ドルで史上最高値に達した。そして、この価格を超えることはその後二六年間なかった。インフレ率も世界中で上がり始めた。一九七九年三月三一日にはＣＰＩが一〇％上がって再び二桁に突入し、その一年後には一四・八％という記録的な水準に達したのだ。

消費者は、インフレを意識して買い物をするようになり、それが正のフィードバックループとなってインフレをさらに押し上げていった。一九七〇年代のインフレの本当の原因は、当時はよく分かっていなかったし、それから何年たっても経済学者によってさまざまな意見があった。しかし、プライスにとって原因は明らかで、それについて詳しく記している。今回の原因も基本的にアメリカ政府が紙幣を乱発したことであり、これは彼に言わせればただの常識（「当たり前のこと」）だった。実際の経済成長率よりも速いペースで紙幣を発行すれば、ドルの価値が下がり、それによってＣＰＩが上がるのは当然だというのだ。ノーベル経済学賞を受賞したミルトン・フリードマンは、一九七〇年に書いた論文「ザ・カウンター・レボルーション・イン・マネタリー・セオリー」（The Counter Revolution in Monetary Theory）のなかで「インフレとはいついかなる場合も貨幣的現象である」と述べている。プライスもきっと同じ意見だっただろうが、彼の記述にフリードマンの名前は出てこない。

この余分なドルは制御不能の財政支出によって生まれ、それが一九七六年には戦後最高の七四〇億ドル（二〇一八年の価値で三二七〇億ドル）という巨額の財政赤字につながった。プライスは、インフレと高失業率の二者択一ならば、ＦＲＢ（連邦準備制度理事会）は必ずインフレを選ぶことをよく理解していた。しかし、一九七〇年代のほとんどでＦＲＢ議長の座にあったアーサー・バーンズは、「結局、価格の安定ではなく、『最大限』または『完全』雇用が国の主要な経済目標になっている」と語っている。ＦＲＢの「マネー・ストック・アンド・デット・メジャース」によると、Ｍ２の伸び率は再び加速して二桁になり、一九八三年一二月には一一％に達した。

カーター大統領は大統領選挙で大敗し、一九八一年にカリフォルニア州知事だったロナルド・レーガンが大統領に就任した。カーターの不人気は、インフレ率の高騰だけでなく、イランのアメリカ大使館人質事件の救出作戦が失敗して、アメリカ人兵士八人が死亡したことも影響していた（人質たちはレーガン政権に入ってから救出された）。

ただ、カーター大統領がＦＲＢ議長にポール・ボルカーを指名したことは、大いに評価すべきだろう。当時は強い行動をとる必要があり、ボルカー議長はそれができる人物だった。一九七九年一〇月六日、彼は暴走するインフレの制御を始めた。一夜にしてＦＲＢの方針を金利目標からインフレの根本的な原因であるマネーサプライに切り替えたのである。それまで簡単にお金が手に入っていたのが、高い信用が必要になった。最優遇金利のローンは、金利が二〇％を超え、三〇年の住宅ローンの金利は一八％以上、アメリカ財務省によれば一九八一年の米国債一〇年物の利回りは一五・八％に上った。ちなみに、プライスはまだ資金の五〇％をこの高金利の国債で貯えていたため、まったく困らなかった。

景気は停滞し始め、失業率は上昇し始めた。プライスは一九七一年九月に社内向けに「将来に対する現時点での考えや現在の出来事を解釈すると、……有権者は近い将来、完全雇用と継続的な繁栄よりもインフレ制御を優先する政府は支持しない」と書いている。そして、これはまったくもって正しかった。ボルカーが選挙によらない学者としてこのような行動に出たとき、プライスは「経済トレンドと現在の投資方針」（一九八一年七月二〇日）と題した文章のなかで反論した。ただ、彼が指摘したのはこれがインフレを終わらせるために必要だという点ではなく、ボルカーがブレーキを強く踏みすぎたせいかもしれないという点だった。プライスは、二〇％以上の金利が景気に深刻な影響を与えていると考えていた。これほど高い金利は、ほとんどの企業のＲＯＣをはるかに超えているため、経営が苦しくなるのは当然だからだ。ここまでしないでもインフレ率が抑えられたかどうかは分からないが、急速に制御不能になりつつある状況を止めるために急いで何か対策をとる必要があることは明らかだった。

景気後退が深刻になると、ボルカーは激しく非難された。失業率は再び六%を超え、一九八一年一〇月までに建設ローンが一九%を超えると建設業界は行き詰まった。民主党のジェームス・ライト下院院内総務はボルカーの辞任を要求し、レーガン政権の財務長官だったドナルド・リーガンもFRBを真っ向から批判した。

それでも、ボルカーは一九四六年雇用法や一九七八年の改正法であるハンフリー・ホーキンス法には目もくれず、アメリカを崖っぷちで踏みとどまらせた。インフレは一九八〇年三月にピークに達したあと下がり始め、長期の低インフレ時代に向かっていった。賢い投資家がボルカーの奇跡的な救済策を理解し、評価し始めると、ダウ平均は一九八二年七月に上昇に転じた。彼はその後、二〇年近く続いた力強い経済への舞台を整え、結局は何百万人ものアメリカ人を仕事に復帰させたのである。

プライスの下で働く私たちにとって、彼が経済学者を信用していないことは明らかだった。特に、イギリスの著名な経済学者ジョン・メイナード・ケインズには反発していた。ケインズの赤字財政支出によって景気を刺激するという理論は、イギリスやアメリカをより社会主義的な方向に導いただけで、不況から抜け出す助けにはならなかったと考えていたのだ。このことは、第9章でも書いたが、多くは「国家資本主義」という覚書のなかで述べられている。二〇〇三年にダラス連邦準備銀行で行われた会合で、のちに二〇〇七年初めからFRB議長として金融危機に立ち向かうことになるバーナンキが講演で、フリードマンによる一一のマネタリズムの中心的命題に言及している。バーナンキは、経済学者がマネーサプライを増やして失業率を下げたことが「一九七〇年代の大インフレ期を大きくあと押しし……大恐慌に次いで、二〇世紀で二番目に深刻な金融政策の誤り」だと述べた。彼は、「大インフレ期は、一九六〇年代末から一九七〇年代の過度な金融拡大政策がなければ起こり得なかった」とも書いている。プライスもきっと同意しただろう。

第15章 もうあの笑顔は見られない（一九七二～一九八三年）

T・ロウ・プライスは、七〇歳代になってもアイデアが尽きることはなかった。彼の予想どおりインフレの歯止めがきかなくなり、その恩恵を受けるニュー・エラ・ファンドが彼のモデル口座のインフレ・ファンドをも上回るパフォーマンスを上げ、彼の保守的なポートフォリオも収入が増えていくのを見て楽しんでいた。ただ、彼は静かに見守るだけでは気がすまなかった。彼にとっての喜びは、新しい投資の哲学を試すことだった。新しい戦略が正しいと証明されれば、それは次の行動を起こすときだった。

彼は健康を回復すると、再びチェシャ猫のごとくときどき現れてはアイデアや助言を伝えていった。彼を魅了し続け、仕事としても五〇年以上かかわってきた投資について考えることをやめることなど、プライスにはできない相談だった。プライスは、正式に引退してから一年余りたった一九七二年に「債券投資家にとっての新しい時代」と題する速報を書いてチャーリー・シェーファーに送った。このなかで、彼は自ら予想したインフレの加速は、株だけでなく債券にも大きな影響を与えたと指摘し、次のように述べている。

一．インフレは元本と収益の両方を大きく減らすことになる。例えば、インフレ率が五％ならば、ドルの購買力は一〇年後には三九％、三〇年後には七七％下がることになる。ちなみに、一九七二年初めのマネーサプライ（M２）の増加は、年率一一％に上がっていた。

二．アメリカの財政赤字は増え続けている。そのうえ、多くの州や地方自治体が破産目前で、税金によってなんとかもっている。アメリカ国民の税負担がさらに増えることは避けられない。

三．政府がマネーサプライと金利を制御すれば、かつての経済学の法則はもう当てはまらない（これは今日でも言える）。経済が好調ならば、普通は、金利が上がると債券価格は下がる。一方、不景気のときは、借り入れ需要が減って金利が下がり、債券価格は上がる。このように、債券価格が普通に変動すれば、投資家は債券ポートフォリオを効率的に管理できる。しかし近年、経済と関係なく政府が生み出した加速度的なインフレによって、債券価格は下がり続けている。長期債券は、ドルの購買力低下によってだけでなく、マネーサプライが急増したことによっても投資家の資金を奪っているのだ。二〇年物の非課税債券の価格は、一九六八年八月一日から一九七〇年五月までに三七％下落した。そして、企業の長期社債は、同じ期間にそれを上回る五三％も下落した。つまり、債券はこの新しい時代に、株のような値動きをしていたのだ。かつてのように、債券ポートフォリオを放置しておくことは明らかにできない。この新しい環境下では、債券を厳しく管理する必要がある。

四．債券や確定利付証券は、最近のパフォーマンスは低くても、投資ポートフォリオの重要な一部であることに変わりない。債券は投資家に定期収入をもたらしたり、生活費に充てたりするために必要である。また、機関投資家にとっては、債券の利回りが運営経費を賄ってくれる。一九七二年、大型成長株の利回りがわずか一％だったときに、非課税債券の利回りは五％を超えていた。つまり、利回りが株の五倍以上だったのである。税率区分が五〇％の投資家にとって、この差は七倍になった。

プライスは、この新しい時代に債券を効率的に運用するためには、満期になる日程に注意を払い、損失を最小限に抑えるために残存期間を短めにすることを提案している。また、州や地方自治体の財務内容が悪化するなかでは、特に非課税分野について調べを進める必要があるとしている。そして、「債券投資家にとっての新しい時代」にもあるように、「投資家は過去や現在の信用格付けをあまり重視すべきではない」と書いている。

会社はそれまで、顧客の債券ポートフォリオを積極的に管理することはなかった。非常に大きい債券ポートフォリオならば（例えば、年金基金）、銀行の信託部門に管理を依頼していることが多いからだ。ほとんどの顧客について、会社は当時の通常の手続きである満期を調整することによって、損失を最小限にとどめていた（債券ポートフォリオの調整は、ポートフォリオを例えば四つの部分に分けて、それぞれで同等の債券で満期が違うもの［例えば、二年、五年、七年、一〇年など」に投資する。こうすることで、金利変動のリスクを下げ、利回りが高い長期債や低い短期債のバランスをとることができる。残念ながら、これは一九七〇年代のインフレが加速するなかではうまくいかなかった）。

シェーファーはプライスの速報を注意深く読み、彼が再び会社に重要なビジネスチャンスをもたらしてくれたと思った。当時は、一九六一年に入社したカーター・O・ホフマン

（通称、トビー）が、のちに債券部になる部署の実質的な責任者を務めており、債券分野の投資についてほかのカウンセラー（クライアントマネジャー）にも助言していた。彼は、会計職の経験があり、州政府のバランスシートや報告書を詳しく分析して、債券がきちんと償還されるかどうかや、どの債券を買うべきかという重要な判断を下していた。社内では、彼の分析のほうが、スタンダード・アンド・プアーズやムーディーズやフィッチ・グループのいい加減な信用格付けよりも信頼できると考えられていた。ただ、ホフマンは、もともと大口顧客をいくつも担当するカウンセラーだった。債券のパフォーマンスの重要性が高まると、彼は自分の顧客に加えて会社のポートフォリオの管理までは手が回らなくなった。シェーファーは、新設する債券部の責任者への就任を打診したが、彼はカウンセラーを続けるほうを選んだ。そこで、会社は債券を管理できる人材を探し始めた。

債券分野は、当時も今も株式市場よりもはるかに規模が大きい。債券部は、会社にとって相当額の新たな収益をもたらす可能性があると同時に、既存の顧客の助けにもなると思われた。顧客の債券ポートフォリオを積極的に運用すれば、その収益を守り、増やすことができ、これは特に当時の経済環境においては有益だった。また、うまくトレードできれば、ＲＯＣ（資本利益率）も大きく上がる。

顧客の債券口座は、それまでは積極的な運用を行っていなかったため、安い手数料で口座の維持管理をしていた。しかし、変動する新たな環境で、積極運用に妥当な手数料をとることはすぐに認められた。また、個人や年金基金向けに、特定の債券に特化したファンドを設定する機会でもあった。

株式市場は、一九七〇年までに手数料とトレード利益が非常に小さくなり、価格は公表され、手数料の明細も公開されていた。しかし、債券トレードは縛りのない店頭市場で、スプレッドが比較的開いていた。トレーダーは多少「いい加減」に債券価格を付けることが多く、株におけるNYSE（ニューヨーク証券取引所）のような基準となる取引所もないため、正確な現在価格は分からない。そのため、無知な素人はウォール街のプロの債券トレーダーの餌食になっていた。今日でも、債券には価格情報が公開され、売値や買値を透明性をもって提示している公的な債券取引所は存在しない。トム・ウルフが一九八七年に書いた『虚栄の篝火』（文藝春秋）は、この市場を面白く描写している。また、プリンストン大学を出てすぐソロモン・ブラザーズに債券の営業マンとして入社したマイケル・ルイスが一九八九年に出版した『ライアーズ・ポーカー』（パンローリング）は、約三〇年前の債券トレード市場とそこで働く人たちの姿を、かなり正確に生き生きと描いたノンフィクションに近い作品だ。この市場は、今は当時ほどの輝きはないし、利ザヤもかなり薄くなっているが、ときどき（例えば、二〇〇八年のリーマンショック）、開拓時代の西部のようになるときがある。

シェーファーとホフマンは、債券部の責任者となるべき人材をボルチモアで見つけた。地元の大手保険会社のユナイテッド・ステーツ・フィデリティ・アンド・ギャランティ・カンパニー（ＵＳＦ＆Ｇ）で働いていたジョージ・Ｊ・コリンズである。彼は三〇歳で、元々はセミプロの野球チームのキャッチャーだったが、メジャーリーグに昇格する見込みがないと判断して辞め、そのあとは空軍に四年間勤務し、地元のブローカー会社のアナリストを一年務めたあと、ＵＳＦ＆Ｇの債券部でトレーダーになった。彼は、この競争が激しくて多忙な世界でうまくやっていた。三年後、彼がウォール街のより高給なオファーについて考えているときに、ティー・ロウ・プライス・アソシエーツが声をかけてきた。ティー・ロウ・プライスの報酬は比較的控えめだったが、新しい債券部を一から作るということが彼の心をつかみ、一九七一年に入社した。

人材探しにはプライスもかかわっていた。彼はコリンズが採用される前に彼と会い、すぐに気に入った。そこで、シェーファーに充てて「ジョージと会って話したところ、素晴らしい債券マンで、良い仕事をしていると思う。彼の部を拡大して、わが社がこの重要な分野の専門家になることを望んでいる」と書いた。彼とコリンズは、そのあと個人的にも仕事のうえでも心地良い関係を築いた。これはプライスにとってはまれなことだが、もしかしたら年をとったり引退したりして、少し余裕ができたからかもしれない。それに加えて、プライスが個人的に保有していたあまり知られていない債券についてコリンズが知っていたことも、彼らの関係を密にする助けになった。

コリンズの率直な態度と驚異的なペースに、最初はティー・ロウ・プライスの多くの社員が当惑した。彼は、部下のクレジットアナリストやトレーダーの席とは別の階にある自分の席を第一次世界大戦の椅子と南北戦争のときに北軍兵士がボルチモアに置いていったデスクと呼んでいた。彼の席からの眺めは、細い路地の煉瓦の壁だけだった。

債券の世界は株の世界とはかなり違っていたが、コリンズの成功で社員の見る目が変わってきた。彼が最初に獲得した大口口座は、一九七二年の終わりに契約したノースウエスタン・ベルの年金基金の債券ポートフォリオだった。開設時の二五〇〇万ドルは、当時の大口口座のなかでも引けをとらない額だった。そして、そのすぐあとにはボルチモア郡の年金基金の債券ポートフォリオの契約も成立した。

それだけではなかった。一九七三年には、満期のバランス型債券ファンドであるニュー・インカム・ファンドの設置をシェーファーが許可した。このファンドは、満期バランス型の債券ファンドではあったが、伝統的な満期の調整ではなく、コリンズがトータルリターンの概念で運用することになっていた。つまり、満期を待たずに安く買って高く売ることで利益を上げることを目指していた。債券は、市場が債券の元々の価値に気づくか、金利が下がって価格が上がるかしたときに売る。顧客は債券売却時のキャピタルゲインと債券自体の利回りで利益を上げることができる。この投資プログラムには、優先株や一定量の普通株も含まれていた。

債券の隠れた価値を明らかにして、その信用リスクを徹底的に調べるためには、ティー・ロウ・プライスが株について持っているような優れたリサーチ部門が必要だった。プライスが、「債券投資家にとっての新しい時代」で書いているように、過去の信用格付けよりも、リサーチによって変化する市場でのチャンスを探すことを重視すべきだった。また、優れたトレード戦略を立て、たいていは少し積極的になることも重要な戦略だった。そして何よりも、コリンズとプライスは、一九七〇年代にインフレが劇的に加速することで一致していた。そこで、コリンズは資本を早めに取り戻すという概念に基づいて、債券ポートフォリオには主に短期か中期、または満期が近い債券をそろえて比較的短期なもので構成していた。インフレが金利をそれまでになく押し上げ、債券価格は安くなるなかで、コリンズは機を見て早めに売ることで資本を取り戻していった。彼は、この戦略で同じような債券を買って長期間か、満期まで保有していたライバルよりもはるかに高いパフォーマンスを上げていた。

株の三つの投資信託のうちの二つがそうだったように、ニュー・インカム・ファンドも出足は遅かった。しかし、一九七〇年代半ばに金利が高騰すると、ついに動き出した。一九七七年には資産額が二億八四〇〇万ドルに達し、社債のファンドとしてはアメリカで三番目の規模になった。そのころには、コリンズは株式部門を大きく上回る結果を出しており、プライスはチェシャ猫のようにただ優しく微笑んでいた。

債券市場は劇的に変化しており、ティー・ロウ・プライスの債券部はそれを牽引していた。一九七六年、議会が非課税の地方債ファンドを許可する法案を可決すると、コリンズたちもすぐに行動を開始した。この法案ができるまで、非課税収入も投資信託に組み込まれて課税対象になっていたが、それが新法によって解消されたのだ。コリンズによると、新しい非課税ファンドは最初の五カ月間で資産額が七五〇〇万ドルに達した。そして、一九七八年には二億一五〇〇万ドルに増え、これも同種のファンドでアメリカ第三位の規模になった。

一九七六年、コリンズはプライム・リザーブ・ファンドの組成について会社を説得した。銀行や貯蓄貸付組合（S&L）が預金者に支払う金利はFRB（連邦準備制度理事会）によって規制されていたが、投資信託に関してはそのような制限がなかった。その一方で、一般の人たちはマネーマーケットファンドをかなり懐疑的に見ていた。銀行預金と違い、短期のマネーマーケットファンド（今回のファンドを含めて）の資金は、アメリカ政府の保証がなかったからだ。この「信用」要素によって、プライム・リザーブ・ファンドもやはり出足は遅かった。しかし、利回りが二桁になると、銀行が支払うことができる五・五％を大きく超えたため、プライム・リザーブ・ファンドがやっと伸び始めた。このような利回りは、たとえ保証はなくても企業、そしてのちには一般の人たちにとって抵抗し難い魅力があったからだ。

プライム・リザーブ・ファンドは、別の意味でも会社の重要な商品になった。株式ファンドをすでに持っている顧客にとっても重宝したからだ。顧客が株式市場に対して神経質になっているときは、そのままプライム・リザーブ・ファンドに資金を移行することができるようにしたことで、株よりは低くなるが、会社は引き続き手数料を得ることができるようになった。そして何よりも、株式ファンドが売却されても顧客との取引が続き、銀行預金に移ることはおそらくないということがよかった。顧客は、そのあとまた状況が変われば、いつでも株式市場に資金を戻すことができた。

プライム・リザーブ・ファンドのような貯蓄系のファンドは、投資家の投資信託業界全体への関心を高める効果もあった。コリンズによると、プライム・リザーブ・ファンドの株主の多くは、それまでに株の投資信託を買ったことがない人たちだった。一九七〇年代のトレンドはないが変動していた株式市場では、多くの投資家が自分の直感もブローカーの直感も信じられないと思っていた。しかし、プライム・リザーブ・ファンドを買えば、簡単にプロが運用する株式ファンドに乗り換えることができ、そのほうが結果も良いし、夜も安心して眠ることができた。

コリンズと「ザ・ヒストリー・オブ・ティー・ロウ・プライス・アソシエーツ・インク」によると、彼が入社してわずか一二年の一九八三年までに、債券部のカウンセリング口座の資産は二二億ドルに達し、非課税債券のファンドは六億七三〇〇万ドル、プライム・リザーブ・ファンドは出足は遅かったが二七〇億ドルに達していた。債券部全体で会社の運用資産の半分近くを占めるようになり、収益も同じくらいの割合に達していた。これは、プライスが発案し、コリンズが実行した新事業の驚くべき功績だった。コリンズが、一九八四年に四三歳で社長兼ＣＥＯ（最高経営責任者）に就任したのも納得の人事だった。

あとから見れば、あの時期に債券部が発足したのは幸運だった。株の環境は一九七二年を過ぎると急変し、特にティー・ロウ・プライス・アソシエーツにとってはそうだった。一時は成長株が市場を上回るパフォーマンスを上げ、グロース・ストック・ファンドとニュー・ホライズン・ファンドの両方が最初の一〇年間のパフォーマンスで同種のファンドの頂点に立って天下を取ったように見えた。一九七一年の時点でグロース・ストック・ファンドは三〇・四％上昇しており、ダウ平均の七％を大きく上回っていたのだ。しかし、状況は急変した。次の一〇年間でグロース・ストック・ファンドが市場を上回った年はわずか一年しかなかったのだ。ニュー・ホライズン・ファンドはそこまで下がらなかったが、それでも最初の一〇年間と比べるとかなり低くなっていた。

プライスとエレノアは、冬は湿気が多くて寒いボルチモアを離れ、フロリダ州ポンパノビーチ近くのヒルスボロー・クラブで過ごしていた。プライスが引退してからは、クリスマスが過ぎるとフロリダに行き、ボルチモアの美しい春と大事なバラが再生するのに合わせて四月に戻ってきた。設立から八〇年がたつヒルスボローはさりげなくエレガントなクラブで、主に東海岸の家族が暖かいフロリダ州南東部の気候を楽しみに一週間程度滞在していた。ここは、パームビーチやネイプルズの多くのクラブよりも心地良くくつろげる雰囲気があった。籐の家具はパステルカラーに塗られ、三〇〇メートルに及ぶプライベートビーチが付いていた。このクラブのスポーツと言えばテニスで、プライスも七〇歳代までプレーしていた。また、そこまで動けない人には、世界的に誇れるクロッケーのコートもあった。ほかにも若い人が交流できるさまざまな活動があり、年配の人たちには居心地の良い食堂や居間があった。つまり、引退したプライスとエレノアにとって、ぴったりの場所だった。

私が二〇一四年にこのクラブを訪れたとき、私がプライスに関する本を書いていると知ったメンバーの女性が、一九七〇年代半ばにプライスと会ったときの話をしてくれた。彼女は当時、九歳の姪をつれて滞在しており、夕食でプライスの席の近くに座っていた。当時、クラブではまだフィンガーボールを出しており、丸いドイリーナプキンが添えてあった。彼女の姪はフィンガーボールを見たことがなかったので、彼女の夫がドイリーの上にフィンガーボールを置いて指をすすぐやり方を教えていた。そのとき、突然、プライスが体をよじって笑い出した。彼女はビジネスマンとは違う彼の一面を見たと思った。それ以降、彼女にとってプライスはただの気難しい老人ではなく、「ロウおじさん」になったということだった。

プライスは、ボルチモアにいるときは定期的にワン・チャールズ・センターにある自分の部屋に行っていた。たいていは家族と古くからの友人と慈善団体のポートフォリオに関する作業をしていたが、時には若い社員や、当時もまだ新しい投資の提案をしていたニュー・エラ・ファンドのメンバーとも交流していた。

スティーブ・ノーウィッツ（一九七一年に入社、のちのディレクターや幹部）に話を聞いているときに、M・デビッド・テスタ（通称、デーブ）がプライスに関する別のエピソードを教えてくれた。彼の部屋は、プライスの部屋の隣の隣だった。プライスは、一日に数回、株価を表示できるクオートの端末のところに行って、ポートフォリオモデルに組み込んだ株の価格を調べていた。テスタが入社して一カ月ほどしたころ、プライスが彼の部屋をのぞき込み、それから入ってきて彼の前に立った。そして、「調子はどうか」と聞くので、テスタは「とてもうまくいっています」と答えた。プライスは、彼をしばらく見つめていたが、何か学んでいるかと聞いた。テスタが、「実はいろいろ学んでいます」と答えると、またしばらく見つめたあとに、「成長株とは何か」と聞いた。ちょうど成長株に関するすべての販売資料を読んでいたところだったテスタは、成長株のさまざまな定義や会社が成長株である条件などを立て続けに並べると、プライスは「何も分かってないね」と言って、去っていった。

ハーバード・ビジネス・スクールでベイカー・スカラー（成績上位五％に与えられる称号）を得て入社した彼にとって、この言葉はショックだった。その日、彼が昼食から戻ると、デスクにプライスが一九五〇年半ばに書いたパンフレットが置いてあった。このなかには、彼が初めて成長株投資の哲学を発表した一九三九年のバロンズ紙の記事のコピーも入っていた。そして、「成長株は、利益と配当が経済成長率やインフレ率よりも速いペースで増えていく会社」という文に下線が引いてあった。それだけだ。無駄のない明快な説明だった。素晴らしい哲理とは、たいていは単純なのである。

プライスは、ときどきカウンセラー部門やリサーチ部門の社員とパフォーマンスについて話し合った。これは彼のお気に入りの話題であり、会社がこれまで成功してきたカギだとも考えていた。また、会社の歴史について話すことも多く、会社に貢献してきた人たちの特性や、顧客にとって最善なことに集中するという単純なことを伝えようとしていた。若い社員に、彼の信念である正直者は報われること、率直であること、そして顧客に誠実でいれば手数料が継続的に入ってくるだけでなく、長期的に見れば満足した顧客の紹介で会社の事業も拡大していくということを教えた。彼の言うとおり、顧客と良い関係を築いておけば、短期的な低パフォーマンスという困難も乗り越えることができるのである。

一九七五年、会社は本社をボルチモア港に近い現在のイースト・プラット・ストリート一〇〇番地に移した。今回も、本社が拡大してワン・チャールズ・センターの四つの階を占めるようになり、エレベーターの移動が煩雑になったからだった。ただ、今回の移転に、プライスは含まれていなかった。ジョージ・ロッシュによると、移転先にマリー・ウォルパーの部屋がなかったため、プライスも彼女と一緒にワン・チャールズ・センターに残ることにしたのだ。複数の共通の友人から話を聞いたが、これは彼を深く傷つけた。特に、彼が交流を大いに楽しんでいた若い社員たちが、彼の近くにいたがらないような気がしてショックを受けていたのだ。この些細なことが、一九七〇年代後半のマスコミに対するプライスのいくつかの批判的なコメントの原因となったのかもしれない。ただ、彼をよく知る人たちによると、彼は根に持つタイプではなかったという。

このうっかりと思えるミスがどうして起こったのかはよく分からない。会社が意図的に

現在、ティー・ロウ・プライス・グループが本社を置くビル。前にはボルチモア港、後ろには最初に本社があったライト・ストリート10番地のビルも見える（著者撮影）

したのではないことは明らかだ。おそらく移転に伴う何千もの細かい手順のなかで起こった残念なミスなのだろう。プライスは一九七一年に正式に引退していたため、事務方の社員が杓子定規に解釈してしまったに違いない。

会社はワン・チャールズ・センターに残ったプライス事務所とその隣のマリーの部屋の家賃を支払い続けた。これはある意味振り出しに戻ったとも言える。プライスが一九三七年に会社を設立したとき、二人はライト・ストリート一〇番地の二間の事務所からスタートしたのだ。

一九七〇年代初めに、プライスはエレノアの物忘れがひどくなっていくことに気づいた。心配した彼は、エレノアをかかりつけの医者に連れていったが、問題ないと言われた。ラビンズ博士によると、そのあとエレノアはヒルスボロー・クラブで熱湯の風呂に入りかけてひどい火傷を負うという危険な目にも遭った。水で温度調整するのを忘れていたのだ。プライスは、あと二人の医師に見せてセカンドオピニオンとサードオピニオンを聞いたが、それでも原因は分からなかった。ある週末、ボルチモアに戻っていたプライスが庭いじりをしていると、隣に住むジョンズ・ホプキンズ大学医学大学院の学部長を務めるリチャード・S・ロス博士も庭に出ていた。プライスは、エレノアの症状と医師の診断には納得がいかないことを話した。ロス博士は、自分の大学の記憶障害の専門家で、精神・行動科学研究科の部長を務めているポール・R・マクヒュー博士の診断を受けるよう勧めた。

この大学院では認知症研究のクリニックが設立され、老年精神医学のプログラムを創設した医学博士のピーター・V・ラビンズが指導していた。彼はのちにこの大学院の精神・行動科学研究科に設置されたアルツハイマー病とその関連障害を研究するリッチマン・ファミリー寄付講座の初代教授に就任した。ここで、エレノアはアルツハイマー病と診断され、ラビンズ博士のグループは彼女に介護が必要であることと、病気が進行したときに起こることをプライスに伝えた。

これまでの経験と、ボルチモアのような医療が整った地域でさえ正しい診断を受けることの難しさを痛感したプライスは、同じような状況の人が大勢いるのではないかと考えた。ラビンズ博士によると、プライスは一九七九年末にジョンズ・ホプキンズ大学医学大学院の精神・行動科学研究科高齢者部門にT・ロウ・アンド・エレノア・プライス・ティーチング・サービスを設置するために、二五万ドルを証券で寄付した。ラビンズ博士によると、このサービスの目的は「記憶障害や老人性認知症の原因究明と治療に関して医師と看護師の訓練を行うこと」だった。

プライスは、知性的な若者と働くことをいつも楽しんでおり、ラビンズ博士には感銘を受けていた。一方、ラビンズ博士のほうはプライスのことを、丁寧で偉ぶったところのない人だと感じていた。ただし、プライスは仮定を容認せず、もし博士が質問の答えが分からないときはそう言ってほしいと主張した。周知のとおり、彼は誠実さと率直さを大事にしていたのだ。プライスは、それから数年間、三カ月ごとにエレノアの治療について博士と面会した。しばらくして、ラビンズ博士は前出のT・ロウ・アンド・エレノア・プライス・ティーチング・サービスのディレクターに指名された。

ラビンズ博士によると、プライスは、このサービスについて個人的に次の三つの目標を掲げていた――①医師や看護師やすべての医療提供者がアルツハイマー病や認知症について学ぶこと（当時はまだあまり知られていなかった）、②その情報を患者本人と介護する人の両方に提供すること、③治療法を見つけること。

プライスはラビンズ博士に、「株に投資する前には、必ず会社のすべての側面について徹底的に調べ、事業内容から財務状況まで注意深く見ていく」という話をした。アルツハイマーの研究もそのような姿勢で臨み、この病気を理解するために、最新の科学を駆使して徹底的に調べてほしいと考えていたからだ。

コンサルタントで、アルツハイマー協会の理事で、精神科のアシスタントでもあるナンシー・L・メイスが、T・ロウ・アンド・エレノア・プライス・ティーチング・サービスのコーディネーターとして採用された。彼女はラビンズ博士や看護師のメアリー・ジェーン・ルーカスと仕事をしながら、アルツハイマー協会のグレイター・ボルチモア支部を作り、患者とその家族と介護者が問題や解決策を話し合う会合を毎月開いた。

この会合の記録は参加者だけでなく、そのほかの関心のある人たちにも配布された。この謄写版で印刷してホッチキスでとめただけの議事録は、時間の経過とともに膨大な量になっていったが、それをラビンズ博士とメイスが細かく編集して、一九八一年に出版した。この本は、現在でも第六版が『ぼけが起ったら――老人性痴呆への新しい考えかた』（サイマル出版会）というタイトルで販売されている。ラビンズ博士によると、この本は三〇〇万冊以上売れ、ジョンズ・ホプキンズ出版で最も売れた本になった。この本は、アルツハイマー病の介護と治療に関するバイブルになっており、複数の言語に翻訳されている。最新版には、回復につながる可能性がある治療法が網羅されている。

プライスが亡くなったとき、遺言に従って寄付の額は一〇〇万ドルに増えていた。今日ではアルツハイマー病の研究に相当額の資金援助があるが、プライスが継続的に寄付を行っていたころ、アメリカでこの病気に対する支援はほんのわずかしかなかった。その意味で、彼は当時、非常に貴重な貢献をしていたのである。

エレノアの認知症が悪化していくと、大好きなギルフォードの家に住み続けることは現実的に難しくなっていった。そこで、一九七四年一二月末に、プライスはノース・チャールズ・ストリートにあるワリントン・アパートに引っ越した。ここは大きくて居心地の良いアパートで、プライスの昔の友人が何人か住んでいた。

一九八一年五月三日、妻で人生のパートナーだったエレノアが亡くなった。彼とエレノアは、真に素晴らしいパートナーシップを築いていた。彼女が亡くなったあと、プライスは追悼記事に妻との関係について二人が愛したガーデニングになぞらえ、「私が花を育て、彼女がそれを美しくアレンジし、二人でたくさんの賞を受けた」と記した。これは、いつもは簡潔で事務的なスピーチをする彼としてはとても詩的な例えだった。個人的なことはほとんど話さなかった彼が、ガーデニングや彼女が作った美しいブーケについて言及したことは、エレノアが二人のために温かくて豊かな環境を作り出していたことを大いに評価していた証しと言える。彼女が夫と子供たちに必要なことをすべて引き受けてくれたから、プライスは会社を育てることに専念し、業界で卓越した評価を確立することができたのだ。これは真に対等なパートナーであり、彼はエレノアを生涯愛し続けた。プライスの孫のトーマス・ロウ・プライス四世は、病院に祖父を見舞いに行くといつも結婚式の新郎のように祖母の写真を眺めていたと話してくれた。

エレノアの死後は、ペンシルベニア州ランカスターに住んでいたプライスの妹のガーリングが頻繁に訪れて彼の世話をしていた。弟が学校を変わったときはいつも付き添ってくれた姉のミルドレッドは、その何年か前に亡くなっていたが、今でも仲の良い家族であることに変わりはなかった。

プライスは、引退後も個人的に投資速報を書き、発行し続けた。これらは会社の主な人たちに配られていた。また、彼の強い競争心も相変わらずで、モデル口座の結果を発表し、それを会社の投資信託のパフォーマンスと比較していた。競争は彼の性分だが、それには意図があった。会社やファンドがパフォーマンスに集中し、常により良い結果を目指すことを願っていたのだ。

また、プライスは長年の習慣である非常に集中することと一人の時間が必要なことも変わらなかった。会社がイースト・プラット・ストリートに移転するまで、彼の部屋はカウンセラーの階の真ん中にあったが、彼は常に部屋のドアを閉めていた。来るものは拒まずタイプのリーダーでなかったことは明らかだ。彼に会いたければ、まずは正確な時間を決めて予約する必要があり、マリー・ウォルパーがそれを厳密にチェックしていた。

ハワード・コルホーンがプライスの部屋を訪ねたときの話をしてくれた。ドアをノックしたが返事がないのでなかに入ると、プライスは調べものに集中していた。コルホーンはデスクの前の椅子に座ったが、プライスは顔も上げない。それでも座り続けていると、ようやくプライスが「タイミング悪く来られることが、どれほど気に障るか分かるかい」と言った。コルホーンは「知っています」と答えた。するとプライスが、「時計は合っているのか」と聞き、コルホーンは「合っています」と答えた。プライスがまた「一人の時間を邪魔されるとどれほどイライラするか分かるかい」と聞き、「知ってます」と答えた。このようなやりとりが何回かあったあと、プライスが大きい声で「それなら出て行ってくれないか」と言った。コルホーンは立ち上がり、ドアを出るときに「あなたがこのビルの最後の一人です。火事ですよ」と言って去っていった。プライスが部屋の外を見ると、廊下にはたくさんの消防士がいた。

前にも書いたとおり、プライスは「末っ子」のニュー・エラ・ファンドには特に関心を向けていた。成長株投資の哲学や長期的な優れた実績が十分確立され、受け入れられていることは分かっていたが、インフレで儲けることを目指すという独自の投資戦略に基づいたニュー・エラ・ファンドのパフォーマンスは、彼の遺産として大きな意味を持っていた。プライスは、一九七四年以降の投資委員会には出席していなかったが、委員長のボブ・ホールと定期的に連絡を取っていた。この委員会がポートフォリオの株の売買に関するすべての判断を下し、パフォーマンスを管理していた。プライスは、たいてい日曜日の朝にホールに電話をかけ、「きっと教会には行っていないと思ってかけたよ」と軽口をたたいたあと、ファンドのパフォーマンスや株の売買、プライスの景気や市場に対する見通しなどについて話をした。この電話はいつも一時間以上かかるため、ホールの朝食はブランチになった。こうして会議には出なくても、プライスはニュー・エラ・ファンドに不可欠な一部になっていた。

プライスが、会話のなかでホールが完全に納得していないと感じると、多少論争めいたり続けていた。

感じになることもよくあった。ホールは、いつまでプライスの高い基準に応え続けなければならないのかと小声でつぶやいたこともある。そして、この基準は当然ながら常に上がり続けていた。

しかし、ホールはプライスが一緒に働いている人たちに対して非常に寛大で思慮深い面もあったとも言っている。「私の父が亡くなったときは電話をくれ、手紙まで送ってくれた。当時は、もう引退して旅行中だったはずなので、どうしてそのことを知ったかさえ分からない。それでも状況を把握して、わざわざ哀悼の言葉をかけてくれたのだ」

第13章と第14章で書いたとおり、プライスは一九六〇年代の終わりから一九七〇年代の初めにかけてモデル口座で金関連の株を大きく増やしていき、そのあとは彼の強い要請でニュー・エラ・ファンドでも、モデル口座ほどではないが、増やしていった。彼が最初にモデル・インフレ・ファンドで小さな金のポジションを建てたのは一九六七年で、そのあと一九七〇年から一九七一年初めにかけて増やしていった。ニクソン大統領が一九七一年にアメリカの金本位制を終わらせると、プライスは積極的に金関連株を買い始め、これらは一九七三～一九七四年に株式市場が崩壊するなかで急騰した。一九七四年第1四半期には、プライスの株のポートフォリオモデルのなかで金関連株が三〇％を占めるようになっていた。彼はいつものように大きく上げたあとはある程度を売却し、コストの八〇％とキャピタルゲイン税にかかる分を回収した。彼の口座の金関連株は、一九七二～一九七四年で七〇〇％以上上昇していた。しかし、一九七五～一九七六年にインフレ率が衰え始めると、これらの株は急落した。プライスは再び買い側に転じ、積極的に買っていった。三〇歳代以来、初めての積極的な売買だったが、今回のほうがずっとうまくいった。彼は、インフレはけっして終わっておらず、投資家をインフレから最も守ってくれるのは金だと信じており、それは正しかった。このとき、石油や木材も五～一〇年程度は成長株になり得たが、変動が激しく、収益はあまり意味がなく、経営層が薄いことから、適切な投資対象とは言えなかった。また、プライスは、ボブ・ホールに「金関連株は、買って保有しているだけではだめだ」とよく言っていた。

プライスの、一九七〇年代半ばにおける金関連会社の積極的な買いプログラムは、一九八〇年初めに金が史上最高値の八五〇ドルを付けて実を結んだ。そして、大きく金に投資していたプライスのモデル・インフレ・ファンドは、ニュー・エラ・ファンドよりもさらに高いパフォーマンスを上げた。自分のモデルファンドがニュー・エラ・ファンドに勝ったことで、プライスは大いに満足した。

フォーブス誌（一九七五年一〇月一五日号）に掲載された「なぜT・ロウ・プライスは金が好きなのか」という記事はプライスについて正しく描写している。「彼のライバル（ほかのマネー・マネジャーたち）たちは木について調べたり、林について調べたりしている。しかし、プライスは地形全体をとらえている。……尋常ではない洞察力だ」

一九七五年七月三〇日、彼は「より良いパフォーマンス」について社員に向けた最後の覚書を書き、「モハメド・アリのように、私も勝者を引退する。私の年齢と健康を考えると、競争をやめるべきときが来た」と締めくくった。しかし、ここでもあと一つ、救済・復活ファンドという新しい投資の哲学を紹介している。プライスは、一九六九年に社内の投資会議でこの哲学に基づいた投資信託を検討するよう提案していたが、会社が何もしなかったため、一九七〇年に自分で小さなモデル口座を作ってこのアイデアを試した。そしてすぐに、これらの株については詳しい知識ととてつもない忍耐が必要だと分かった。プライスは、フォーブス誌（一九八一年一一月九日号）に寄稿した「一九八〇年代の肥沃な土地」と題した記事のなかで、「新しい口座の二五％を建築業界に投資する」と書いている。この業界は、過去一〇年間の高金利と不景気で落ち込み、多くの会社の株価が簿価をはるかに下回っていた。それから一年余りあと、フォーブス誌（一九八二年一二月六日号）は「一九八〇年代半ばにお勧めの株」という記事のなかで、プライスが最後に推奨したのは、「ウォール街でみんなに避けられている銘柄だったため、当時はみんなを驚かせた。しかし、これらの株は目覚ましい復活を遂げ、市場をはるかに上回るパフォーマンスを上げた」と評価している。

彼は、ボルチモア・サン紙の記事のなかで、救済・復活ファンドの投資チャンスは何年間も下げている業界で探し、国が不況のときが最大のチャンスだと説明している。ただし、買いは少しずつ行い、株価が簿価を下回っているときには多めに買うとよいとしている。また、これらの株は利益が回復したらすぐに売るべきだとも警告している。

インフレの高騰と高い金利と景気の低迷という環境によって、このようなファンドは機が熟しているように見えた。この記事が出たあと、会社の投資方針委員会のメンバーは彼のアパートを訪れ、この哲学について話し合った。しかし、今回はプライスがこのアイデアの採用に反対した。彼は自分のモデル口座の経験から、大手金融機関の口座や投資信託の規模では十分な流動性が確保できないことが分かっていたからだ。

それでも、会社はこの哲学を、二～三年後にバリュー投資の分野に参入したとき、少し形を変えて導入した。バリュー投資は当時、販売部門やそのほかの重要な分野の責任者として入社したジェームス・S・リープ（通称、ジム）が強く推した分野だった。このことについてはエピローグに詳しく書く。

一九八二年一二月、プライスはフォーブス誌の記事のなかで、ほぼ二〇年ぶりに債券の買いを勧めた。ここでは、特定の銘柄は挙げなかったが、満期が遠いものを示唆していた。仮に、当時プライスのお気に入りだった長期の米国債を買うと、それから一〇年間でトータルリターン（複利）は一四%になっていたはずで、これはS&P五〇〇の一〇・八%をはるかに上回っている。プライスは、一五年前に懸念していたアメリカのインフレスパイラルをボルカー議長がカンフル剤によって阻止し、近いうちに経済が上向くことに気づいていた。フォーブス誌は、プライスが「一九八〇年代に勧めた銘柄は、すでに市場の一四%を上回る二四%上昇している」と報じている。

彼がいつも言っているとおり、「変化――投資家にとって唯一確かなこと」なのである。

一九八二年一一月、彼は再び体調を崩した。医者は入院させようとしたが、プライスは友人たちに、アイデアとチャンスがありすぎて、それをすべて語り尽くす時間がないと言っていたようだ。

一九八三年四月のある金曜日の夕方、会社の法律顧問のヘンリー・H・ホプキンズは、グレイター・ボルチモア・メディカル・センター（GBMC）に入院していたプライスから電話を受けた。「ヘンリー、私の死亡記事の原稿を直したいから、今すぐ持ってきてくれないか」。彼は、このときちょうど帰宅しようとしていたところだったが（彼の自宅は車で一時間のギブソン・アイランドにある）、急いで会社の通信部に連絡して、プライスが死亡記事をすぐに訂正したいと言っているから持ってきてほしいと伝えた。担当者は、「無理です。これから妻と食事に行くので。いつまでに用意すればいいですか」と答えたが、ホプキンズは「二人で見直してから君が今夜中に持って行くんだ。奥さんには、現地集合で、遅れると伝えるしかない」と言い、担当者も仕方なく「分かりました」と答えた。

日曜日、ホプキンズは新聞をくまなく調べたが、死亡記事は載っていなかった。月曜日もなかった。月曜の夜、ホプキンズはテニスをした。ダブルスのパートナーの一人がグレイター・ボルチモア・メディカル・センターの外科医だったので、「プライス氏があなたの勤務する病院に入院しています。危篤だと聞いたのですが、亡くなったかどうか聞いていますか」と聞くと、「どこで聞いたのかい」と言われた。そこで、事情を話すと医師が「金曜日の夜に彼を診たときは、亡くなるほうに一〇〇万ドル賭けていいと思ったよ。死は目前だった。胃に深刻な問題があって、ほとんど機能していなかったんだ。夜中に呼び出しがあると覚悟していたが、なかった。そして、土曜日の朝早く見回りでプライス氏の部屋に行くと、彼はスーツとネクタイに着替えて椅子に座っていたんだ」。そして私にこう言った。「死ぬのはやめました。退院させてください。今すぐです」。医師はこうも言った。「医者として経験した一番の奇跡だったよ」。ホプキンズも「プライス氏がときどき気を変えるのは有名ですよ」と応じた。

変化の兆しは本当にあり、それがプライスにとって唯一確かなことだった。彼は、最後の速報となった「一九八三年以降の展望」（一九八三年八月一日）のなかで、「株は統計的に安い。久々に盛大なクリスマスになるだろう。市場は長期的なブル相場に入ろうとしている」と書き、投資家がポートフォリオの七〇％以上を株に配分するよう勧めた。彼のポジションはすでにそうなっており、これは彼にしては異例なほど積極的だった。推奨株のなかに、資源株は入っておらず、大部分は大小含めた本物の成長株だった。突然、気を変えたプライスに、会社の昔のパートナーだったジョン・ラムジー・ジュニアならば、「そうは言っても、ロウ……」と言うところだろう。

ボブ・ホールが、このころにプライスの自宅に見舞いに行ったときのことを話してくれた。「この時点ではかなり病状が悪化していて、私が行ったとき、彼は看護師に囲まれて水を飲んでいた。彼は私に、看護師はみんな水を飲んでいると思っているよ、でも本当はジンなんだ、と大きめにささやいた。もちろん冗談だがね……厳しくてぶっきらぼうな外見の下に、非常に明るくて、のんきな性格が隠れているんだ。最悪のときでも、人生の終わりを迎えているときでも、ふざけてみせることができる人だった」

プライスが顧客への最後の速報のなかで、株式市場で強気に転じるように助言したとき、ダウ平均は一一九四ドルだった。そして、二〇一八年一月、ダウはその二一倍を超えて史上最高値の二万六六一七ドルを付けた。

プライスは、一九八三年一〇月二〇日に、自宅で脳卒中を起こして亡くなった。八五歳だった。

第4部

市場分析

第16章 次の一〇年間の投資（二〇一七～二〇二七年）

本章の内容は、もしプライスが生きていれば、彼の投資哲学に基づいて今日の市場でどのような見通しを持つかを、私とボブ・ホールが推測して書いたものである。

T・ロウ・プライスは、ほとんどの投資家にない二つの強みを持っていた。深い洞察力と先を見通す才能である。そのうえ、彼は投資の仕事にすべてを捧げ、朝の四時に起きてから夜の九時半に寝るまで報告書を読み、投資の研究に没頭していた。特に、会社を退職するまでの現役時代は、三度の食事、まれに行う親しい友人との夕食会、顧客との面談やその準備、投資信託の諮問委員会に出る以外のすべての時間を、投資の研究に充てていた。

一九三〇年代、彼には成長株投資の理論を発展させる展望と見通しがあった。本書前半に書いてきたとおり、これは優れた利益成長率を長期間持続できる会社の株のみをバイ・アンド・ホールドするという常識的な考えで運用するプログラムを実行すれば、優れた投資結果を上げることができるということである。これは、時代のかなり先を行っていた。それに、大恐慌の直後の時期は、将来を見据えた投資ではなく、資本の維持に重点が移されていた。

今日でも、多くの投資家が長期的に優れた利益成長率を上げていく会社ではなく、すぐに上がりそうな株に投資している。ちなみに、プライスの考える「長期」とは一〇年間だった。ところが現在、ほとんどの投資家の考える時間とは六カ月以下である。この大きな食い違いによって、実は今、優れた成長株の銘柄選択は、過去四〇年で最も競争が激しくなくなっている。一方、プライスの会社の素晴らしい成功が大きく宣伝された一九七〇年代は、成長株の人気が高まり、かなり割高になっていた。

プライスは、世界の社会や政治や経済の潮流の重要な変化を見通し、それが投資環境にどのような影響を及ぼすかが分かる特異な能力を持っていた。そのため、みんなが市場環境が変化したことに気づく何年も前に、彼の顧客たちは新しい環境に適した投資にシフトし終わっていた。今どきの金融用語で言えば、彼は「ブラック・スワン」を予見できたのである。この「ブラック・スワン」というまれで重大なことを意味する概念が最初に提唱されたのはローマ時代だった。それを、ナシーム・ニコラス・タレブが二〇〇七年に発表した『ブラック・スワン――不確実性とリスクの本質』（ダイヤモンド社）で、金融市場に与える影響について書いた。タレブは、ブラック・スワンを、「通常の予想の範囲を外れていて……極めて大きな衝撃を及ぼすこと」と定義している。

プライスは、金融市場の大きな変化を予想する驚くべき能力を、長年にわたって示し続けた。①一九三〇年代の最悪の状況で、ベア相場の最終局面で投資しろと助言したこと、②一九四二年初めのドイツ軍がヨーロッパで勢力を急拡大し、同様に日本軍が太平洋で勝利を重ねていたころに、顧客にブル相場が始まると予想をしたこと、③一九五〇年に同業者が次の不況を心配するなかで、顧客のポートフォリオを史上最大の好景気に合わせて調整したこと、④一九六五年に一九七〇年代の多くの人を苦しめた大インフレ期を予想したこと――などは、どれもブラック・スワンの予想だったと言ってよい。

ボブ・ホールと私は、一〇年以上プライスの下で働いた経験がある。ホールの優れた投資結果はまえがきに書いたとおりだ。私たちは今回、もしプライスが今も生きていたら、現在の環境の下で投資に対する考えや見通しについて、どのような考えを述べるだろうかということについて話し合った。

彼ならば、ＦＲＢ（連邦準備制度理事会）が行っている人為的な超低金利政策や、国民意識の高まり、ＧＡＡＰ（一般に公正妥当と認められた会計原則）の緩和（ウォール・ストリート・ジャーナル紙二〇一七年二月二四日によれば決算報告を実質的に無意味にし、「会社」を代替現実にしてしまうようなこと）といった問題に対して鋭い見解を示すに違いない。

ここから書くことは、プライスの将来を見通す傑出した能力に対抗しようとするものではない。ここでは、まずプライスが一九三七年に初めて書いた文章の「変化――投資家にとって唯一確かなこと」をまねて、現在の社会的・経済的・政治的環境の概要を定義する。そして、彼が長い仕事人生において、約五年ごとに行っていたように、この環境で機能しているさまざまな「潮流」について考えてみる。しかし、それをしたとしても、私たちにはアシの間に隠れている次のブラック・スワンは見つけられないかもしれない。

ただ、そのような予想ができなくても、彼のように長期的に優れたリターンを生み出す投資プログラムを構築することは十分可能だと信じている。私たちは、大きな変化のなかで、プライスが常に個人的なポートフォリオの半分以上をさまざまな成長企業に分散して投資していたのを見てきた。彼の基本原則である優れたリサーチ、つまり経営陣の質の高さに注目し、その会社と業界の重要な財務トレンドを注意深く分析するということを守るだけで、顧客には他社に負けない高い結果を提供し続けることができるのである。

ホールとの話し合いの最初の目的は、世界の潮流と潮目を見極めて、プライスの最後の記事となった「一九八〇年代半ばにお勧めの株」（フォーブス誌一九八二年一二月六日号）を参考にしながら、次の一〇年間に適した投資プログラムを構築することだった。

私たちは、プライスが一九三七年にその存在を指摘した何世紀にも及ぶ長期的で、大きな流れの方向はまだ変わっていないということで一致した。当然、プライスの一九八二年の記事から三六年では変わるはずもない。その理由は、根底に人間の基本的な性質があるからだ。ただ、これらの流れは、「潮目」によっては大きく修正されるとプライスは言っている。一九三七年には、この潮目が政府が経済を強く支配する方向に向かっていたことについてはだれも疑問をはさまないだろう。プライスならばきっとこのような潮目はいずれその方向を変えると指摘すると思う。

彼は一九三七年の「変化」に関する覚書のなかで、「自由主義への長期的な流れの背後にある大きな力……は、過去一世紀における大衆の台頭」だと書いている。また、この潮流はコミュニケーションの手段と速度が向上したことによって加速したともしている。電話によって世紀の変わり目のコミュニケーションは飛躍的に加速した。そして、ラジオが登場すると、何百万人という人たちは瞬時に情報を受け取れるようになった。第二次世界大戦後は、民間航空機で世界中どこでも何日かで（何週間や何カ月ではなく）行けるようになった。一九五〇年代にはテレビによって映像が配信できるようになり、ラジオの何倍もの威力を発揮した。普通の大衆が簡単に自分の状況を目で見ることができるようになり、世界中の人たちと比較できるようになったり、大きな出来事の影響も直に見聞できるようになったりしたのである。

近年、コミュニケーションにおける最大の革新はインターネットで、これは一九八三年のAOL誕生とともに商業化された。今では何十億人という人たちが毎日オンラインでつながり、安く簡単に考えや画像や動画を個人や何百万人もの視聴者に瞬時に伝えることができるようになった。インターネットは、二〇一一年に始まったアラブの春の運動を拡大させたとも言われているが、それでもまだ技術と社会の発展は初期段階で、世界中でさらなる政治的な変化が起こることは間違いない。

一九三七年、世界大恐慌による深刻な金融崩壊からの回復が遅々として進まないなかで、世界経済は停滞していた。一九三〇年代は、多くの国の失業率が高いままだった。各国の政府は、財政赤字を増やしながら緩やかな成長を維持していたが、これは今日も同じような状況だ。世界中で社会主義が台頭し、特にヨーロッパの国々では政治が混乱していた。

プライスは、大衆（一九三〇年代に「持たざる者」と呼んだ人たち）の台頭は、国についても言えると考えていた。彼が考えていた「持てる国」はアメリカ、イギリス、フランス、ソ連で、「持たざる国」はドイツ、イタリア、日本だった。しかし、今日の「持てる国」はアメリカ、ＥＵ（欧州連合）、日本で、主な「持たざる国」は明らかに中国とロシアだ。中国は、少なくとも経済的にはこの数十年で急速に発展し、国民の生活も向上している。しかし、一人当たりのＧＤＰ（国内総生産）はわずか一万六〇〇〇ドルで、アメリカの三分の一にも満たない。政治的には、共産党が支配する共産主義者による独裁国である。一方のロシアは、一九八九年のベルリンの壁崩壊後に一時的にアメリカ式の資本主義と民主選挙を試したものの、そのあとは中央による支配がかなり厳しくなっている。

プライスは、民主主義社会における大衆の台頭は大きな政府につながり、事業への規制が増え、富裕層の税金を上げ、より多くの資源が持たざる者に配分されるようになると考えていた。そして、このような環境は社会主義勢力を拡大させ、人の基本的なニーズに影響を与える業界（農業、輸送、水、熱、健康や教育や保健といった社会福祉など）に対する規制が強くなると予想していた。過去一〇年間で国民皆保険への動きが始まり、国が学生ローンプログラムを管理して大学の学費の一部を支援しようという動きがあり、ＦＣＣ（連邦通信委員会）はすでに撤廃されたかつての電話規制を用いてネット中立性の名の下にインターネットを規制しようとしている。

もう一つ、プライスが常に懸念していたのが、インフレによってドルの価値が下がることだった。このことはＣＰＩ（消費者物価指数）を見るかぎりもう一〇年以上続いており、懸念するほどではないが、景気が改善してインフレになれば、急変するかもしれない。

現在、先進工業国の多くでは経済がフル稼働していない。この一〇年は、中国が世界の経済成長における重要な要素になってきたが、その中国の成長率が減速している。中国では一人っ子政策の影響で、近い将来、一人が自分の家族に加えて祖父母四人と両親二人を支えていかなければならない。中国の生産コストは上昇しており、それが輸出に影響を及ぼしている。また、国際決済銀行（ＢＩＳ）によると、中国の借金はＧＤＰ比でアメリカを上回り、さらに上がり続けている。そして、ＥＵも出生率低下による人口減少と、多額の負債に苦しんでいる。ちなみに、ＥＵの二〇一七年末の負債はほぼアメリカと同額だが、多くの経済学者やフォーブス誌（二〇一七年一二月一一日）に掲載された「日本の債務危機はいつ爆発するか」という記事によれば、日本はGDPの三〇〇％に及ぶ返済不能な債務を抱え込んでいるという。

アメリカは、毎年一〇〇万人以上の合法移民が流入しているため、アメリカの人口は、出生率減少にもかかわらず、若干増加している。ただ、国債と非金融会社の負債を含めた負債総額は、GDPの二五〇％という高水準に達している。プライスが亡くなって三〇年以上がたつが、アメリカの財政収支が黒字になったのはわずか四年しかない。つまり、財政赤字は毎年増え続けている。二〇兆ドルの財政赤字を一世帯当たりで換算すると、二〇万ドルを超えるが、これは各世帯がすでに抱えている住宅ローンやクレジットカードや教育ローンなどの一五万ドルの債務を倍加させることになる。

この累積債務は二〇〇八年以来、先進工業国の経済成長を支えてきたが、いずれ債務の伸びは衰え、返済を始めざるを得なくなったときにこの状況は反転する。プライスは、「投資家にとっての新しい時代」（一九七〇年四月）のなかで、「収入以上の支出を続けることができる国はない。行き詰まるのは時間の問題」だと書いている。各国の中央銀行が金利を史上最低水準まで引き下げているため、報いを受ける日は一時的に延期されている。しかし、金利が通常に戻れば、多くの国も企業も個人も借金を続けるのは難しくなる。プライスならば、この巨額で増え続ける債務と、ＦＲＢやほかの中央銀行が金利を低く抑えるために支出した何兆ドルものお金は、金融の可燃混合気だと指摘するに違いない。もし景気が上向けばすぐに発火してインフレになるということだ。二〇〇三年一〇月一四日にダラス連邦準備銀行でミルトン・フリードマンを信奉するバーナンキ博士（のちのＦＲＢ議長）が経済成長率を超える割合で紙幣が発行されればインフレになると述べているが、プライスも同じ考えだった。

オバマ政権による税金と企業への規制と政府の介入が増えた二〇〇九～二〇一六年の八年間の代わりに、より企業寄りで成長志向の政府が誕生すれば助かるだけでなく、もしかしたら一時的に潮目が変わって次の五年程度でアメリカ経済の成長スピードは上がるかもしれない。プライスは、大統領選挙が変化の指標になることはあっても、選挙自体が変化を生み出すわけではないと考えていた。先進工業国の多額の負債と人口があまり増えていないことは、これからも長期的な成長に影響し続けるからだ。

ホールと私がプライスの考え方を踏襲して推測したかなり暗い長期見通しを見て、昨今の投資家はそもそも株を買うべきなのかという当然の疑問を持つだろう。しかし、結局はプライスが言うとおり、金融における投資家の最大の防御策は、成長株――優れた経営陣と優れた財務内容を持ち、肥沃な分野で営業し、平均以上の成長率が期待でき、ROC（資本利益率）が高い会社の株――を所有することなのである。

また、プライスは新たに株に投資する人は、まず自分の経済状態を注意深く確認しておくことが大事だと考えていた。そのうえで、自分の投資プログラムを紙に書いて、それを順守することだ。例えば、三〇歳代後半から四〇歳代前半の比較的若い人は近いうちに人生で収入が最も高くなる時期を迎えるため、持っているポートフォリオの株に含み益が出ていれば、投資に充てる余裕資金があるはずだ。この比較的若い投資家は住宅ローンを抱えているが、ほかに大きな負債はなく貯蓄と収入から投資を増やしていくことができると仮定する。ちなみに、大きな負債がある人や、もっと年上の引退が近い人ならば、資本の維持と現在の収入に関心を向けるべきだろう。最初から分散させる良い方法としては、同じ金額を二つの投資信託に投じるとよい。一つは質の高い成長株に投資しているもの、もう一つは世界の株と債券に分散投資しているものだ。

若い顧客には、最大一〇％を現金準備金として短期の債券を買うことを勧める。できれば、国際的に分散すると、より安全だ。この分は、株価が大きく下げたときに株を買ったり、何よりも予期しなかった現金が必要になったりしたときの備えとする。

自分で株のポートフォリオを構築したい人は、ファンドの補完として買う場合を含めて、第9章を読んでほしい。そして、自分のポートフォリオを注意深く調べ、そのなかに成長株が含まれているかどうかを確認してほしい。もし成長株でないものが含まれていたら、それについては売値を決めて手放すとよい。また、売りや買いは少なくとも数カ月をかけて行ってほしい。もし大きなキャピタルゲインがあれば、二年以上かけて手仕舞うとよい。現在の連邦税と州税では、利益の二〇%が取られる可能性があるからだ。その一方で、期待以下の見通しの会社を何年も保有し続けるよりも、我慢して税金を支払い、より良い見通しの優れた会社に買い替える価値は十分ある。前にも書いたとおり、本当に大きな富をもたらしてくれるのは優れた成長株であり続けるデュポンや3MやメルクやIBMなどを良いときも悪いときも保有し続け、七〇年以上で三〇倍以上の価値を得た長期投資家なのである。資金の一部を自分のために投資するつもりならば、右の銘柄は一番に考えるべき第一級の成長株である。プライスのような天才でなくても、成長産業で優れた経営が行われていれば、会社の市場価値がいずれ大きく上がることは少しの常識と忍耐さえあれば分かる。

ただ、どれが今日の優れた成長企業なのだろうか。多くの投資家は仕事が忙しかったり、単純に時間がなかったりして必要なリサーチをすることができないことを考えると、最善策は先述の投資信託を保有し続けて専門家にそのような会社を探してもらうのがよいだろう。また、自分のポートフォリオの一部を管理する時間と意欲がある人は、例えば資産の六〇％を投資信託に配分したうえで、もし本書の教えを吸収し、信じられるならばモーニングスターの年間最優秀投資信託で多く保有している株を注意深く調べてみることを勧める。そうすれば、その投資信託の運用会社が成長株だと考える銘柄から、何らかのアイデアを得られるかもしれない。ただ、投資信託の銘柄は、ポートフォリオマネジャーの考えひとつで入れ替わるため、四半期に一度程度はそれらの会社がまだその投資信託に組み込まれているかどうかを確認したほうがよい。

ポートフォリオを管理するときは、プライスの助言を思い出して、ポートフォリオのなかで大きな割合を占めるようになった銘柄や、大きく過大評価されている銘柄は少しずつ利食ってほしい。売却の目的は、最初のコストを回収することで、その代金は先述の質の高い債券ファンドに入れておくとよい。そして、残りの株はその会社が成長株である間は保有し続ける。ただ、この点については、ホールと意見が分かれた。彼は、過大評価は一時的なことなので売らないほうがよいと言う。最高の会社は、その他大勢よりも成長が速いため、途中で一部を売却しないで、その成長に身を任せていれば自然に大きく成長し、それがポートフォリオ全体の成長率も上げるという理由からだ。しかも、キャピタルゲイン税もかからない。ただ、私自身は一九七〇年代初めに割高だった成長株が適正価格を回復するのに長く要したことをグロース・ストック・ファンドの社長として経験しているため、プライスの方針に近い考えを持っている。どうするかは読者の選択に任せたい。

数十年かけて退職金を積み立てていきたい人は、時間があれば多少の冒険もできる。第9章で紹介した成長株を選ぶための基本哲学に基づいて、仕事の関係や消費者としてよく知っている会社の株を買ってみるのだ。財務データは、会社のサイトやバリューライン(http://www.valueline.com/)などのサービスで入手できる。経営陣の話は、全国で行われる投資フォーラムや年次総会で聞くことができるし、質問もできる。フォーチュン誌は、面白そうな会社の経営陣に注目したよくリサーチされた記事を多く掲載している。

その一方で、成功している投資信託など、プロに任せたほうが夜ぐっすりと寝られると考える人もいる。今日では、引退や大学入学などの「目標日」を設定し、それを意識した運用を行うファンドも複数ある。資産が三〇〇万ドル以上ある人は、ポートフォリオをプロに任せることもぜひ考慮してみてほしい。

第17章 グロース・ストック・ファンドのパフォーマンスが下がる（一九七〇年代）

本章では、会社の現状と私の投資アドバイスを書いていくことにする。ティー・ロウ・プライスは、会社として長年にわたって株式市場で優れた成果を上げており、それは現在も続いている。ただ、一九七〇年代の一時期だけ、それができなかった期間があった。この時期のグロース・ストック・ファンドの年次報告書に載っている年間パフォーマンスを見ると（通常、カウンセラー［クライアントマネジャー］部門の姿勢を反映している）、年間の成績でグロース・ストック・ファンドがS＆P五〇〇を上回ったのは四年しかなく、成長重視（収入重視ではなく）の投資信託のランキングは最下位に近かった。これは、最初の一〇年間、この分野で全米一位を独占していたファンドとしては、かなりの凋落だった。

フォーチュン誌（一九七二年四月）によると、その大きな理由は、会社が一九七〇年代初めに不相応な割合の資金を新しい銘柄に投入し始めたからだった。事の発端は、一九六〇年代にティー・ロウ・プライスのファンドや年金口座が優れたパフォーマンスを上げていたのを見て、競合他社の顧客が成長株への投資を要求したことだった。そのため、多くの投資会社がグロース・ストック・ファンドやニュー・ホライズン・ファンドが公表している投資先の株を買い始め、マスコミはグロース・ストック・ファンドの大型成長株に「ニフティ・フィフティ」という名前まで付けた。こうして、年金基金や競合他社のポートフォリオは、プライスのファンドとほぼ同じ内容になっていった。しかし、みんながまねをすると、多くの資金が短期間でほんの一部の銘柄に集中することになる。ちなみに、チャーリー・シェーファーはこれを「レーザービーム」と呼び、一〇年前からこうなることを予想していた。こうして、成長株の相対的な価値は上がってしまった。

投資している株が過大評価されていることを会社が認識していたことは、一九六〇年末から一九七〇年代初めにかけたニュー・ホライズン・ファンドやグロース・ストック・ファンドの株主向けの報告書にも書かれている。しかし、一九七三年に株式市場が急落し、一九七四年末までベア相場が続く間、その下げを牽引していたのは成長株だった。過大評価されていた成長株は優れた利益成長率を示していたが、株価は大きく下がった。ニュー・ホライズン・ファンドは一九七三年に四二％という息をのむような下げを見せ、一九七四年にもさらに三九％下げた。グロース・ストック・ファンドのほうも、一九七三年に二六％、一九七四年には三四％下げ、これはダウ平均よりもはるかに大きく下げた。もちろん、カウンセリング口座のほうも、おおむねグロース・ストック・ファンドと同じような有様だった。

前にも書いたとおり、大型成長株のパフォーマンスが相対的に下がったことは以前にもあった。一九五〇年にグロース・ストック・ファンドが発足した直後は、三年間でダウ平均を上回った年が一年しかなかった。投資委員会は短期的なパフォーマンスを改善するため、大型成長株を少し減らして高配当で低価格の「バリュー株」（損害保険会社や製紙会社など）を組み込んだ。幸い、成長株のパフォーマンスは数年で回復し、投資委員会は再び優れた成長株投資に切り替えた。

一九六〇年代初めに、成長株は再びかなり割高になり、ティー・ロウ・プライスが重点的に投資していた銘柄のなかには一株当たり利益の五〇倍以上という価格を付けたものもあった。このときも、投資委員会は割安で成長率がそこまで高くない会社（航空会社など）

を組み入れたが、二～三年で株価も下げて過大評価も収まった。そして、成長株のパフォーマンスが再び回復したため、会社は低成長株を売却してファンドへの影響を小さく抑えた。

この二つのエピソードを見ると、値嵩の成長株から低位の低成長株に切り替えたのはあまりうまい手ではなかった。一時的に割高の期間も、高成長株をただ保有し続けるほうが良い戦略だったのだ。

一九七五年になると成長株は復活し、グロース・ストック・ファンドとニュー・ホライズン・ファンドも一時的に市場を上回った、とそれぞれの年次報告書には記されている。しかし、大型の成長株の調整はまだまだ終わっていなかった。短期的に一時回復したが、長期の低パフォーマンス期に突入したのだ。二つのなかでは、特に一九七〇代後半はニュー・ホライズン・ファンドのほうがまだマシだった。このファンドは最初に大きく急落したが、ここに組み込んだ小規模で立ち直りが速い会社のおかげで、グロース・ストック・ファンドよりも速く回復した。

最初のうちは、成長株の低迷は今回も一時的なことだと見られていたが、実際には一九七〇年代まで長引いた。しかし、グロース・ストック・ファンドとカウンセリング口座は基本的に同じ株に投資していたため、ファンドの閉鎖は難しかった。過去の経験から、低成長株に切り替えるべきではないことも分かっていた。ほとんどの顧客が成長株の成功に引かれてティー・ロウ・プライスを選んでいたため、その期待を裏切ることもできなかった。特にグロース・ストック・ファンドの株主はそうだったし、目論見書には成長株の概要が明記されていた。それに、リサーチ部門のアナリストは、ニュー・ホライズン・ファンドを担当する何人かを除き、みんな成長企業は熟知していたが、低成長企業についてはほとんど知らなかった。一方、カウンセラー部門では、個人の顧客が大きな利益を上げていたが、これを清算するのは高くついた。

会社は最終的に現金準備金を多少増やしたが、厳選した成長株を安くなったときに買い続けた。結局、これらの会社は長期的に見れば世界中で見ても最高の経営がなされていて、非常に肥沃な分野で事業を行っていたことに変わりはなかったからだ。

残念ながら、予期できない国際的な出来事や高インフレによって、成長株にとっては良くない環境が続いた。石油ショックや政治の動きや加速するインフレによって石油価格が高騰し、株式市場で大きな価値を占める石油関連株も高くなった。一九七七年までに、この成長株の伸び悩みは顧客にとってもグロース・ストック・ファンドの株主にとっても、大きな問題になっていた。競合他社の多くが、成長株投資の哲学を公然と疑問視するようになり、「バリュー株」を推奨し始めた。

バロンズ紙（一九八二年一一月八日）に掲載されたジョン・ボーランドの言葉が、このときの様子をよく表している。「この年（一九七三年）は、成長株ブームの最後のあがきだった。グロース・ストック・ファンドの投資家の富の上昇トレンドは終わり、これから二年で彼らの所有する株の価値は五〇％以上減じることになるだろう。一九七〇年代の終わりには、『ニフティ・フィフティ』は愚かの代名詞になり、ウォール街の愚行を思い出させる言葉になる。ベア相場と一〇年間のインフレは、高ＰＥＲ［株価収益率］銘柄に鉄槌を下した」

インスティチューショナル・インベスター誌（一九八二年一一月号）に掲載された「ティー・ロウ・プライスのアイデンティティクライシス」という記事は、ティー・ロウ・プライスの社員が「年金基金が好調なのだから、私たちが成長株以外にも投資していることは分かるはずだ」と「イラついた様子」で言ったという言葉から始まっている。そして、この記事は「株の低パフォーマンスに悩むティー・ロウ・プライスは……成長株投資を減らしている」と続く。ほかにも、ティー・ロウ・プライスは投資先に心を奪われて、お気に入りの大型成長企業の欠陥を見ていないなどと非難された。

T・ロウ・プライスは、自分が残した手法が疑問視されているのを見て、新聞や雑誌のインタビューに応じ始めた。彼は、自身の成長株ポートフォリオが、好調な小規模の成長企業と、インフレ環境に適した金をはじめとする天然資源系の会社の大きなポジションによって、素晴らしいパフォーマンスを上げていることを説明した。

株式市場は、一九七〇年代末まで下落が続き、明確な方向性は見えなかった。そして、大型成長株も下げてグロース・ストック・ファンドやカウンセリング口座のパフォーマンスに悪影響を与えていた。

しかし、世は移り変わり、株式市場は「ボルカー市場」を背景に高騰した。プライスの最後の覚書と言われている「一九八三年以降の展望」（一九八三年八月一日）は、「一九八三年の見通しは企業と株式市場にとって有望だ」という文から始まっている。そして、後半には彼自身のポートフォリオが六月三〇日の時点で「七一％を普通株と転換社債に投資している」と明かしている。ちなみに、前回の覚書ではこの割合が五一％だった。プライスは、ベア相場はもう終わったと見ていた。この記事で彼が勧めていたのは、すべて伝統的な成長株だった。

パフォーマンスが低かった一〇年間、ティー・ロウ・プライスは道を見失ったと批判されていた。すでに成長企業ではなくなった成熟企業に投資していると非難されていたのだ。これらの批判を受けて、私たちは三つの時期のグロース・ストック・ファンドのポートフォリオを分析してみた。①一九六〇年の最初の一〇年間に素晴らしいパフォーマンスを上げて同種の株式ファンドのトップに立っていた時期、②一九七二年にファンドが二〇周年を迎え、フォーチュン誌（一九七二年四月号）がほかの大型成長株系の投資信託よりも高いパフォーマンスを上げていると報じた時期、③一九八〇年のワイゼンバーガーの長期のグロース・ストック・ファンドのランキングで五九社中五六位になり、一〇年間のパフォーマンスがそれまでで最低になっていた時期――である。

私たちは、これらの時期のポートフォリオについて、統計を調べてみた。①五年間の売り上げ成長率は基本的な成長率を見るのに最も適した指標（合併などがない場合）、②五年間のEPS（一株当たり利益）成長率は成長株のパフォーマンスの定義とも言える、③PERは、プライスが本当の成長企業を探すための主要な財務指標で、企業の長期の成長は結局はこの値と関連している。

この**表1**を見ると、一九八〇年のポートフォリオは、成長株がうまく組み合わさって、む

表1　ポートフォリオの主な統計の比較

	1960	1972	1980
5年間の売り上げ成長率	10.7	15.3	15.7
5年間のEPS成長率	7.2	14.5	19.3
ROE（自己資本利益率）	13.8	15.1	18.5
PER	26.9	54.4	14.6

表作成はTRPのファンドの元統計担当のカレン・マロイ

しろそれ以前の二つのポートフォリオよりも高いパフォーマンスを上げている。会社が元気な成長企業を探して投資するのを突然やめたことを示唆する点は何もない。また、PERは一九七二年には五四・四倍だったのが、一九八〇年には一四・六倍に下がっており、この七五％近い急落がファンドのパフォーマンスを下げていたのである。

このようなことは、再び起こるのだろうか。グロース・ストック・ファンドの運用が始まって六八年間で、低パフォーマンスがこれほど長期間続いたのはこのときだけだった。それに、今日、資金を管理したり投資したりする方法がたくさんあるなかで、アメリカの投資家が成長株に殺到して株価をここまで高騰させることが再びあるとは思えない。

ただ、これらの株が激しく過大評価される時期が再びあるとすれば、本書を読んだ人はそのことに気づき、プライスが勧めに従って適正価格を計算し、最も過大評価されている銘柄を厳選して少し売ることはあっても、ほとんどは何が起こっても保有してくれることを願っている。ただし、今後も連邦や州政府に実現利益の一部をとられることは変わらない。

ポートフォリオをさらに分散したい人のために、ティー・ロウ・プライスではさまざまな戦略の投資信託を今では一〇〇本以上提供し、乗り換えも簡単にできるようになっている。もちろん、これはほかの素晴らしい投資信託会社も同じである。

エピローグ――今日のティー・ロウ・プライス

もし二〇一八年のさわやかな夏の朝にT・ロウ・プライスが奇跡的にボルチモアのイースト・プラット・ストリート一〇〇番地にあるティー・ロウ・プライス・グループ本社を訪れたら、懐かしさを感じるだろうか。何が新しくなっているだろうか。一九三七年に彼がチャーリー・シェーファーとウォルター・キッドとマリー・ウォルパーとイザベラ・クレイグとともに苦労と犠牲を払って作った会社は、彼の死後三五年を経て、どのようになっているのだろうか。仕事場としての環境はどうだろうか。今でも自分の名前を冠していることに誇りを感じるだろうか。

イースト・プラット・ストリートとライト・ストリートの南西の角に立ってみると、最初に入っていたビルの外観はほとんど変わっていないことに気づくだろう。ピエトロ・ベルーシがIBMのために設計したこの建物は、今でもモダンで美しいコンクリートのビルで、ティー・ロウ・プライスは一九七五年にここに最初のテナントの一つとして移転した。ボルチモア・インナー・ハーバーから南側にはそろそろ旅行客が増え始め、イースト・プラット・ストリートは、相変わらず渋滞している。元は一〇階建てだったビルの後ろにはタワーが併設されて床面積が約一万平方メートルも増え、全体で約六万平方メートルになった。プライスが亡くなった一九八三年には三つの階を使っていたが、それ以降さらに社員が増え、いまでは元々のビル全部と、タワーの三つの階を占めている。

ボルチモア湾側の正面玄関の見慣れたガラスドアを開けると、昔は銀行のクロムめっきのエレベーターがあったが、今では二階分の吹き抜けのロビーがある。ティー・ロウ・プライスの社員は写真入りのＩＤカードを身に着け、それをかざして防犯ゲートから入り、二階に続く階段に向かう。

プライスが、社内のエレベーターで上の階に行くと、心地良く感じると思う。各階の中央には、薄いグレーのパーティションがあり、その外側に機能的な部屋がグループごとに配置されている。カーペットが敷き詰められた床は雑音も少ない。ただ、各階がそれぞれ拡張し、今ではタワーも使っている。もし彼が八階を訪れたら、幹部たちが一九八〇年代初めに使っていた大きな角部屋はなくなり、ボルチモア・インナー・ハーバーがかろうじて見える小さな部屋になっていることに満足するかもしれない。社長兼CEO（最高経営責任者）のビル・ストロムバーグの部屋は、ほかよりも若干大きいが、ボルチモア湾がよく見える最高の場所は大きい会議室になっている。これらの部屋は、顧客と会ったり、社員同士で話をしたりするのに適している。次に、九階に上がると、ロビーの北東に座り心地の良さそうなモダンな椅子がいくつもあり、プライスは歩き回って疲れた体を一時休めることにするだろう。座ると、横のテーブルには数年分の年次報告書が置いてある。会社の状況を知りたくてページをめくっていくと、いくつかの項目が目を引くだろう。

彼は、二〇一三年の年次報告書の最初の段落で間違いなくニヤリとし、読み進めるにつれて笑顔になるだろう。「ティー・ロウ・プライスに対するお客さまの信頼は、卓越性と信頼性への期待に基づいています。当社は、お客さま第一主義という基本方針を常に順守することで、この期待に応えていきます」。プライスはこれを読んで、「若い人たちが、私が昔教えたことをきちんと学び、今の世代に受け継いでいる。まさにそのとおりだ。これこそが、この会社のすべてなのだ」と思うに違いない。

次に二〇一四年の報告書を開くと、「お客さまの信頼は、優れた投資結果と優れたサービスを提供し続けることで得られます」「しかし、それだけではありません。信頼は、ティー・ロウ・プライスの社員一人一人が、お客さまの成功が会社の成功をもたらすという意識を持つことによって得られるのです」。ちなみに、会社のファンドの七四％がトータルリターンでリッパー（トムソン・ロイターによる投信評価システム）のそれぞれのクラスの三年平均を上回っており、それが五年平均では八〇％、一〇年では八八％に達する。これも、常に長期（一〇年）の結果を重視していたプライスの意志を受け継いでいる。

二〇一五年の報告書には、一〇のファンドについてファンドの目的に見合う妥当な金額の投資先が見つからないとして、新規資金の受け入れをやめたと書いてある。彼の笑顔がそれを認めていることだろう。彼も一九六〇年代末に、同じ理由でニュー・ホライズン・ファンドの新規資金の受け入れをやめたことがあった。これも顧客第一主義の一環なのである。

会社が順調で、現在の経営陣も正しい考え方ができていることに納得した彼は、二〇一六年の報告書のパフォーマンスのページを開いた。そこには、会社のアメリカ株ファンドの九四％が過去一〇年間、リッパー平均を上回り、五年ならばそれが何と一〇〇％に達していることが書かれている。これは二〇一三年の報告書と同じ条件の数字である。きっと彼は「すごい。会社は絶好調だ。私がいつも言っていたとおり、投資会社の成功のカギとなるのは、優れたパフォーマンスだ」と思うだろう。

プライスは、これらの年次報告書を読んで、自分の創設した会社が一九八六年に株を上場したことも知った。株式市場は、一九八二年の夏に歴史的な上昇を記録し、長く続いた一九七〇年代の低迷に終止符を打った。そして、ティー・ロウ・プライスの業績も劇的に回復した。会社は投資サービスを拡大し、社内で多くのファンドの事務処理を行うことにしたため、ファンド関連の事務とポートフォリオ管理のためのシステムに多額の投資が必要になった。また、金融商品の販売方法も広がった。しかし、これらの改革には、新たな資本が必要だった。

ティー・ロウ・プライスには長年、多くの会社から買収の誘いがあった。金融のスーパーマーケットを目指す銀行や投資会社などで、ティー・ロウ・プライスを傘下に持ちたいというところがいくつもあったのだ。ただ問題は、買収した会社がたいてい何年かすると、利益を増やすために当初の方針を変えてしまうことだった。そうなると、買収された会社はたいていダメになる。ティー・ロウ・プライスも何か手を打たなければならなかったが、一九八〇年代初めから、ほとんどの利益は退職する幹部の株を買い取ることに使われ、会社の永続資本はわずかだった。

取締役会は、解決策を探し始めた。この複雑な問題を解決するためのプログラムを提案するよう命じられたのが、ジョージ・ロッシュだった。会社には、当時の株主だけでなく、昔の株主契約の権利を持った株主が一〇〇人近くいたのだ。

経営陣は、会社の独立性を維持することで合意した。ティー・ロウ・プライスには強く根づいた企業文化があり、新しい親会社が無理に干渉してくるのを恐れたからだ。また、そのころ会社には何人もの非常に優秀な社員が入ってくるようになっていたが、買収されればその多くが辞めてしまうかもしれない。顧客には高いパフォーマンスを提供できていた。顧客に常に正しい対応をするという評判によって、業界でも最も尊敬される会社にもなっていた。全体的な投資環境も良かったし、顧客サービスや販売やシステム部門も順調だった。つまり、独立した企業として会社を維持し、成長を続けていくことができる状態にあったのだ。ただ、想定外の多額の資金流出に対しては、あまり余裕がなかった。必要なのは、バランスシートの確実な強化だった。

ロッシュは、会社にとって最善策は株式を公開することだという結論に至った。これによって永続資本が大幅に増えるため、資本の問題はなくなる。また、会社の株も、非公開会社のときよりも現実的に評価されるようになる。そして、独立した会社として現在の経営陣が運営を続け、独自の文化を維持しながら自らの運命を決めることができる。ロッシュが作成した株式公開プログラムは、旧株主と新株主の実行可能な妥協案を含む妥当なものだった。秀逸だったのは、旧株主が流動性のなかった株の一部を売ってすぐに現金を得ることができるようにしたことだった。もちろん、一部の株を保有し続けて、その後の成長の恩恵を受けることも可能だった。社員の株主はそのまま保有を続け、元々の株主契約よりも希薄化の可能性が低いオプションが付与された。新規株式公開は、旧株主の株の一部を買い取ってある程度の株数をそろえてから行われた。そうしなければ金庫株を売ることになり、希薄化が進んでしまうからだ。

ロッシュは、優秀な営業マンとして、この複雑な取引をやり遂げた。余裕資金がある後継者にまとまった株数が渡るようにし、膨大な数の幅広い買い手との交渉もうまくまとめ、最終的に新旧含めたすべての株主がこのプログラムに合意した。そして、一九八六年八月一一日に会社は株を公開し、それまでよりも強力なバランスシートを持った独立企業として存在している。

ロッシュが、交渉の過程である旧株主をニューヨークのクラブに昼食に招いたときの話をしてくれた。彼は、この株主を招待するとき、その目的を話すのを忘れていた。食事が始まり、ロッシュが会社の財務状況と株式公開の可能性について話し始めると、相手の注意が散漫になっていくのを感じた。ロッシュの前口上にまったく関心を示していなかったのだ。実は、この株主は株をとうに売却して、フロリダで引退生活を楽しんでいた。もちろん、再取得契約書についても覚えていなかった。そのことを知らないロッシュが、再取得契約に基づいて一部の株を売ればかなりの利益が出ると説明すると、上品な身なりの紳士が突然大声を上げてサラダをロッシュの頭にぶちまけた。近くにいたウエーターやクラブ会員はびっくりした。

株式の公開は、一九八六年には予想していなかったメリットももたらした。一九九〇年までに、会社の自己資本は一億ドルに増えていた（二〇一八年の価値で一億九二〇〇万ドル）。ところが、同じ年に不動産会社のモーゲッジ・アンド・リアルティ・トラスト（MRT）が破産した。ティー・ロウ・プライスは、プライム・リザーブ・ファンドでも顧客の口座でもMRTの株をかなり保有していた。そのため、会社はファンドと顧客が評価損を計上したり、それ以外のリスクを被ったりしないように、ファンドと顧客口座のMRTにかかわる負債を買い取ることにした。ロッシュによれば、そのためのコストは約六七〇〇万ドルで、これは会社の資本の三分の二に当たる額だった。会社はそのあとの数年間、難しい交渉を重ねることになったが、結局は資本のほぼ全額を回復した。

それから一〇年後の二〇〇〇年四月一一日には、投資パートナーを組んでいたイギリスのロバート・フレミング・ホールディングス・リミテッドがチェース銀行に買収されることになった。この会社とは、ロウ・プライス・フレミング・インターナショナル・インクというジョイントベンチャーを持っており、ティー・ロウ・プライスの外国の投資信託と顧客すべての投資管理を行っていた。ロバート・フレミングとの契約では、同社がジョイントベンチャーの株を売る場合、ティー・ロウ・プライスに第一先買権があった。ティー・ロウ・プライスの幹部は、フレミングが所有するジョイントベンチャーの五〇%を買い取る必要性を感じた。この会社の顧客や株主は、ティー・ロウ・プライスを信じてこの会社にかかわっているため、彼らを守るべきだと考えたのだ。それに、国外のファンドや資金管理事業は、会社の将来設計にもうまく適合していた。会社は七億ドルで買い取りを提案して了承され、ロウ・プライス・フレミング・インターナショナルは一〇〇%子会社になった。このときの支出も当時の自己資本の三分の二に上り、株式を公開していなければ買収はかなわなかった。

ティー・ロウ・プライスの一九八六年の会社案内を見ると、一九八三年までに運用資産は一六五億ドルに上り、利益は六〇〇〇万ドルに迫っていた。グロース・ストック・ファンドだけでも運用資産は一六〇億ドルに上っていたのだ。

一九八三年から二〇一七年までの三四年間で利益はおおよそ八〇倍という伸びを見せている。運用資産額は一兆ドルを超えていることを、プライスは概算してみたに違いない。グロース・ストック・ファンドは、何と四六〇億ドルに達していた。二〇一八年には社員数が八〇〇〇人に増え、そのうちの多くは社内ですべてを処理している投資信託にかかわっていた。

会社がどれほど大きくなったかを知ったプライスは、その成長が想像をはるかに超えているだけでなく、その経営は彼の能力や関心をはるかに超えており、管理などとうていできないことに少し怖さを感じたかもしれない。これは、親が立派に成長した子供を見て、感服したり誇りに感じたりするのと似たような気持ちなのだろう。彼自身は常に小さいグループを好んでいたが、彼の投資哲学をこのような形で高めてきた社員たちの能力には敬意を払うと思う。特に、経営陣が「顧客に優れたサービスと最高のパフォーマンスを提供する」というプライスの元々の哲学を順守しながら成し遂げたことを知ったうえではなおさらだ。

休憩を終えてさらに廊下を歩いていくと、投資にかかわる社員の部屋がある。アナリストやポートフォリオマネジャーの部屋は、外壁に沿って配置され、フロアの中央にはパーティションで区切られたアシスタントのデスクがある。部屋をのぞいてみると、一九八三年には彼らのデスクや顧客用の椅子に積み上げられていた報告書の束やその日のウォール・ストリート・ジャーナル紙がどこにもない。彼が引退した一九七一年にこの新聞を読まないプロはいなかった。その代わりに、デスクにはこれらの情報が保存された大型の画面がある。

プライスがアナリストの部屋に入ると、社交的で印象的なケナード・W・アレン（通称、ケン）に出会うかもしれない。彼はサイエンス＆テクノロジー・ファンドのマネジャーで、テクノロジーリサーチチームの責任者を務めている。アレンはコルビー大学を卒業してこの会社に入り、一八年勤務している。プライスはここで、最新のニュースや金融情報は、出版物も社内情報も含めてすべてコンピューターの画面で見られるだけでなく、各自が持っているｉＰｈｏｎｅやｉＰａｄでも見られることを知ることになる。これらの機器を使えば、世界中どこでもボタン一つで連絡を取ったり議論したりできるのだ。実際、二〇一七年までに投資の世界で情報管理の技術の重要性ははるかに高まっていた。インターネット

典型的なティー・ロウ・プライスのアナリストの部屋（著者撮影）

が普及すると、情報がありすぎることが問題になった。アレンの言うように、ティー・ロウ・プライスの有能なアナリストが二〇一八年も優れたパフォーマンスを維持している理由の一つは、会社にとって重要な情報とそうでない情報を理解したうえで、多くの知見を得ていることにあった。長期展望に集中することが、今日のヘッジファンドや多くの投資信託が重視する短期データのノイズに振り回されないという意味で、大いに助けになっていたのだ。そして、この独自の姿勢は、会社の大きな強みになっていた。

一九八三年当時、会社には株式のポートフォリオマネジャー（カウンセラー）が二一人いたが、株式のアナリストはわずか一六人で、全員がアメリカにいた。プライスは、二〇一七年の年次報告書を見て、運用資産が約五〇倍に増えたのに、株式のポートフォリオマネジャーは三倍強の七一人だということを知った。コンピューターを使って資産の運用と適切な配分ができるようになったため、効率的な資金運用ができるようになったからだ。そのうえ、新規資金の多くは既存のファンドに投入されていたため、顧客口座を管理するよりもはるかに簡単で、時間もかからなかった。株式のアナリストの数は、約六倍の一四八人になっていた。

二〇一八年には、ポートフォリオマネジャーの仕事は洗練され、一九八三年当時の「投資カウンセラー（クライアントマネジャー）」という名称はなくなっていた。人材は、この仕事に特化してビジネススクールや別の金融機関から採用していた。私が知るかぎり、一九八三年当時はファンドマネジャーは別として、カウンセラーにリサーチ経験者はいなかった。カウンセラーはたいてい最初は同じチームのシニアカウンセラーの下で経験を積み、高いパフォーマンスが出せるようになると卒業してシニアカウンセラーになり、チームリーダーになっていった。一九八三年ごろのカウンセラーは、年金基金や個人口座など、さまざまなタイプの顧客を担当していた。彼らは多くの時間を個人客のカウンセリングに費やし、顧客の個人的な目的に合わせて特定の業界や会社の売買を助言していた。また、優れた実績を上げているシニアカウンセラーは、リサーチアナリストとともに四つある株式ファンドの諮問委員会のメンバーとしての仕事もしていた。ただ、ファンドと言っても顧客の一つであり、カウンセラーやアナリストの仕事という意味では変わらない。ファンド運営の実際の責任は、委員長の割合が多少多いとはいえ、諮問委員会全員で負っていた。

プライスがさらに廊下を進むと、ブライアン・バーゲスと出会うかもしれない。彼はミッド・キャップ・グロース・ファンドを運用しており、アシスタントには優秀なジョン・ウエークマンが付いていた。プライスは、二人が二〇〇四年に高名なモーニングスター・ファンド・マネジャーとして表彰されたことを知ることになる。バーゲスはプリンストン大学とハーバード・ビジネス・スクールで学んでいた。彼はきっと、委員会システムには複数の情報源に基づいてアイデアを展開できる利点があることや、投資判断について議論できること、委員会はファンドごとに存在するが、定期的ではなく、ポートフォリオマネジャーが必要に応じて招集し、最終的に買うか売るか保有するかの判断は、マネジャーが下すことなどを説明するだろう。委員会はあくまで諮問するだけなのだ。とはいえ、全体としてリサーチとポートフォリオ管理はチームが協力して行っていることもバーゲスは強調するだろう。一九八三年と比べると、かかわる人数ははるかに多くなっていたが、技術の進歩と幹部のコミュニケーション重視の姿勢から、コミュニケーションは大きく改善していた。ただ、会社はチームワークを重視しつつ、「グループシンク」（集団浅慮）を防ぐことにも力を入れていた。プライスは、社員たちと話しながら、ここにははにかみ屋はおらず、みんなが自分の考えを堂々と述べ、事実が違うと思えばそれを指摘するという社風を感じた。

プライスは、バーゲスと話すなかで、彼が十分な情報を持ち、驚くほど知的で、感じの良さとプロの姿勢を兼ね備えていることが分かるだろう。また、二〇一八年にファンドマネジャーになるためには、長く厳しい道のりがあるということも知ることになる。リサーチアナリストは、ビジネススクールで修士号を修得して採用される人や、期間限定で（例えば、大学を卒業してビジネススクールに入学するまでの夏の間だけ）アシスタントとして雇われる人がいる。新人のＭＢＡ（経営学修士）は、まずはアナリストを目指すが、必ずなれるわけではない。最初の二～三年は、経験が少ない新人が推奨した内容を上司が注意深く監督し、検討する。また、新人にはメンターが割り当てられ、連携しながら仕事をする。そして、この見習い期間が終わり、推奨銘柄が利益を生み始めたら、一人前のアナリストとして認められる。

プライスはさらに、今日のアナリストが一九八三年よりもはるかに厳格な基準で評価されていることも発見するだろう。ティー・ロウ・プライスでは、特注のソフトウェアを使ってアナリストの推奨銘柄が会社に実際にどれだけの利益をもたらしたかが分かるようになっている。アナリストは、三〇銘柄程度を詳しく分析し、買いや売りや保有の推奨を含む報告書をまとめ、毎週行われる投資委員会で説明する。それから、ポートフォリオマネジャーに説明し、質問があれば答え、自分の推奨が採用されるよう説得する。アナリストは、良い投資のアイデアを見つけるだけでなく、それをポートフォリオマネジャーに売り込まなければボーナスにはつながらないのだ。ちなみに、今ではすべてのポートフォリオマネジャーがリサーチ職を経験しているが、すべてのアナリストがポートフォリオマネジャーになるわけではないことは、一九八三年と変わっていない。今日、平均給与はアナリストよりもポートフォリオマネジャーのほうが高いが、アナリストとして成功している人が、ポートフォリオマネジャーよりもはるかに高い報酬を得ている場合もある。エンジニアが経営にかかわるか技術職を続けるかを選ぶように、アナリストにも会社を深く調べて新たな投資のアイデアを考えるほうが、自分の専門分野以外のさまざまなセクターに分散してポートフォリオを運用していくよりも楽しいという人がいるのだ。

二〇一六年に引退した社長兼CEOのジェームス・A・C・ケネディは、プリンストン大学を卒業し、スタンフォード大学のビジネススクールでMBAを修得した。彼は、リサーチ部門の責任者の地位を六回断ったと話してくれるだろう。アナリストでいるほうがずっと楽しいと思っていたからだ。もちろん、七回目は断り切れず、そのポジションを受けたが、少し後悔もしたという。ケネディがこの仕事を受けたのは、パフォーマンスの違いを生むアイデアを考えているのはアナリストだと気づいたからだった。会社のためにも、アナリストの重要な役割を最大限活用する責任があると考えたのだ。

今日、ティー・ロウ・プライスのポートフォリオマネジャーの多くは、一〇億ドル以上の資産を運用している。株や債券のファンドのマネジャーは、一つのファンドのみに集中し、ほかの口座に時間を割く必要はない。マネジャーは、自分が担当するポートフォリオで保有している会社について精通しており、定期的に経営陣を訪問している。会社は、ポートフォリオマネジャーがiPhoneでファンドに組み込んだ会社の最新の財務内容やポートフォリオの情報や、最新の株価などを調べることができるアプリまで開発した。また、彼らは世界中どこからでも携帯電話でトレードデスクに売買注文を出すことができる。

もちろん、このような注文は、検証と再確認ののちに実行される。

プライスは、ファンドマネジャーが自分のファンドに集中できることを称賛するだろう。彼も、一九六〇年代後半に個人客の口座の管理を減らして、ニュー・ホライズン・ファンドやニュー・エラ・ファンドの運営に集中していた。会社が株式を公開する前の会社案内に書いてあるとおり、一九八三年の法人口座と個人口座を合わせた資産額は約八三億ドルで、運用資産全体の約半分を占めていた。しかし、そのあと年金基金が確定給付型から確定拠出型へと大きく転換した（第11章参照）。

非業務執行役員の取締役会会長を務めるブライアン・ロジャースによると、この転換によって年金基金の資産が運用資産全体に占める割合は、今日では二〇％未満に下がっている。しかし、その一方で投資信託が増え、退職金口座のツールとして多くの社員が選択している。個人客へのカウンセリングという伝統的なサービスは、一九八三年には運用資産全体の二〇％程度を占めていた。今日でも、優秀なマーク・ウィグマン率いるチームが三〇〇万ドル以上の資金を持つ個人口座の管理を担っているが、その総額は三七億ドルで、会社の運用資産に占める割合は〇・四％にも満たない。

一九八三年の債券部門には、一八人のポートフォリオマネジャーやトレーダーと、六人のクレジットアナリストが五つのファンドといくつかの法人口座を管理していた。しかし、今日では七七人のポートフォリオマネジャーやトレーダーと、七六人のリサーチアナリストやクレジットアナリストが、一七の投資信託を運用しており、その総額は一〇五〇億ドルに上っている。プライスは、投資のプロとして働く社員の約半分がリサーチや信用のアナリストであることに、きっと満足するだろう。一九三〇年代にマキュベン・レッグの債券部長だったとき、外部のクレジットアナリストは信頼できなかったことをよく覚えているからだ。彼とティー・ロウ・プライスの初代債券部長を務めたジョージ・コリンズは、債券運用において社内で徹底したクレジット分析ができることは、株式の運用で優れた株の分析ができることと同じかそれ以上に重要だということで一致していた。

公債や私債の格付けのほとんどは、今でも格付け大手三社（スタンダード・アンド・プアーズ、ムーディーズ、フィッチ）が行っている。しかし、これらの会社は二〇〇七年や二〇〇八年の金融危機の警告サインを完全に見逃していた。それどころか、彼らは怪しげな住宅ローンを使った仕組債に高い格付けを与えて二〇〇六年と二〇〇七年の不動産バブルを生む一端を担ったのである。しかも、これらの仕組債を作り、それを一般投資家や機関投資家に売って高い手数料を得ていたゴールドマン・サックスやモルガン・スタンレーをはじめとする投資銀行から多額の手数料を受け取っていた。また、リーマン・ブラザーズが破綻したときも、彼らが売っていた高レバレッジの負債ばかりを集めた債券に、格付け会社はそろってＡＡＡを付けていた。

二〇〇七年四月に仕組債が砂上の楼閣のごとく崩れ去り、二兆ドル近くが泡と消えた。そして、これが大手ブローカーのベア・スターンズの破綻や株式市場の暴落につながった。大手銀行数行と、大手保険会社のＡＩＧも、連邦政府に救済されなければ破綻していた。プライスが若いころにデュポンが救済したＧＭ（ゼネラルモーターズ）もデフォルトに陥り、税金で救済された。

一方、ティー・ロウ・プライスはこの信用危機をほぼ無傷で乗り切った。これはウォルター・キッドのおかげだ。彼は、会社が一九四九年に黒字になると、それを維持することと、バランスシートを強化することに取り組み、それをＣＦＯ（最高財務責任者）になったジョージ・ロッシュが引き継いだ。一九八六年に株式を公開する時点で、会社には債務と負債を十分上回る一八〇〇万ドルの現金と流動資産があった。そして、二〇一七年末には、この年の年次報告書によると、現金と有価証券を合わせた流動資産が四一億ドルにまで増えており、負債はわずか七億一七〇〇万ドルだった。このことについてロッシュはよくこう言っていた。「バランスシートに問題がないときはだれも気にしないが、問題が起こると、それが唯一の問題になる」

二〇〇七年初めにジム・ケネディが社長に就任すると、彼は自分の席を債券部門に移した。彼は入社以来ずっと株にかかわってきたため、債券の知識があまりなかった。彼は、「席を移動したことの最大の利点の一つは、スーザン・G・トロールという若いアナリストを知ったことだ」と言っている。彼女はドレクセル大学で理学士の学位を修得した公認会計士だった。もしプライスが彼女に出会っていたら、複雑な問題を頭の中で処理しながら早口で話す元気な女性だと思っただろう。彼女は、ゴールドマン・サックスやモルガン・スタンレーといったいわゆる債券の「専門家」の予想が、彼女が考える市場の現実を反映していないと考え、疑問視するようになった。そこで、二〇〇六年の住宅ローン市場を徹底的に調べ、いずれ破綻すると確信した。クレジットスプレッドは狭くなり、ファンダメンタルズは劣化しているなかでの高価格はどう考えてもおかしかった。彼女の警告のおかげで、会社の債券部は近いうちに確実に回収できるものを除き、ほぼすべてのサブプライムローン関連のイクスポージャーと、いくつか保有していた複雑な仕組債（格付けは高かったが）を手放すことができた。そして、彼女はウォール街で「運命の女侯爵（Duchess

スーザン・トロール、ティー・ロウ・プライス・グループのアソシエートポートフォリオマネジャー（TRPアーカイブス。ピーター・ハント所蔵）

of Doom)」と呼ばれるようになった。問題の債券を手放したのは一年早かったが、このようなときはプライスがいつも言っていたように、遅すぎるよりも早すぎるほうがはるかによいのだ。

　プライム・リザーブ・ファンドは、常に保守的な運営が行われており、この時期もそうだった。信用危機が底を打つ少し前の二〇〇八年五月にこのファンドに組み込まれていた仕組債はわずか一本で、その割合はポートフォリオの〇・二％にすぎなかった。しかも、これは二カ月後の期日にきちんと元本と利息が支払われた数少ない債券だった。プライム・リザーブ・ファンドは、額面の一ドルを維持していたが、同業者の多くはそれができていなかった。

　二〇〇六～二〇〇八年の市場環境で債券ポートフォリオを運営するのは極めて難しかった。債券ファンドのパフォーマンスは、ROC（資本利益率）と利息で決まるが、通常、利回りが高い証券はリスクも高かった。しかし、二〇〇七年は高利回りの仕組債に格付け会

メリーランド州オウイングスミルズにあるティー・ロウ・プライス・グループの事務所（TRPアーカイブス）

社が高い格付けを付けており、良いとこ取りができそうに見えた。同業他社の多くはそれに食いつき、一時的に大きな含み益を得た。債券部門を率いるテッド・ウィースによると、このときティー・ロウ・プライスの債券ファンドは高利回り債を避けたことでほかのファンドが被っていたような多額の損失に見舞われず、結果的に他社よりも高いパフォーマンスを上げることができた。

プライスはおそらくこの訪問をイースト・プラット・ストリートで終え、一部が移転したオウイングスミルズには行かないだろう。彼の関心は、常に投資の過程と、会社の投資のパフォーマンスと、顧客に対する姿勢にあるからだ。彼は、事務的な細かい点はあまり気にしたことがなかった。ただ、事務担当者には能力と知識が必要だと考えており、会社ではウォルター・キッド、家ではエレノアがそれを前線で監督していた。

事務部門はプライスの死後、内容も規模も大きく変化していた。新しい投資信託が増え、株主の数も大幅に増えていた。一九八三年にはステート・ストリート銀行がファンドの事務処理を請け負っていたが、その後はティー・ロウ・プライスが投資信託の株主に直接対応すべきではないかという声が大きくなっていった。顧客サービスは、第三者に任せるには重大すぎるからだ。会社の最高幹部はみんな金融資産の運用には優れていたが、会社が大きくなると、事務の経験は研修のときくらいしかなかった。

一九八一年、副社長兼取締役のエドワード・J・マシアス（通称、エド）が、事務部門を統括する適任者としてペンシルベニア大学のフラタニティの「兄弟」、ジム・リープを推薦した。リープはそれまでの一二年間をウエリントン・マネジメントとバンガード・グループで過ごし、バンガードの創業者兼CEO（最高経営責任者）のジョン・C・ボーグル直属の執行副社長を務めていた。バンガードは当時、アメリカで最初のインデックスファンドを個人向けに運用していた。インデックスファンドは、対象の指数を模倣してコンピユーターで運用しているため、リサーチ部門やポートフォリオマネジャーが不要でコストがかなり安いが、難点はパフォーマンスが指数を大きく超えることがないことだった。バンガードの元々のコンピュータープログラムは、S&P五〇〇のシステムを模倣していた。今日のバンガードは巨大投資会社で、さまざまなインデックスファンドの運用額は総額で五兆ドルを超えている。一九八一年当時、バンガードでは株主対応と事務処理、販売と営業、財務の各部門をすべてリープが統括していた。彼は、ティー・ロウ・プライスが必要としている事務部門の経験が豊かだけでなく、魅力的な人物で、経営陣とも問題はなかった。しかも、投資信託業界では知られた存在だった。一九八一年に彼が加わったことは、ティー・ロウ・プライスにとって幸運だった。

彼はすぐに経営委員会と取締役会に加わり、販売、営業、販売ルート、顧客サービス、そして何百万人もの株主に適切なサービスを提供するためのシステムなど、投資信託部門の重要な仕事を統括することになった。彼によると、販売の観点から言えばティー・ロウ・プライスには会社のシンボルとなるマスコットやロゴが一つもなかった。ファンドはそれぞれ好きなマークを付けていたが、彼はそれらを良識と独立性と強さをイメージしたオオツノヒツジのマークに統一した。これは、一九七六年からプライム・リザーブ・ファンドのシンボルとして使われていたものだった。また、リープは「自信をもって投資する（Invest with Confidence）」というモットーを掲げ、これは今日でも販売や広告で使われている。

一九八四年、リープはファンドの事務処理部門の構築を始めた。まず、ファンドのコールセンターをステート・ストリート銀行から社内に移し、ファンドの株主からの電話はすべてボルチモアで受けることにした。当時、株主とのコミュニケーションは主に電話で行われていた。一九九一年、ファンドのデータと会計を社内に移したことで、ステート・ストリート銀行からの業務移行は完了した。幸い、イースト・プラット・ストリート一〇〇番地のタワーが完成していたため、事務部門の社員が大幅に増えても収容できた。リープはほかにも投資信託の株主向けにさまざまな新サービスを導入していった。

彼は、次の数年間で社内のコンピューターシステムを整備し、顧客とはコンピューターと手紙と電話（のちには携帯電話）のどれでも一対一の対応がとれるようにした。販売ルートも拡大し、投資信託販売と個人客開拓の新しいチャンネルが加わった。リープの下でファンドの事務量は大幅に増えたが、投資信託の株主や顧客向けのサービスの質は大きく向上し、それまでよりも安く提供できるようになった。

ティー・ロウ・プライスは基礎となる成長株投資の哲学に誇りを持っており、グロース・

ストック・ファンドは今でも株式ファンドのなかで最大の規模を有している。しかし、リープは入社してすぐに、会社の将来の成長のためには幅広い商品を提供することが重要だと気づいた。彼が一九八一年に入社したとき、会社の株式資産の九〇％は成長株という一分野に投資されており、成長株以外に投資しているのは、ニュー・エラ・ファンドといくつかの特定目的の口座しかなかったのだ。

分散が必要なもう一つの理由は、急速に広まっていた「確定拠出型」年金（第11章参照）という巨大市場に対応するためだった。確定拠出型は、会社ではなく社員が自己責任で引退資金を貯蓄する制度である。当時、これは主に税金が繰り延べになる四〇一ｋが使われ、給与から天引きで貯蓄するようになっていた。また、多くの雇用主が、追加資金を補充していた。社員はたいてい投資先を企業の人事部が公認した投資信託のなかから選んでいた。この公認ファンドは、通常、分散が可能なフルサービスを提供し、評判も良いファンドが選ばれていた。ファンドには株と債券の両方があり、社員は自分の年齢や収入に応じてポートフォリオを組むことができるようになっていた。

これは、それまでの企業の年金基金の運用とは処理方法が大きく異なっていた。「確定拠出型」年金を運用するときは、たいていは顧客がＣＦＯになり、口座はカウンセラーが管理していた。年金基金はパフォーマンスが直接的に会社の利益に影響を及ぼすため、非常に重要だった。

リープには、確定拠出型年金の波に乗って投資信託が急成長し、将来は会社にとってさらに重要になることが分かっていた。事務処理部門を近代化することは必須だったが、商品を分散することも同じくらい重要だった。一九八一年、成長株の相対的なパフォーマンスが長く下がっているなかで、会社の一九六〇年代の無傷の評価も終わろうとしていたが、一般投資家はまだそのことに気づいていなかった。その一方で、この一〇年で比較的うまくいっていたのはバリュー株だった。リープは、ティー・ロウ・プライスが年金市場で成功するためには、値上がりと配当の両方を提供できる商品が必要で、それがバリュー株ファンドだと感じていた。

バリュー株は通常、詳しく分析すると現在の市場価格よりも高い価値がある株式と定義できる。これらの株は、たいていは帳簿に計上されていない資産があったり、さまざまな理由で人気がなかったりする場合が多い（例えば、シクリカルな低迷期にある、市場が現在の経営陣に懸念を持っている、一時的に収益の伸びが鈍っているなど）。これらの株は、ＰＥＲ（株価収益率）やＰＢＲ（株価純資産倍率）が低いものが多く、株価が安いゆえに配当が比較的高くなっている。伝統的なバリュー株投資は、一九二八年からコロンビア・ビジネス・スクールでベンジャミン・グレアムとデビッド・ドッドが行っていた学術研究から始まった。二人はこの独創的なアイデアを一九三四年に『証券分析』（パンローリング）にまとめ、この本は大学のビジネスの授業の必読書になっている。現在は二〇〇八年に発行された第六版が販売されている。彼らの最も有名な教え子がウォーレン・バフェットである。

リープはバリュー株のポートフォリオマネジャーを探しているなかで、L・ゴードン・クロフトと知り合った。クロフトはティー・ロウ・プライスで、独立思考の一匹オオカミ的な存在だった。彼は、財務基盤が弱かったり経営陣が劣ったりする会社でも、将来性があればそれを鋭く見抜く能力があり、市場が大きく変動した一九七〇年代にバリュー株に投資して高いパフォーマンスを上げていた。ただ、これらの会社はティー・ロウ・プライスが設立以来注目してきた成長株とはかなり違っていた。とはいえ、ほかに候補もいないため、リープはクロフトにバリュー株ファンドを任せてみることにした。ただ、バリュー株ファンドは会社の伝統的な成長株とは明らかに異なっていたし、クロフト自身についても意見が分かれたが、リープは最終的に経営陣を説得してクロフトを新しいファンドの初代社長に指名した。

グロース・アンド・インカム・ファンドは一九八二年に発足し、順調なパフォーマンスで投資家の評判も良かった。そして、数年後の一九八五年には、トーマス・H・ブローダス（通称、トミー）とブライアン・C・ロジャースが運用するバリュー株系のエクイティ・インカム・ファンドも発足した。ロジャースは、現在は非業務執行役員ながらティー・ロウ・プライスの取締役会会長を務めている。このファンドは、デューク大学のために運用していた口座から派生したもので、利回りとクオリティーを重視する指針の下で運用されていた。そのため、念入りな調査によって一時的な理由で過小評価されている優良会社を見つけて投資することを重視していた。このファンドは、ブローダスが引退したあとも、ロジャースの下で二一世紀初めの難しい時期に優れたパフォーマンスを維持していた。この実績によって、このファンドは大きな人気を博すようになり、二〇〇〇年初めに短期間だがティー・ロウ・プライスで最大のファンドになった。

また、一九八八年にはスモール・キャップ・バリュー・ファンドが発足した。これは、基本的にはエクイティ・インカム・ファンドと同じ哲学のファンドだが、対象をニュー・ホライズン・ファンドの規模の会社に限定していた。それから一〇年で、会社はさらに五つのバリュー系のファンドを立ち上げた。バリュー株は、一九七〇年代に成長株の人気に陰りが出たときに債券ファンドが会社の収益を補填してくれたのと同じ効果を、二〇〇〇年初めにもたらした。社長兼CEOのビル・ストロムバーグは次のように言っている。「バリュー株は顧客に優れた投資先を提供するとともに、景気循環のなかで成長株とは異なる場所で利益を上げて会社に良いバランスをもたらしてくれる。両方の分野で強力な商品を提供することで、私たちはすべての時期に対応できる投資スタイルはないことと、分散の重要性を再認識することができた」

一九九〇年代末から二一世紀初めにかけて優れたパフォーマンスを維持してきたこれらのファンドに引かれ、ティー・ロウ・プライスには新規口座が増えていった。そこで、会社はバリュー投資系のファンドに「妥当な価格の成長（Growth at a Reasonable Price）」を省略してGAARPと名付けた。このGAARP系の投資信託の運用資産は、二〇一五年末の時点で八四〇億ドルに上っている。また、いくつかの「セクター」ファンドも発足し、これらは株のアナリストにポートフォリオ運用のチャンスを与えるとともに、幅広い商品の提供を可能にした。セクターは、例えばニュー・エラ・ファンドが注目していた天然資源と先進国や新興国などの地域などで、新しい業種別ファンドは、ヘルスケア、科学、テクノロジーなどの分野に投資していった。また、会社が二〇〇〇年に提携していたフレミングとの合弁会社を買い取ったあと、ジム・リープは国際的な投資信託のラインアップも増やしていった。

既存のファンドの規模が拡大し、新しいファンドが追加されていくと、ジム・リープが一九八一年に予想したとおり、投資信託が会社の主力事業になっていった。そして、これによって投資部門とファンドの事務部門の人員も大幅に増えていった。再び本社は手狭になり、新しい場所を見つける必要が出てきた。会社は検討を重ねたうえで、メリーランド州オウイングスミルズに新しい社屋を建設することにした。

現在、オウイングスミルズには約二二九ヘクタールの土地に六つの建物があり、約九二万平方メートルの事務所スペースで約三五〇〇人が働いている。ここには、財務、会計、法務、人事、システム、ファンドの株主対応などの部門が置かれ、それを大型で複雑なコンピューターとコミュニケーションシステムが支えている。

業務部門が洗練されてくると、資格を持ったプロが投資信託の株主に包括的な投資プログラムを使って助言するようになり、特に引退資金についてはその要望が多くなった。この個人的なサービスは、「ターゲットイヤーファンド」と呼ばれ、引退や大学入学などといった資金が必要になる特定の年を「目標」として運用していく。このような口座では、目標日までの長さによって株と債券の割合が変わってくる。会社は、すべての事務と目標日が近づくにつれて変わっていく投資配分の調整を行っている。ちなみに、このように顧客サービスから専門的な事務作業、投資管理まで社内ですべてのサービスを提供できる投資信託会社は数社しかない。

二〇〇三年、いくつかの有名ファンドを巻き込んだ投資信託の不正取引が摘発された。優遇株主に前日の価格で「時間外取引」を許可して、大引け後の差額で儲けさせたり、ファンドのトレード計画を顧客に教えて、市場が動く前に儲けさせる「フロントラニング」が行われたりしていたのだ。しかし、ティー・ロウ・プライスはそのどちらにもかかわっておらず、ジム・リープは業界を代表して、このような行為を批判し、終わらせることを表明した。

二〇一八年、ティー・ロウ・プライス・グループは、ボルチモア以外にも大きく事業を拡げていた。今ではコロラドスプリングスにも一二ヘクタールの土地に床面積二万三〇〇〇平方メートルの事務所を所有し、フロリダ州タンパでは、床面積六五〇〇平方メートルのビルを借りて株主サービスとファンドの販売を行っている。また、アメリカ以外には、アムステルダム、コペンハーゲン、ドバイ、フランクフルト、香港、ロンドン、ルクセンブルグ、マドリッド、メルボルン、ミラノ、シンガポール、ストックホルム、シドニー、東京、トロント、チューリッヒに事務所を構えている。アメリカ国内には、コロラド州とフロリダ州とメリーランド州以外にも、ニューヨークとフィラデルフィアとサンフランシスコに事務所がある。

二〇一六年にジム・ケネディが引退すると、ビル・ストロムバーグが社長兼CEOを引き継いだ。ストロムバーグは、ジョンズ・ホプキンズ大学で数学を専攻し、ダートマス大学エイモス・タックスクールでMBAを修得した。彼は環境と事業会社のアナリストとしてスタートし、三〇年近く勤務するなかでさまざまなポジションに就いてきた。また、非常に成功したディビデンド・グロース・ファンドを考案し、初代ポートフォリオマネジャーも務めた。これは、堅実な配当を支払い、それを増やしていくことが期待できる会社に投資するファンドである。直近のポジションはグローバルエクイティ部門とグローバルリサーチ部門の責任者で、ここでも投資部門のときと同様に優れた手腕を発揮した。ティー・ロウ・プライス・グループは、優れた投資実績と、幅広い商品、世界的に展開している商品とリサーチ、経験豊富なプロの強力なチームワーク、層の厚い経営陣、優れた顧客サービス部門、極めて強力なバランスシート、一兆ドルを超える運用資産（二〇一八年四月現在）などによって、次の世紀に向けて非常に良い状態にある。

プライスは、経営陣が自分の名前をきちんと守っていることを知って、訪問を終えることができたと思う。会社はさらに成長し、そのパフォーマンスと倫理観と質の高い顧客サービスによって今後も尊敬に値する会社であり続けることは間違いない。プライスもきっと安心しているだろう。

参考資料

全般

本書に関する事実や情報の多くは、ティー・ロウ・プライス・グループの非公開ファイルや著者によるインタビューに基づいている。これらの情報は公開されていない。

個人的な日記

プライスは成人してから四〇年以上にわたって日記をつけていた。彼の死後、六冊の日記がティー・ロウ・プライス・グループに提供され、そこから引用した言葉が一九八七年に創業五〇周年を記念して作られた社史に掲載されたが、この社史は出版されなかった。また、これらの日記はワーフィールズ誌一九八七年八月号に掲載された「T・ロウ・プライスの日記」という記事でも引用されていた（ワーフィールズは一九八六～一九九一年にかけてメリーランド州で月二回発行されていたビジネス誌で、すでに廃刊になっている）。ただ、この六冊の日記はそのあと行方が分からなくなった。しかし最近、一九四三～一九五〇年に書かれた一冊が発見され、今はティー・ロウ・プライス・グループで保管されている。今回、私は本書の執筆に当たり、それを参考にした。

本書の二番目に重要な情報源は「ザ・ヒストリー・オブ・ティー・ロウ・プライス・アソシエーツ・インク」である。著者のエドムンド・L・アンドリュースは、フリーのライターからニューヨーク・タイムズ紙の経済記者になった人物で、プライスの日記を読んだだけでなく、あと二人の創業者のチャーリー・シェーファーとウォルター・キッドの日記や記録や覚書など、今では失われてしまった資料も読んでいた。この本は、一九八七年の創業五〇周年に合わせて準備されていたが、結局、出版されることはなかった。それでも、この一四四ページの本には会社の歴史に関する情報が満載されていた。

もう一つの重要な情報源は、私自身の二〇年以上に及ぶ勤務経験で、そのうちの一〇年間は、プライスのすぐ近くで働いていた。この間、私はアナリスト、グロース・ストック・ファンドやニュー・ホライズン・ファンドやニュー・エラ・ファンドの投資委員会のメンバー、グロース・ストック・ファンドの社長、CFO（最高財務責任者）などとともに、長期計画委員会や報酬委員会などの会長も務めた。そして、ティー・ロウ・プライスを辞めたあとは、ニュー・エンタープライズ・アソシエーツ（ティー・ロウ・プライスが最初のリミテッドパートナに名を連ねていたベンチャーキャピタル）のゼネラルパートナーに就任し、引退するまで一二年間務めた。

社内の文書

プライスは投資の仕事をするなかで多くの文章を残している。このなかには、顧客向けの助言や、社員向けの文章などがある。私も二二年間勤務したなかで、そのうちのいくつかを持っている。これらの文章はティー・ロウ・プライス・グループで保管されており、私はそれを参考にした。

経済統計

統計は全般的に外部の情報に基づいており、その一部は後述する各章の情報源とティー・ロウ・プライスのエコノミストのリチャード・ワグリッチ（謝辞参照）から提供を受けた。社内の情報やデータや分析は、さまざまな部署や私が会社の幹部やファンドの社長やＣＦＯを務めていたときの関係者が快く提供してくれた。また、ティー・ロウ・プライス自体のデータは、年次報告書、一〇ｋ報告書、投資信託報告書、最近のアナリストリポートで会社の財務実績を包括的に記したものなどから引用した。そのほかの情報は、インベストメント・カンパニー・インスティチュートのインベストメント・カンパニー・ファクト・ブック二〇一六年版（https://www.ici.org/pdf/2016_factbook.pdf）やニッキ・ロス著『レッスン・フロム・ザ・レジェンド・オブ・ウォール・ストリート』（Lessons from the Legends of Wall Street）から引用した。

引句とインタビュー

プライスの言葉で、情報源（バロンズ紙、フォーブス誌、個人的な日記、個人など）を明かしていないものは、ティー・ロウ・プライス社内の未公開の書類や、現在と過去の幹部から私が直接聞いたものである。次の人たちがインタビューに応じてくれた――プレストン・G・アシー、グレース・W・ビーラー、エドワード・C・バーナード、アンドリュー・ブルックス、ハワード・P・コルホーン、ジョージ・J・コリンズ、M・ジェンキンズ・クロムウエル・ジュニア、オースティン・H・ジョージ、ロバート・E・ホール、カラン・W・ハービー・ジュニア、ヘンリー・H・ホプキンズ、ハル・B・ハワード・ジュニア、ジェームス・A・C・ケネディ、ドロシー・B・クラッグ、アラン・D・レベンソン、エドワード・J・マシアス、スティーブン・E・ノーウィッツ、フランシス・C・リンホフ、ジェームス・S・リープ、ジョージ・A・ロッシュ、ブライアン・C・ロジャース、ウィリアム・J・ストロムバーグ、ウィリアム・B・トンプソン、スーザン・G・トロール、リチャード・B・ワグリッチ、クライブ・M・ウィリアムス。

インタビューに応じてくれた親族や友人やその他の人たちは次のとおりだ――ジェームス・D・ハーデスティ、ジェームス・ハービー、マーサ・ヒーリー、アン・D・ホプキンズ、アン・シェーファー・マッケンジー、ローズ・ムーニー、マーガレット・ヘレラ・ムーア、アン・B・オニール、トーマス・R・プライス三世、ピーター・V・ラビンズ博士、トルーマン・T・シーマンズ、チャーリー・W・シェーファー・ジュニア、エレノア・ヒーリー・テイラー。

上の人たちの言葉の多くは、第12章、第13章、第15章、第16章、第17章で引用した。

まえがき

投資信託に関する情報は、アーサー・ワイゼンバーガー著『インベストメント・カンパニース』(Investment Companies）を参照した。

第1章

プライスの息子のトーマス・ロウ・プライス三世へのインタビューでプライスの若かったころの話を聞くとともに、系譜をたどってプライス三世の父方と母方を含めた家系図を作成した。家系図はファミリー・ツリー・メーカーとアンセストリー・ドット・コムを使って作成し、該当する記録（国税調査、出生、結婚、死亡）を情報源と引用元として併記した。新聞記事は、ニュースペーパー・ドット・コムで主にボルチモア・サン紙とニューヨーク・タイムズ紙について調べた。

プライスの自宅や、メリーランド州グラインドンの実家については、メリーランド州の不動産記録と『グラインドン――ザ・ストーリー・オブ・ア・ビクトリアン・ビレッジ』(Glyndon : The

Story of a Victorian Village）を参考にした。また、プライスのハイスクール時代と大学時代については、フランクリンハイスクールの一九一四年卒業アルバムと、スワースモア大学の校内紙フエニックスと卒業アルバムのハルシオンを参考にした。

ヒストリック・グラインドン・インクのアン・オニールと、マーサ・ヒーリーとエレノア・ヒーリー・テイラー姉妹とのインタビューは、プライスの子供のころと家族について洞察を与えてくれた。また、プライスの甥の故ロウ・プライス・ムーアの妻であるマーガレット・ヘレラ・ムーアは、亡くなった夫の思い出を語り、プライス一家の写真を見せてくれた。

第2章

二〇〇一年に発行されたリチャード・ファーロン著『フォーブス・グレイテスト・インベスティング・ストーリーズ』（Forbes Greatest Investing Stories）の第3章に、プライスが生きた時代の背景情報が記してあった。また、デュポンやGM（ゼネラルモーターズ）の過去の経緯は、デュポンのウェブサイト内の社史のセクションを参照した。スミス・ロックハート&カンパニーに関する事件の詳細は、一九二三年と一九二四年のニューヨーク・タイムズ紙とワシントン・ポスト紙で調べた。

第3章

プライスが若いころに、マキュベン・グッドリッチ&カンパニーに勤務していた時期の話は、未発表のティー・ロウ・プライス・グループの社史と、ボルチモア・サン紙（一九九九年七月二五日）に掲載されたビル・アトキンソンによる「レッグ・メイソン・リーチス一〇〇」という記事を参考にした。ジョージ・クレメント・グッドリッチに関する情報の一部は、クレイトン・コールマン・ホール著『ボルチモア――イッツ・ヒストリー・アンド・イッツ・ピープル』(Baltimore : Its History And Its People）を参考にした。

エレノア・ガーキーがプライスと婚約したことは、ボルチモア・サン紙（一九二五年一二月二七日）で「ガウチャー大学四年生が婚約」と報じられた。

エレノア・ガーキーの父のウィリアム・D・ガーキーの経歴は、次の資料を参照した――ジョン・ウィリアム・レオナード著『フーズ・フー・イン・エンジニアリング――ア・バイオグラフィカル・ディクショナリー・オブ・コンテンポラリース一九二二～一九二三』（Who's Who in Engineering : A biographical Dictionary of Contemporaries 1922-1923, American Electrician volume 11, 1929, The Electrical World and Engineer, volume 24, November 10, 1894)、ニューヨーク・タイムズ紙（一九三七年一月一八日）に掲載された彼の追悼記事。また、彼のさまざまな発明や特許に関する詳細は、オフィシャル・ガゼット・オブ・ザ・ユナイテッド・ステーツ・パテント・オフィスの編集者の話や、Electricity：A Popular Electrical Journal とAmerican Electrician から情報を得た。また、彼の不動産の価値については、彼の遺言書とフィラデルフィア市の遺言記録から入手した遺言検認書などを参照した。

また、プライスの息子のトーマス・ロウ・プライス三世へのインタビューに加えて、会社が彼とその息子のトーマス・ロウ・プライス四世に行ったインタビューで語ったプライスとエレノアの思い出も参照した。

第4章

主な情報源は、ジョン・ケニス・ガルブレイス著『大暴落一九二九』（日経BP）で、ここには一九二九年の大暴落に至るまでの経緯が綴られている。もう一つの重要な情報源は、デビッド・E・キービッグ著『デイリー・ライフ・イン・ザ・ユナイテッド・ステーツ、一九二〇～一九四〇』（Daily Life in the United States, 1920-1940）である。一九二九年一〇月二四日のブラックサーズデーからその一〇月末までにアメリカやボルチモアで起こった出来事については、その間のボルチモア・サン紙を参照した。

マキュベン・レッグに関する記述は、ボルチモア・サン紙（一九九九年七月二五日）の「レッグ・メイソン・リーチス一〇〇」という記事と、ボルチモアの金融会社の幹部をへて現在はブラウン・インベストメント・アドバイザリー&トラスト・カンパニーの副会長を務めるトルーマン・シーマンズへのインタビュー、マーカンタイル銀行の元執行副社長でハーデスティ・キャピタルの創業者やボルチモアの金融史の研究者としても知られるジム・ハーデスティへのインタビューを参考にした。

プライスの息子のトーマス・ロウ・プライス三世へのインタビューに加えて、マキュベン・レッグ&カンパニーでプライスの最初のチームに入り、そのあと五〇年近く彼と仕事をしたマリー・ウォルパー、イザベラ・クレイグ、ウォルター・キッド、チャールズ・シェーファーの家系図も作成した。また、エレノア・ガーキー・プライスがウィリアム・D・ガーキーから遺贈された額は、フィラデルフィア市の遺言記録にあった不動産関連の書類を参照した。

第6章

一九三七年のティー・ロウ・プライス&アソシエーツ創業時の詳しい状況は、一九八七年に創業五〇年を記念して作成された社史(未発行)と、プライスや会社が所有していた書類に基づいている。チャールズ・W・シェーファーの家系図は、ボルチモア・サン紙(二〇〇四年一二月二一日)の追悼記事と、ウィリアム・ペンハイスクール(ペンシルベニア州ヨーク)の一九二七年卒業アルバムと、ペンシルベニア州立大学の一九三二年卒業アルバムと、シェーファーの息子のチャールズ・W・「ピート」・シェーファー・ジュニアへのインタビューを参考にした。

第7章

主な情報源は、私が個人的に所有しているプライスの最初の文章「変化――投資家にとって唯一確かなこと」(一九三七年二月)。

第8章

会社の創業期と第二次世界大戦中に、プライスは顧客向けの速報をいくつか書いている。本章は、個人的に所有している次の速報が主な情報源になった――「国家資本主義」(一九三八年二月一七日)、「現段階で高い流動性を推奨する理由」(一九三九年一〇月)、「資本主義の戦いと投資家の生き残りをかけた戦い」(一九四〇年五月一五日)、「なぜ今株を買うのか」(一九四一年五月二二日)、「戦争と平和とインフレに直面する投資家」(一九四二年)、「戦後経済の展望」(一九四二年六月)。

一九三九年からバロンズ紙に掲載された一連の有名な記事については、第9章に細かく記してある。プライスは、一九四二年一月六日にもバロンズ紙に「戦時中の市場における成長株」という記事を書いている。

第9章

プライスが一九三九年にバロンズ紙に寄稿した成長株投資の理論を紹介する五つの記事が、この章の中核を成している。これらの記事は、「成長株の選択――会社にも人と同様にライフサイクルがある、会社も成熟するとリスクも上がる」（一九三九年五月一五日）、「成長株の選択――産業のライフサイクルを測定する、現収入が高いものに投資することの間違い」（一九三九年五月二二日）、「成長株の選択――三つの分野に適用できる手順、考慮すべき要素」（一九三九年六月五日）、「成長株の選択――成長期から成熟期への変化を見抜く、クライスラーとゼネラルモーターズ」（一九三九年六月一二日）、「成長株を使う――『安定』タイプと『サイクル』タイプが分かれば柔軟にポートフォリオ管理ができる」（一九三九年六月一九日）。

また、プライスが一九七三年四月に書いたパンフレット「成長株投資の理論に基づいた成功する投資哲学」も参考にした。

第10章

顧客が保有していたプライスによる二つの投資速報を参照した。一つ目は一九四五年八月に初めての原子爆弾が投下される何日か前に書かれた「一九四五年の予想の続報」で、二つ目の速報は一九四六年五月の「チャンスと成果」。

ジョン・B・ラムジー・ジュニアと家族の経歴と家系図は、プリンストン大学の一九二二年ブリックアブラック（卒業アルバム）とボルチモア・サン紙（一九八八年）の追悼記事を参照した。

第11章

ピーター・F・ドラッカー著『見えざる革命――年金が経済を支配する』（ダイヤモンド社）からは、GMが一九五〇年にチャールズ・E・ウイルソン主導で年金制度を変更したことに関する情報を得た。

バロンズ紙は、プライスが一九三〇年に書いた成長株に関する記事にかかわる最新情報の執筆を依頼した。彼は「一九五〇年代の成長株」と題した記事を一九五〇年の二月六日と二月二〇日に書き、その続編と言える二つの記事「一九五〇年代の成長株」（一九五一年六月一八日）と「一九五〇年代の五〇の成長株、一九五三年改訂版」（一九五三年一〇月）も書いた。

年金の運用額とそのなかの株式の割合は、次の資料を参照した——"Private Pension Plans, 1950-1974" by Alfred M.Skolnik(Social Security Bulletin 39, no.6, June 1, 1976), "Private and Public Pension Plans in the United States" (National Bureau of Economic Research, 1963), "The Pension and Retirement Markets: Composition and Growth of U.S. Pension Assets" (U.S. Department of Labor), "Private Pension Plan Bulletin Historical Tables and Graphs 1975-2015" (U.S. Department of Labor, February 2018); "Employee Benefit. Plans, 1950-1967" by Walter W. Kolodrubetz(Social Security Bulletin 32, April 1969), "Historic Study of Private and Public Pension Plans 1968-89" (Golman Sachs, 1989)。

また、E・カークブライド・ミラーとジョン・ハノンの経歴と家系図も調べた。

第12章

過去の情報は、マーティン・ウォーカー著『ザ・コールド・ウォー——ア・ヒストリー』（The Cold War : A History）を参考にした。

第14章

二〇〇三年一〇月二四日にダラス連邦準備銀行で行われた会合におけるベン・S・バーナンキのミルトン・フリードマンとローズ・フリードマン著『フリー・トゥ・チューズ』(Free to Choose)の教えに関する発言は、http://www.federalreserve.gov/boarddocs/speeches/2003/20031024/default.htm を参照した。

第16章

この章では、次の情報源を参照した――ナシーム・ニコラス・タレブ著『ブラック・スワン』(ダイヤモンド社)と"The Government Takeover of Student Lending" (Forbes, May 11, 2010); "Net Neutrality a Go for Internet Providers" (US News&World Report, February 26, 2015); "A political Opening for Universal Health Care?" (Atlantic, February 14, 2017)。

■著者紹介

コーネリウス・C・ボンド（Cornelius C. Bond）

テクノロジーアナリストとしてティー・ロウ・プライスに入社するとすぐに頭角を現し、投資信託としてアメリカトップのパフォーマンスを上げたこともあるニュー・ホライズン・ファンドの幹部と投資委員会のメンバーに就任。T・ロウ・プライスの直属の部下として約10年間働いたあと、ティー・ロウ・プライス・グロース・ストック・ファンドの社長に就任。その後、ニュー・エンタープライズ・アソシエーツのゼネラルパートナーに転身。この会社は今日ではアメリカ最大級のベンチャーキャピタルとなっている。サンフランシスコに妻のアンとスタンダード・プードルと在住。

■監修者紹介

長岡半太郎（ながおか・はんたろう）

放送大学教養学部卒。放送大学大学院文化科学研究科（情報学）修了・修士（学術）。日米の銀行、CTA、ヘッジファンドなどを経て、現在は中堅運用会社勤務。全国通訳案内士、認定心理士。『先物市場の高勝率トレード』『アセットアロケーションの最適化』『「恐怖で買って、強欲で売る」短期売買法』『トレンドフォロー戦略の理論と実践』『フルタイムトレーダー完全マニュアル【第3版】』のほか、訳書、監修書多数。

■訳者紹介

井田京子（いだ・きょうこ）

翻訳者。主な訳書に『トレーダーの心理学』『スペランデオのトレード実践講座』『トレーディングエッジ入門』『千年投資の公理』『ロジカルトレーダー』『チャートで見る株式市場200年の歴史』『フィボナッチブレイクアウト売買法』『ザFX』『相場の黄金ルール』『トレーダーのメンタルエッジ』『破天荒な経営者たち』『バリュー投資アイデアマニュアル』『完全なる投資家の頭の中』『株式投資で普通でない利益を得る』『金融版 悪魔の辞典』『バフェットの重要投資案件20 1957-2014』『市場心理とトレード』『逆張り投資家サム・ゼル』『経済理論の終焉』『先物市場の高勝率トレード』『トレンドフォロー戦略の理論と実践』（いずれもパンローリング）など、多数。

2019年11月3日　初版第1刷発行

ウィザードブックシリーズ㉘⑧

T・ロウ・プライス――人、会社、投資哲学
――チームワークとリサーチを重視する顧客本位な資産運用会社を創設

著　者　　コーネリウス・C・ボンド
監修者　　長岡半太郎
訳　者　　井田京子
発行者　　後藤康徳
発行所　　パンローリング株式会社
〒160-0023　東京都新宿区西新宿7-9-18　6階
TEL 03-5386-7391　FAX 03-5386-7393
http://www.panrolling.com/
E-mail　info@panrolling.com
編　集　　エフ・ジー・アイ（Factory of Gnomic Three Monkeys Investment）合資会社
装　丁　　パンローリング装丁室
組　版　　パンローリング制作室
印刷・製本　株式会社シナノ

ISBN978-4-7759-7257-1
落丁・乱丁本はお取り替えします。